Prüfungsbuch
für Friseure

Fragen und Antworten
- für die Vorbereitung auf die Gesellenprüfung und Meisterprüfung im Friseurhandwerk
- zur Wiederholung
- zum Nachschlagen

Josef Haller
Helmut Nuding

6. Auflage

Best.-Nr. 5930
Holland + Josenhans Verlag Stuttgart

Das Buch folgt der reformierten Rechtschreibung.

6. Auflage 2000

Dieses Buch ist auf Papier gedruckt, das aus 100% chlorfrei gebleichten Faserstoffen hergestellt wurde.

Alle Rechte vorbehalten. Das Werk und seine Teile sind urheberrechtlich geschützt. Jede Verwertung in anderen als den gesetzlich zugelassen Fällen bedarf deshalb der vorherigen schriftlichen Einwilligung des Verlages.

© Holland+Josenhans GmbH & Co., Postfach 10 23 52, 70019 Stuttgart
Tel. 07 11/6 14 39 20, Fax 6 14 39 22, E-Mail: Verlag@huj.03.net

Gesamtherstellung: Zechner Datenservice und Druck, 67330 Speyer
Zeichnungen: Fachbuch-Verlag, 04229 Leipzig
Handwerk und Technik GmbH, 22339 Hamburg
Angelika Kramer, 70178 Stuttgart
Hans-Hermann Kropf, 89428 Syrgenstein
Umschlagfoto: Oertel+Spörer GmbH, 72764 Reutlingen
Gestaltung: Ursula Thum, 70599 Stuttgart
ISBN 3-7782-5930-X

Vorwort

Das vorliegende Prüfungsbuch für Friseure enthält alle wichtigen Fragen der Fachtheorie, die nach der neuen Ausbildungsordnung beherrscht werden sollten, um die Prüfungen im Friseurhandwerk erfolgreich abzulegen.

Auch eine lernfeldorientierte Bearbeitung von Fragen bzw. von Beratungssituationen ist bei richtiger Nutzung des Prüfungsbuches ohne Schwierigkeiten möglich. Soll beispielsweise eine Kundin eine Farbberatung erhalten, so finden Sie die notwendigen Grundsätze für ein Beratungsgespräch im Themenbereich „Dienstleistungsberuf Friseur", die für die Beratung notwendigen Fachkenntnisse im Themenbereich „Farbverändernde Haarbehandlungen". Mit Hilfe des ausführlichen Sachwortverzeichnisses können Sie schnell auf alle Wissensgebiete zugreifen. Das Prüfungsbuch bietet Ihnen also die Möglichkeit sich Fachwissen anzueignen sowie Fachwissen zu wiederholen und dieses auch systematisch in entsprechenden Situationen anzuwenden.

Mit Ausnahme der Fachmathematik ist das Buch in 2 Spalten aufgeteilt. Die linke Spalte ist die Frage- bzw. Aufgabenspalte. In der rechten Spalte finden Sie die entsprechenden Antworten bzw. Lösungen. Durch diese Anordnung kann jeder Prüfungskandidat seinen jeweiligen Kenntnisstand selbst überprüfen, indem er die rechte Spalte abdeckt. Für manche Fragen ist eine umfangreiche Lösung erforderlich. Hier lässt es sich nicht immer vermeiden, dass ein Teil der Lösung auf der folgenden Buchseite fortgesetzt wird. Solche Lösungen erkennen Sie daran, dass die Seite mit einem Hinweispfeil (→) endet. Auf der folgenden Buchseite finden Sie dann den Vermerk „▷ **Fortsetzung der Antwort** ▷".

Bei der Fachmathematik beginnt jeder Abschnitt mit der Aufgabenstellung. An die Aufgabenstellung schließt sich eine ausführliche Musterlösung an, die im Bedarfsfall herangezogen werden kann. Wer in der Fachmathematik Aufgaben erfolgreich lösen will, muss die mathematischen Grundlagen beherrschen. Das Prüfungsbuch bietet deshalb die Möglichkeit, die grundlegenden Rechenverfahren nochmals systematisch zu wiederholen und einzuüben.

Zur Gestaltung ist ein Arbeitsblock im Format A4 erhältlich, der zahlreiche Übungsmöglichkeiten enthält (Best.-Nr. 5932).

Wir danken den Kolleginnen und Kollegen, die uns durch ihre Zuschriften in unserer Arbeit bestätigt haben und deren Anregungen für die Neuauflage gerne berücksichtigt wurden.

Für die Arbeit mit dem Buch wünschen wir viel Erfolg und sind auch weiterhin für Hinweise dankbar.

Die Verfasser

Inhaltsverzeichnis

Dienstleistungsberuf Friseur

1 Ausbildung und Organisation im Friseurberuf .. 9
2 Anforderungen und Möglichkeiten im Friseurberuf 11
3 Kundenmotive und -erwartungen 13
4 Kundenbetreuung 15
5 Kundentypen 18
6 Kundengespräch und Kommunikation 20
7 Kundenreklamationen und -konflikte 34
8 Waren und deren Präsentation 36
9 Friseurwerbung 38
10 Schaufenstergestaltung 40

Gesundheits- und Umweltschutz im Friseursalon

1 Hygiene 44
2 Unfallgefahren, Berufskrankheiten 48
3 Umweltschutz im Friseursalon 51

Grundlagen Biologie

1 Anatomie (Zellen, Knochen, Nerven, Muskeln) . 53
2 Blut und Kreislauf 61
3 Stoffwechsel, Vitamine, Enzyme, Hormone 64

Grundlagen Chemie

1 Grundbegriffe der Chemie 68
2 Emulsionen 69
3 Wasser 71
4 Oxidation und Reduktion 73

5	Säuren, Laugen (Basen)	74
6	Der ph-Wert und seine Bedeutung in der Friseurpraxis	76
7	Neutralisation und Pufferung	78
8	Alkohole	79
9	Fette und Wachse	81
10	Eiweißstoffe	83

Haar und Kopfhaut und deren Pflege

1	Haararten	84
2	Haarentwicklung, Haarwachstum, Haarwechsel	85
3	Feinbau des Haares	89
4	Eigenschaften des Haares	92
5	Haarschäden und -anomalien	94
6	Haarausfall	95
7	Pflege des Haares und der Kopfhaut	97
8	Reinigung und Pflege von Haarersatzteilen	102

Grundlagen der Frisurengestaltung

1	Elemente der Frisurengestaltung	105
2	Formgestaltung – Linien einer Frisur	106
3	Formgestaltung – Flächen	110
4	Beeinflussungsmöglichkeiten der Gesichts- und Kopfform durch Frisuren	111
5	Korrektur von Mängeln der Kopfform und Figur mittels Frisur	114

Haarschnitt

1	Werkzeuge	117
2	Haarschneideberatung	120
3	Grundtechniken	122
4	Rasieren und Bartformen	125

Formverändernde Haarbehandlungen

1 Fönen 127
2 Wickeln 128
3 Handgelegte Wasserwellen, Ondulation 130
4 Frisier- und Flechttechniken 131
5 Ausfrisieren, Finishing 133
6 Dauerwelle 135

Grundlagen Farblehre

1 Was sind Farben? 147
2 Bedeutung der Farblehre für die Haarfärbepraxis 150
3 Wirkung von Farben 151
4 Farbberatung und Farbtyp 153

Farbverändernde Haarbehandlungen

1 Blondieren 155
2 Tönung, Coloration 163
3 Färben 166

Grundlagen Haut

1 Aufbau und Funktion der Haut 176
2 Störungen der Hautfunktion, Hautmängel, Hautkrankheiten 182

Kosmetik

1 Nagelpflege und -modellage 188
2 Grundlagen kosmetischer Behandlung 194
3 Hautdiagnose 197
4 Hauttypen 198
5 Hautreinigungsmittel 199
6 Gesichtsreinigung 201
7 Kosmetische Gesichtsmassage 203

© Holland + Josenhans

8   Hautpflegemittel und deren Anwendung 211
9   Apparative Kosmetik 215
10 Haarentfernung 219
11 Grundlagen Dekorative Kosmetik 220
12 Puder, Rouge 223
13 Augen-Make-Up 227
14 Lippen-Make-Up 230
15 Das besondere Make-Up 234
16 Lichtschutz- und Bräunungsmittel 235
17 Duftstoffe, Parfums und Deodorantien 239

Frisuren- und Berufsgeschichte (Stilkunde) 243

Fachmathematik

Runden von Zahlen 277
Wiederholung des Bruchrechnens 278
Größen und Einheiten 286
Dreisatz 293
Rechnen mit dem Euro 297
Prozentrechnen 300
Zinsrechnen 307
Mischungsrechnen 313
Grundlagen der Kalkulation 318
Kosten für elektrische Energie und Wasser 324
Abschreibung 328
Lohnabrechnung 330

Fachwörterverzeichnis 333

Sachwortverzeichnis 339

Dienstleistungsberuf Friseur

Dienstleistungsberuf Friseur
1 Ausbildung und Organisation im Friseurberuf

1.1 Zu welchem Berufsfeld gehört der Friseurberuf?

Zum Berufsfeld Körperpflege

1.2 Was ist im Ausbildungsberufsbild Friseur festgelegt?

Im Ausbildungsberufsbild Friseur ist festgelegt, welche praktischen und theoretischen Kenntnisse während einer Ausbildung zum Friseur vermittelt werden müssen.

1.3 Nennen Sie fünf Ausbildungsinhalte, die das Ausbildungsberufsbild vorschreibt.

1. Bedienen von Maschinen und Geräten
2. Beurteilung, Reinigung und Pflege des Haares und der Kopfhaut
3. Ausführen von Dauerwellen
4. Gestalten von Frisuren
5. Ausführen farbverändernder Haarbehandlungen.

1.4 In welchem Gesetz ist die Organisation des Handwerks und damit verbundener Rechtsfragen geregelt?

Sie ist geregelt im Gesetz zur Ordnung des Handwerks, der **Handwerksordnung (HWO)**.

1.5 Erklären Sie die Aufgaben:
a) der Friseurinnung,
b) des Landesinnungsverbandes der Friseure,

a) **Friseurinnung:** Sie stellt den freiwilligen Zusammenschluss der Friseure innerhalb eines bestimmten Bezirks (meist Landkreise) dar. Innungen sollen ihre Mitglieder in fachlichen, wirtschaftlichen sowie

→   →

c) **des Zentralverband des Deutschen Friseurhandwerks und**
d) **der Handwerkskammer.**

rechtlichen Fragen beraten. Neben dem von den Mitgliedern gewählten Innungsobermeister hat der Lehrlingswart eine wichtige Aufgabe: er soll bei Problemen zwischen Auszubildenden und Ausbildern beraten und vermitteln.

b) **Landesinnungsverband der Friseure:** Die Friseurinnungen eines Bundeslandes sind im Landesinnungsverband (LIV) zusammengeschlossen. Er vertritt die Interessen des Friseurhandwerks auf Landesebene.

c) **Zentralverband des Deutschen Friseurhandwerks (ZDF):** Er vertritt das Friseurhandwerk auf Bundesebene. So wird der ZDF z. B. vor der Verabschiedung eines Gesetzes gehört, wenn die Interessen des Friseurhandwerks betroffen sind.

d) **Handwerkskammer (HwK):** Jeder Ausbildungsbetrieb ist Pflichtmitglied bei der HwK. Sie führt die „Lehrlingsrolle", überwacht die Ausbildungsverhältnisse, nimmt Gesellen- und Meisterprüfungen ab und sorgt für die Weiterbildung von Meistern und Gesellen.

1.6 Nennen Sie die Tarifpartner im Friseurbereich und deren Aufgaben.

Tarifpartner im Friseurbereich sind der **Landesinnungsverband** als Arbeitgebervertreter und die **Gewerkschaft Öffentliche Dienste, Transport und Verkehr (ÖTV)** als Arbeitnehmervertreter. Sie handeln den für den Tarifbezirk gültigen Tarifvertrag aus.

1.7 Erklären Sie den Unterschied zwischen
a) **Manteltarifvertrag und**
b) **Lohntarifvertrag.**

Ein Tarifvertrag besteht aus zwei Teilen, dem über mehrere Jahre gültigen Manteltarifvertrag und dem meist für ein Jahr geltenden Lohntarifvertrag.

Dienstleistungsberuf Friseur

1.8 Nennen Sie je drei Inhalte des
a) **Manteltarifvertrages** und
b) **Lohntarifvertrages.**

Manteltarifvertrag:
1. Arbeitszeit, Ruhepausen
2. Urlaub
3. Kündigung

Lohntarifvertrag:
1. Lohngruppen
2. Lohnsätze
3. Sterbegeld

1.9 Nach Beendigung seiner Tätigkeit kann ein Friseur ein Arbeitszeugnis verlangen.
a) Welches sind vorgeschriebene Mindestinhalte eines Arbeitszeugnisses?
b) Was darf ein Arbeitszeugnis nicht enthalten?

a) **Mindestinhalte:** Angaben über Art und Dauer der Beschäftigung.
b) **Nicht enthalten** darf ein Arbeitszeugnis ausgesprochen negative Aussagen, die ein Hindernis für ein neues Beschäftigungsverhältnis darstellen könnten.

1.10 Wo lassen sich schwerwiegende Streitigkeiten aus dem Ausbildungsverhältnis zwischen einer Friseurauszubildenden und ihrem Chef gerichtlich klären?

Vor dem zuständigen Arbeitsgericht.

2 Anforderungen und Möglichkeiten im Friseurberuf

2.1 Welche Voraussetzungen sollte ein junger Mensch mitbringen, der den Friseurberuf erlernen möchte? Nennen Sie fünf Voraussetzungen.

1. Gesundheit
2. Aufgeschlossenheit
3. Höflichkeit
4. Sauberkeit
5. Verschwiegenheit

© Holland + Josenhans

| **2.2** Nennen Sie fünf Anforderungen an das äußere Erscheinungsbild einer Friseurin. | 1. gepflegte, saubere Kleidung
2. körperliche Frische
3. gepflegte Haare und eine modische Frisur
4. dezentes Make-up
5. gepflegte Hände, Maniküre. |

2.3 Warum sind gepflegte Haare und eine modische Frisur für eine Friseurin besonders wichtig?

Wer modische Frisuren verkaufen will und diesbezüglich als fachlich kompetent gelten möchte, muss dies auch an sich selbst zeigen. Er wird vom Kunden sonst möglicherweise als nicht kompetent eingestuft.

2.4 Zum positiven Erscheinungsbild einer Friseurin gehören neben anderen Faktoren z. B.
a) ein sicheres Auftreten und
b) Freundlichkeit.
Wie lässt sich dies Ihrer Meinung nach bei der täglichen Arbeit im Salon umsetzen?

a) **sicheres Auftreten wird dem Kunden vermittelt z. B. durch:**
 – klare, fachlich kompetente Aussagen
 – überzeugende Beratung
 – konsequente Umsetzung von Frisurenvorschlägen

b) **Freundlichkeit registriert der Kunde z. B. durch:**
 – einen freundlichen Gruß, möglichst mit Namen
 – Geduld im Beratungsgespräch
 – eine höfliche Bitte
 – ein freundliches Gesicht, auch wenn der Kunde mal „schwierig" ist
 – Hilfeleistungen, wie in den Mantel helfen oder den Kunden zur Tür begleiten.

2.5 Warum wird Fachwissen immer wichtiger? Nennen Sie drei Gründe.

1. Der Friseur steht einer immer größer werdenden Konkurrenz gegenüber (z. B. Drogeriemärkte, Kosmetikfachgeschäfte, Apotheken, Parfümerien).
2. Das Produktangebot wird immer vielfältiger.
3. Die Kunden werden immer anspruchsvoller.

Dienstleistungsberuf Friseur

2.6 Warum ist ständige Weiterbildung im Friseurberuf heute unverzichtbar? Nennen Sie drei Gründe.

1. Kennen lernen und umsetzen von neuen Arbeitstechniken und -verfahren
2. Mode wird immer anspruchsvoller und schnelllebiger.
3. Kunden sind über neue Präparate immer besser und schneller informiert (z. B durch die TV-Werbung) und erwarten vom Friseur, dass er diese neuen Mittel kennt und anwenden kann.

2.7 Eine Friseurin beabsichtigt einen eigenen Salon zu eröffnen. Nennen Sie zwei Weiterbildungsmaßnahmen.

Weiterbildungsmaßnahmen zur Vorbereitung auf die Selbständigkeit sind z. B.:
– die Meisterausbildung (im Handwerk)
– die Ausbildung zur Betriebswirtin des Handwerks.

2.8 Welche beruflichen Möglichkeiten hat ein Friseur/eine Friseurin nach abgeschlossener Berufsausbildung?

a) Friseurmeister(in) (angestellt oder selbständig)
b) Kosmetiker(in)
c) Fußpfleger(in)
d) Maskenbildner(in)
e) Masseur(in)

3 Kundenmotive und -erwartungen

3.1 Was versteht man unter einem Kundenmotiv?

Unter einem Kundenmotiv versteht man den Beweggrund, einen Friseursalon aufzusuchen und dort eine bestimmte Friseurleistung nachzufragen.

3.2 Welche Motivgruppen sind für den Friseurkunden von Bedeutung?

Im Friseurbereich sind folgende Motivgruppen von Bedeutung:
a) triebmäßige Motive
b) gefühlsbetonte Motive
c) vernunftbetonte Motive.

Dienstleistungsberuf Friseur

3.3 Welche Einflussfaktoren (Bedürfnisse) sind beim Friseurkunden maßgebend für ein Handeln nach triebmäßigen Motiven?

Maßgebend bei Friseurkunden für triebmäßiges Handeln sind meist Bedürfnisse wie Neugierde, Geltungsbedürfnis und Nachahmungstrieb.

3.4 Nennen Sie je drei Einflussfaktoren für ein Handeln nach:
a) gefühlsbetonten Motiven
b) vernunftbetonten Motiven.

a) **gefühlsbetonte Motive:**
 – Erhöhung des Lebensfreude
 – von anderen akzeptiert zu werden
 – Schönheitsverlangen

b) **vernunftbetonte Motive:**
 – preiswerte Friseurleistung (z. B. Sonderangebot)
 – zweckmäßige Kurzhaarfrisur (z. B. bei entsprechender beruflicher Tätigkeit)
 – Zeitersparnis beim Ausfrisieren (z. B. bei Dauerwelle).

3.5 Warum ist es für den Friseur wichtig, die Kaufmotive seiner Kunden zu ergründen?

Ein Friseur, der die Kaufmotive seiner Kunden ergründet, kann seine Angebote und Argumente darauf abstimmen und so den Umsatz erhöhen.

3.6 Welche Merkmale helfen, die Kaufmotive der Kunden zu ermitteln? Nennen Sie mindestens drei Beispiele.

1. Alter des Kunden
2. Aussehen des Kunden
3. Kleidung des Kunden
4. Auftreten des Kunden
5. Verhalten des Kunden
6. Ausdrucksweise des Kunden

3.7 Welches Kaufmotiv steht bei folgenden Kundenäußerungen jeweils im Vordergrund?
a) „Ich möchte eine Dauerwelle, die mindestens 5 Monate hält!"

a) **vernunftbetontes Motiv** (Geldersparnis)
b) **triebmäßiges Motiv** (Nachahmungstrieb, Geltungsbedürfnis)
c) **gefühlsbetontes Motiv** (Schönheitsverlangen)

Dienstleistungsberuf Friseur

b) „Ich möchte diese hier abgebildete Frisur!" (Kundin legt Frisurenbild vor)
c) „Ich glaube diese Haarfarbe würde mir gut stehen!"
d) „Seit einiger Zeit habe ich bei mir vermehrt Schuppen festgestellt. Was könnten Sie mir empfehlen?"

d) vernunftbetontes Motiv (Gesundheitsverlangen)

3.8 Um erfolgreich sein zu können, muss sich der Friseur immer wieder die Frage stellen: Was erwartet der Kunde von mir und meinen Friseurdienstleistungen? Nennen Sie acht mögliche Erwartungen von Kunden.

Mögliche Kundenerwartungen können sein z. B.:
- ein preiswerter Haarschnitt
- eine typgerechte Beratung
- die Anwendung qualitativ hochwertiger Pflegeprodukte
- Tips für die Pflege der Haare zu Hause
- ein Haarschnitt nach der neuesten Mode
- freundlich bedient zu werden
- seine dünnen Haare endlich voller erscheinen zu lassen
- einen Ansprechpartner für private Probleme zu haben

4 Kundenbetreuung

4.1 Bei der Kundenbetreuung im Friseursalon kennt man vier Phasen. Nennen Sie diese.

Phase 1: telefonische Kontaktaufnahme
Phase 2: Begrüßung und Wartephase
Phase 3: Bedienung
Phase 4: Verabschiedung

© Holland + Josenhans

Dienstleistungsberuf Friseur

4.2 Nennen Sie fünf Punkte, auf die Sie bei einem Telefongespräch mit einem Kunden unbedingt achten sollten.

1. Zu Beginn des Gesprächs den Namen des Salons und Ihren Namen nennen.
2. Deutlich sprechen.
3. Immer einen Notizblock bereithalten, um wichtige Kundenmitteilungen oder Absprachen sofort zu notieren.
4. Am Ende des Gesprächs wichtige Absprachen wiederholen und vom Kunden bestätigen lassen.
5. Sich bedanken und den Kunden mit einem freundlichen Gruß verabschieden.

4.3 Worauf ist bei der Kundenbegrüßung zu achten?

a) Kunde sollte mit Namen begrüßt werden, sofern dieser bekannt ist.
b) Mit anderen Kunden beschäftigte Friseurinnen sollten mit ankommendem Kunden einen kurzen, freundlichen Blickkontakt aufnehmen.
c) Kunden aus dem Mantel helfen.
d) Kunden zum Warte- oder Bedienungsplatz bringen, wenn möglich von der Friseurin, die ihn bedient.

4.4 Ein Kunde sitzt ungeduldig in der Warteecke und sieht in immer kürzeren Abständen auf seine Uhr. Wie reagieren Sie?

a) Sie sollten den Kunden freundlich ansprechen und ihm erklären, wie lange die Wartezeit noch dauert und gegebenenfalls erläutern, warum er warten muss.
b) Bei längerer Wartezeit fragen, ob der Kunde noch etwas zwischendurch zu erledigen hat.

4.5 Nennen Sie fünf Grundregeln für die Kundenbetreuung während der Bedienungsphase.

1. Alle Möglichkeiten einer individuellen Beratung nutzen (es könnten sich daraus Zusatzgeschäfte wie z. B. der Verkauf von Produkten für die Pflege zu Hause ergeben!). →

Dienstleistungsberuf Friseur

▷ **Fortsetzung der Antwort** ▷

2. Unschlüssigen Kunden Entscheidungshilfen geben.
3. Während der Bedienung für das Wohlbefinden sorgen.
4. Keinen Eindruck der Hektik aufkommen lassen und Störungen auf das Unvermeidliche beschränken.
5. Am Ende dem Kunden Komplimente machen, ihn z. B. zu seiner Entscheidung für eine bestimmte Frisur beglückwünschen.

4.6 Worauf sollte ein Friseur bei der Verabschiedung eines Kunden achten? Nennen Sie fünf Punkte.

1. Darauf achten, dass Kunde den Salon korrekt aussehend verlässt (z. B. Haare von Kleidung entfernen)
2. Kunden zur Kasse begleiten und dort umgehend bedienen
3. In den Mantel helfen und die Tür aufhalten
4. Mit einem freundlichen Gruß verabschieden und sich für den Besuch bedanken
5. Kundenkartei ergänzen

4.7 In einer Kundenbefragung dazu, was Kunden im Friseursalon ärgert, wurden u. a. folgende Beanstandungen genannt:
a) **Störungen bei der Bedienung,**
b) **lange Wartezeiten,**
c) **Bedienung nach Schema.**
Wie erklären Sie sich diese Beanstandungen?

a) Die Kunden empfinden unnötige Störungen bei der Bedienung als Mangel an Respekt.
b) Vielen Kunden fehlt die Geduld längere Wartezeiten hinzunehmen, da zeitliche Belastungen und Beruf und Familie ihre persönlich verfügbare Zeit einschränken.
c) Die Kunden werden immer anspruchsvoller und wünschen eine individuelle Ansprache, Beratung und Bedienung sowie die Beachtung der persönlichen Wünsche.

5 Kundentypen

5.1 Weshalb sind Verkäufer mit Menschenkenntnis erfolgreicher?

a) Sie sind in der Lage, Kunden nach ihren Eigenarten (z. B. Kundentypen) zu unterscheiden und deren Interessen zu erkennen. Deshalb kann überzeugender argumentiert werden.
b) Sie erkennen das wirkliche Verhalten des Kunden (z. B. Ungeduld, Unzufriedenheit) eher und reagieren dementsprechend.

5.2 Welche Kundenarten werden unterschieden?

a) Stammkunden
b) Laufkunden

5.3 Warum sind Stammkunden einfacher zu bedienen?

a) Zu Stammkunden besteht meist ein besonderes Vertrauensverhältnis.
b) Ihre besonderen Eigenarten, z. B. finanzielle Verhältnisse usw., sind bekannt.

5.4 Es werden verschiedene Kundentypen unterschieden. Nennen Sie Beispiele.

a) Der schweigsame, ernste Kunde
b) Der nervöse (leicht reizbare) Kunde
c) Der arrogante (anmaßende) Kunde
d) Der misstrauische Kunde
e) Der geizige Kunde
f) Der schüchterne (unentschlossene) Kunde
g) Der lebhafte Kunde
h) Der eitle Kunde

5.5 Wie bedienen Sie einen arroganten Kunden?

a) Mit besonderer Geduld bedienen
b) Auf keinen Fall in ein Streitgespräch einlassen
c) Stammkundschaft nicht vernachlässigen

Dienstleistungsberuf Friseur

5.6 Wie verhalten Sie sich bei einem eitlen Kunden?

Der eitle Kunde legt übertriebenen Wert auf sein Äußeres, wofür er auch gut zu zahlen bereit ist. Kleine Komplimente hört er gerne.

5.7 Wie bedient man einen misstrauischen Kunden?

Der misstrauische Kunde befürchtet übervorteilt zu werden. Hier ist sachliche Argumentation und viel Überzeugungsarbeit angebracht.

5.8 Wie bedienen Sie schüchterne und schweigsame Kunden?

Schüchterne und schweigsame Kunden müssen besonders höflich und freundlich bedient werden. Der Verkäufer stellt gezielte Entscheidungsfragen, die oft nur mit ja oder nein beantwortet werden müssen.

5.9 Wie ist ein lebhafter (aufgeschlossener) Kunde zu bedienen?

a) Zügig bedienen, ohne sich ablenken zu lassen
b) Keine Probleme aufwerfen
c) Nur bei ruhigem Geschäftsgang eine kurze Unterhaltung führen
d) In Gesprächspausen Kaufwünsche erfragen

5.10 Wie sollten Kinder bedient werden?

a) Kinder sind die kaufkräftigen Kunden von „morgen".
b) Nicht zurückstellen, keine Erwachsenen bei der Bedienung vorziehen.
c) Kinder haben Anspruch auf den gleichen perfekten Haarschnitt wie Erwachsene.
d) Kinder sind dankbar für eine kleine Zugabe (Geschenk).

5.11 Wie lassen sich Kunden nach ihrem Temperament in Grundtypen einteilen?

a) Choleriker
b) Sanguiniker
c) Phlegmatiker
d) Melancholiker

5.12 Wie unterscheiden sich Verhaltensweisen von
a) Cholerikern und
b) Sanguinikern.

a) **Der Choleriker** ist rechthaberisch, jähzornig, genau. Er reagiert schnell.
b) **Der Sanguiniker** ist lebhaft, gesellig, aufgeschlossen, vorlaut.

5.13 Unterscheiden Sie zwischen
a) Phlegmatikern und
b) Melancholikern.

a) **Der Phlegmatiker** ist gleichgültig, geduldig, langsam, gutmütig.
b) **Der Melancholiker** ist schwermütig, gewissenhaft, fleißig, eigensinnig.

6 Kundengespräch und Kommunikation

6.1 Welche Aufgaben hat das Kundengespräch im Friseursalon?

Das Kundengespräch ermöglicht es:
– den ersten Eindruck vom Kunden durch gezielte Fragen zu bestätigen oder auch zu korrigieren,
– der Kunde kann konkret seine Wünsche und Probleme äußern,
– der Kunde kann individuell beraten werden.

6.2 Kunden klagen häufig darüber, dass sie im Gespräch mit Fachbegriffen geradezu überschüttet werden. Wie gehen Sie mit Fachbegriffen in der Kundenberatung um?

a) Fachbegriffe müssen dem Kunden verständlich erklärt werden.
b) Nicht der Friseur, sondern der Kunde will und muss die Fachsprache verstehen können.
c) Erklärungen müssen auf den Kunden abgestimmt sein, denn nicht jeder Kunde will eine umfassende Erklärung jeder durchgeführten Arbeit.

Dienstleistungsberuf Friseur

6.3 Was versteht man unter Kommunikation?

Kommunikation = Austausch von Informationen und Nachrichten.

6.4 Mit welchen drei Begriffen lässt sich das einfachste Modell der Kommunikation darstellen?

Sender → Nachricht → Empfänger

6.5 Wenn die vom Sender gesandte Nachricht beim Empfänger nicht richtig ankommt, ist die Kommunikation gestört. Nennen Sie drei mögliche Ursachen für Kommunikationsstörungen.

Mögliche **Ursachen für Kommunikationsstörungen:**
- Empfänger versteht die Nachricht nicht (z. B. Friseurin wirft mit Fachbegriffen um sich, die der Kunde nicht versteht!)
- Kunde will die Nachricht nicht verstehen (z. B. Kunde ärgert sich über lange Wartezeit und akzeptiert die Entschuldigung der Friseurin nicht!)
- Kundin will nur von der Friseurin Nadia bedient werden. Da diese aber krank ist, springt die Friseurin Eva ein. Diese kann es aber der Kundin nicht recht machen, die Kundin meckert an allem herum.

6.6 Es ist Menschen zwar nicht möglich nicht zu kommunizieren, doch kann die ablehnende Haltung zu einer Kommunikation durch verschiedene Signale zum Ausdruck gebracht werden. Nennen Sie fünf mögliche Signale.

Signale zur Ablehnung einer Kommunikation können z. B. sein:
- verbale Aussagen wie z. B. Beschimpfungen
- Schweigen
- Gesten wie z. B. eine abwinkende Handbewegung
- „giftiger" Blick
- dem Gesprächspartner die kalte Schulter zeigen

© Holland + Josenhans

6.7 Das von dem Wissenschaftler Schulz von Thun entwickelte erweiterte Kommunikationsmodell versucht alles, was über den Sachinhalt einer Nachricht hinausgeht, ebenfalls zu erfassen. Er spricht deshalb von den vier Seiten einer Nachricht. Beschreiben Sie diese vier Seiten einer Nachricht.

Die vier Seiten einer Nachricht sind:
- **Sachinhalt:** Er gibt an, worum es bei der Nachricht rein sachlich geht.
- **Selbstoffenbarung:** Jede Nachricht lässt auch Rückschlüsse auf z. B. den Gemütszustand des Senders zu.
- **Beziehung:** Eine Nachricht lässt Bewertungen über das persönliche Verhältnis zwischen Sender und Empfänger zu, z. B. Sympathie oder Antipathie oder die Beziehungen zur Nachricht.
- **Appell:** Jede Nachricht ist mit der Aufforderung an den Empfänger verbunden, etwas zu denken, zu fühlen und zu tun.

6.8 Nennen Sie je ein Beispiel für die vier Seiten einer Nachricht aus der täglichen Salonpraxis.

Sachinhalt: Frau Haar möchte ein bestimmtes Pflegeshampoo kaufen. Sie nennt der Friseurin den Namen dieses Shampoos.

Selbstoffenbarung: Die Friseurin lächelt freundlich und antwortet: „Sehr gern, Frau Haar!" Die Friseurin zeigt damit ihr freundliches Wesen und offenbart eine positive Lebenseinstellung.

Beziehung: Die Friseurin sucht den offenen Blickkontakt zur Kundin und gibt ihr damit zu verstehen, dass sie die Kundin als gleichwertige Partnerin akzeptiert.

Appell: Die Friseurin sagt zur Kundin: „Sie haben eine sehr gute Entscheidung getroffen. Sie werden mit diesem Shampoo sehr zufrieden sein!"

Dienstleistungsberuf Friseur

6.9 Modellhaft spricht man bei den vorgenannten vier Seiten oft auch vom Vier-Ohren-Modell. Man geht dabei davon aus, dass jede Seite der Nachricht beim Empfänger „ein Ohr" darstellt. Bei der Wahrnehmung einer Nachricht sind die „einzelnen Ohren" der Kunden unterschiedlich stark entwickelt. Erklären Sie das Vier-Ohren-Modell an einem Beispiel aus dem Friseursalon.

Der stark sach-ohrige Empfänger: Er stellt sich die Frage, wie der Sachinhalt zu verstehen ist. Für ihn ist der Sachinhalt der Nachricht am bedeutsamsten, z. B. „Welche Vorteile bringt mir eine Dauerwelle?"

Der stark beziehungs-ohrige Empfänger: Er fragt sich immer zuerst, was sein Gesprächspartner von ihm hält. Diese Menschen sind sehr empfänglich für Komplimente wie z. B. „Diese Haarfarbe wird Ihnen sehr gut stehen!"

Der Empfänger mit dem großen Selbstoffenbarungsohr: Er fragt sich, was der Sender der Nachricht für eine Persönlichkeit ist. Wichtig ist ihm im Friseur eine Vertrauensperson zu haben, mit dem er auch Probleme (z. B. starke Schuppenbildung) durchsprechen kann.

Der appell-ohrige Empfänger: Im Vordergrund steht für ihn die Frage, was er aufgrund der Nachricht denken, fühlen oder wie er handeln soll. Solche Menschen nehmen Kritik z. B. sehr ernst, ja oft geht ihnen selbst sachliche Kritik persönlich sehr nahe.

6.10 Nennen Sie drei Voraussetzungen für ein erfolgreiches Verkaufsgespräch.

Der Friseurverkäufer muss im Verkaufsgespräch
- eine angenehme Verkaufsatmosphäre schaffen,
- ehrliches Interesse für die Probleme des Kunden zeigen,
- in der Beratung durch fundiertes Fachwissen überzeugen.

6.11 Beschreiben Sie die Sprache eines erfolgreichen Verkäufers.

Ein erfolgreicher Verkäufer soll
- eine deutliche Aussprache haben,
- mit wechselnder Betonung sprechen (nicht monoton),
- verständlich sprechen und Fachausdrücke erklären.

6.12 Beschreiben Sie die Sprachfaktoren, die auf ein Verkaufsgespräch Einfluss haben.

Sprachfaktoren die auf ein Verkaufsgespräch Einfluss haben sind z. B.:
- **Sprech- und Ausdrucksweise:** Die Stimme, als wichtigstes Instrument dem Kunden Informationen zu vermitteln, muss gezielt eingesetzt werden. So kann die Stimme überzeugend, begeisternd, überheblich oder gleichgültig klingen.
- **Lautstärke:** Spricht der Verkäufer zu leise, wirkt er unsicher und nicht überzeugend. Spricht er zu laut, fühlt der Kunde sich belästigt, die vertrauensvolle Gesprächsatmosphäre kann gestört werden.
- **Aussprache:** Sie sollte klar, deutlich und fehlerfrei sein.
- **Sprechtempo:** Die Wahl des Sprechtempos hängt vom Kunden und der Art des Gesprächs ab. Bei einem Beratungsgespräch sollten Pausen dem Kunden die Möglichkeiten geben nachzufragen. Kein Kunde möchte von einem Redeschwall „erschlagen" werden. Spricht der Friseurverkäufer zu langsam, besteht die Gefahr, dass der Kunde sich langweilt und ermüdet.
- **Wortwahl:** Der Verkäufer sollte sich dem Sprachniveau des Kunden anpassen. So sprechen z. B. Jugendliche eine andere Sprache als Senioren.

Dienstleistungsberuf Friseur

6.13 **Bei der Kundenwunschermittlung spielt die richtige Fragestellung (Fragetechnik) eine entscheidende Rolle. Nennen und beschreiben Sie die verschiedenen Fragearten.**

a) **Offene Fragen:** z. B. Erkundungsfragen, sie ermitteln direkt den Kundenwunsch.
b) **Entscheidungsfragen:** Hierbei hat der Kunde entweder die Entscheidung zwischen zwei Angeboten oder er kann die Frage mit einem Ja oder Nein beantworten.
c) **Suggestivfragen:** Dem Kunden wird mit der Frage etwas empfohlen (= suggeriert).
d) **Rhetorische Fragen:** Sind keine echten Fragen. Es sind häufig fragende Bitten oder Behauptungen.

6.14 **Nennen Sie je ein Beispiel für jede Frageart aus der Friseurpraxis.**

a) **Offene Frage:** „Was darf es sein?"
b) **Entscheidungsfrage:** „Wollen Sie die Haare mit Kräutershampoo oder Zitronenshampoo gewaschen haben?"
c) **Suggestivfrage:** „Meinen Sie nicht auch, heute wäre eine Ganzfärbung angebracht?"
d) **Rhetorische Frage:** „Darf ich Sie zur Kasse bitten?"

6.15 **Was versteht man unter nonverbaler Kommunikation?**

Worte sind nur ein Teil der Kommunikation. Daneben gibt es nichtsprachliche (= nonverbale) Mitteilungen oder Signale wie z. B. die Körpersprache.

6.16 **Mit Hilfe von welchen Ausdrucksformen kann eine Körpersprache erfolgen?**

Körpersprache kann ausgedrückt werden durch
– die Körperhaltung,
– die Kopfhaltung,
– die Ausdruckswirkung des Gesichts,
– den Blick,
– die Mundstellung,
– Gesten.

© Holland + Josenhans

6.17 Wie wirkt der Gesichtsausdruck einer Friseurin in den folgenden beiden Fällen auf einen Kunden?

a) **zurückgeworfener Kopf** wirkt auf den Kunden herausfordernd, provozierend.
b) **seitlich geneigter Kopf** lässt auf Unentschlossenheit, Desinteresse, Langeweile oder Unterwürfigkeit schließen.

a) zurückgeworfener Kopf

b) seitlich geneigter Kopf

Dienstleistungsberuf Friseur

6.18 Ein Kunde zeigt bei einem Beratungsgespräch folgende Körperhaltungen. Was können Sie daraus schließen?

a) Kunde ist nachdenklich. Er weiß z. B. nicht, ob er dieses Produkt kaufen soll. Hier ist eine ausführliche Beratung notwendig.

b) Kunde ist ablehnend, er muss überzeugt, nicht überredet werden.

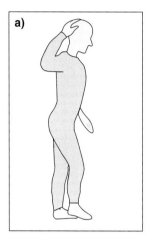

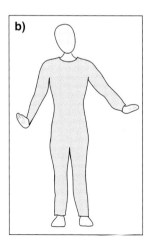

6.19 Wie wirken folgende Gesichter mit ihrem Gesichtsausdruck?

a) Das Gesicht mit zusammengekniffenen Augen wirkt heiter, verschmitzt, u. U. sogar hinterlistig.
b) Die weit aufgerissenen Augen zeigen Erstaunen, Überraschung oder Schreck.

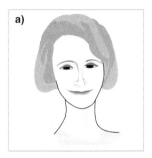

a)

b)

6.20 Welche Deutungen lassen folgende Blicke von Kunden zu:
a) ein schräger Blick,
b) ein ausweichender Blick,
c) ein stechender, durchdringender Blick?

a) **schräger Blick** (Blick aus den Augenwinkeln): Misstrauen oder auch Abfälligkeit.
b) **ausweichender Blick** (Blick zum Boden, kein Blickkontakt): zeigt Verlegenheit, Unsicherheit oder mangelndes Selbstbewusstsein.
c) **stechender, durchdringender Blick** (Blicke, die einen durchbohren): lassen beim Kunden auf Aggressivität oder Angriffslust schließen.

Dienstleistungsberuf Friseur

6.21 In einem Beratungsgespräch über eine neue Haarpflegeserie bemerken Sie bei der Preisnennung, dass die Kundin waagerechte Falten auf der Stirn zeigt.
a) Welche Information gibt Ihnen damit die Kundin?
b) Wie würden sie darauf reagieren?

a) Kundin signalisiert Erstaunen, ihr ist der Preis wohl zu hoch.
b) Billigeres Produkt anbieten z. B. „Wir haben hier noch eine preisgünstigere Pflegeserie, Frau Pfleg!"

6.22 Kunden verraten durch unbewusste Gesten viel über ihren „seelischen Zustand". Welche Informationen könnten Sie aus folgenden Gesten entnehmen?

a) Kundin spielt mit den Lippen, sie denkt nach, kann sich nicht entscheiden, oft auch ein Zeichen von Verlegenheit.
b) Kundin hält die Hand vor den Mund, vielleicht hat sie etwas gesagt, was ihr hinterher leid tut oder sie nicht hätte sagen dürfen.

a)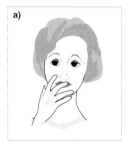

b)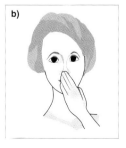

6.23 Beschreiben Sie die nachfolgenden Gesten der Friseurin und deren möglicher Wirkung auf die Kundin.

a) Friseurin betont mit Daumen und Zeigefinger der linken Hand die Qualität des gezeigten Produktes.
b) Friseurin zeigt durch das Gähnen das Desinteresse gegenüber der Kundin. Die Kundin fühlt sich allein gelassen und ohne Beratung.

a)

b)
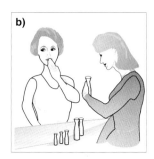

Dienstleistungsberuf Friseur

6.24 **Durch die Körpersprache lässt sich eine Aussage nicht nur betonen, sondern auch abschwächen. Worauf sollten Sie bei der Körpersprache achten? Nennen Sie drei Punkte.**

1. Mit dem Kunden stets Blickkontakt suchen und diesen auch halten, ohne dabei den Kunden anzustarren.
2. Den Blick weitestgehend kontrollieren und die Augen als wichtige Stütze des Verkaufsgesprächs gezielt einsetzen.
3. Starke Gestikulation mit den Händen ist bei einem Veraufsgespräch nicht angebracht, sondern die Gesten sollten gezielt eingesetzt werden.

6.25 **Wie lassen sich im Verkaufsgespräch mittels Körpersprache durch den Friseurverkäufer**
a) **Freundlichkeit,**
b) **Interesse,**
c) **Zustimmung,**
d) **Selbstsicherheit,**
e) **Ablehnung darstellen?**

a) **Freundlichkeit:** sich sofort dem Kunden zuwenden, lächeln
b) **Interesse:** sich zum Kunden hinwenden, lächeln, offenen Blickkontakt suchen
c) **Zustimmung:** leicht nach vorne beugen, mit dem Kopf nicken
d) **Selbstsicherheit:** ruhige, nicht hektische Bewegungen, nicht Arme vor dem Körper verschränken, aufrechte, gerade Körperhaltung, Blickkontakt halten.
e) **Ablehnung:** zurückweichen (auf Distanz gehen), den Kopf schütteln.

6.26 **Was ist zu beachten, wenn Kommunikation mit dem Kunden erfolgreich sein soll?**

1. Den Kommunikationspartner mit Namen ansprechen
2. Deutlich sprechen
3. Eigene Stimme beachten und kontrollieren
4. Angemessen lächeln
5. Blickkontakt herstellen und halten
6. Kurze Gesprächspausen einlegen
7. Gezielt wichtige Gesprächsausschnitte wiederholen.

6.27 Viele Verkäufer planen ihre Verkaufsstrategie nach der AIDA-Formel. Erklären Sie die AIDA-Formel unter Verwendung von Beispielen.

A = **Aufmerksamkeit** auf das Angebot lenken, z. B. Plakate/Warenkörbe mit neuem Haarwasser.

I = **Interesse** des Kunden wecken, z. B. durch Information; Neuerung erklären, evtl. Erfahrung anderer Kunden mitteilen.

D = **Drang** zur Bedarfsdeckung wecken, z. B. das neue Haarwasser könnte helfen.

A = **Abschluss** des Kaufvertrags herbeiführen, z. B. Auswahl vorlegen, Artikel in die Hand geben, Preis nennen.

6.28 Welche Phasen werden bei einem Verkaufsgespräch unterschieden?

a) Kundenempfang
b) Kundenwunsch
c) Warenvorlage
d) Beratung/Argumentation überwiegend gefühlsorientiert oder überwiegend vernunftsorientiert.
e) Abschluss
f) Verabschiedung

6.29 Worauf soll bei der Warenvorlage geachtet werden? Nennen Sie mindestens drei Beispiele.

a) Genügend Waren zur Auswahl vorlegen
b) Ware dem Kunden in die Hand geben
c) Probieren lassen (riechen, Probe auf Haut streichen usw.)
d) Nur einwandfreie Ware vorlegen
e) Das Vorlegen der Ware mit einer mittleren Preislage beginnen. Kundenreaktion aufmerksam beobachten und anschließend Ware mit höherem oder niedrigerem Preis vorlegen.

Dienstleistungsberuf Friseur

6.30 Worauf muss der Friseur bei Beratung und Argumentation achten? Nennen Sie mindestens fünf Gesichtspunkte, die zu beachten sind.

a) Ehrlich argumentieren, nicht übertreiben
b) Unverständliche Fachausdrücke vermeiden
c) Positiv argumentieren
d) Kunden nicht direkt widersprechen, besser durch Fragen seine Behauptung anzweifeln
e) Nicht zur Entscheidung drängen, Geduld zeigen
f) Preis erst nennen, wenn der Kunde über Qualität und Wirkung unterrichtet ist
g) Kurze Fragen stellen, Fragewort am Satzanfang
h) Suggestionsfragen vermeiden
i) Kundeneinwände durch sachliche, fachliche Einwände entkräften
j) Keine Phrasen verwenden (z. B. „es wird oft gewünscht", „das Beste vom Besten").
k) Konkurrenzprodukte nicht abwerten

6.31 In welchen Fällen wird der Verkäufer sachlich argumentieren und wann mit Einfühlungsvermögen?

a) **Sachliche Argumentation:** bei vernunftbetonten Kaufmotiven, z. B. Geldersparnis, Zeitersparnis, Gesundheit.
b) **Einfühlsame Argumentation:** bei gefühlsbetonten Kaufmotiven, z. B. das Produkt verjüngt, wirkt erfrischend, ist modern.

7 Kundenreklamationen und -konflikte

7.1 Nennen Sie drei mögliche Konfliktsituationen bei der täglichen Friseurarbeit.

Konfliktsituationen können sein:
1. Ein Kunde muss seiner Meinung nach zu lange warten, obwohl er angemeldet war.
2. Eine Kundin will sich bei der Bedienung nicht von ihrem Schoßhund trennen.
3. Eine Kundin kommt mit ihrem zwölfjährigen Sohn und verlangt für ihn einen Kurzhaarschnitt, der Sohn möchte aber seine Haarpracht behalten.

7.2 Wie würden Sie versuchen, die in Aufgabe **7.1** angesprochenen Konfliktsituationen zu lösen?

1. **lange Wartezeit:** dem Kunden freundlich erklären, warum er warten muss und ihm sagen, wie lange es noch dauert, einen Kaffee anbieten.
2. **Bedienung mit Schoßhund:** die Kundin höflich darauf aufmerksam machen, dass Hunde im Salon nicht erlaubt sind. Ihr erklären, warum Hunde nicht erlaubt sind, u. U. anbieten, mit dem Hund „Gassi" zu gehen.
3. **Sohn will anderen Haarschnitt:** Mutter versuchen zu überzeugen, dass ihr Sohn die Frisur tragen muss und er sich dabei wohlfühlen soll.

7.3 Warum sollten Konflikte zwischen zwei Friseurinnen nicht im Beisein von Kunden ausgetragen werden? Nennen Sie drei Gründe.

1. Schlechtes Image für den Salon
2. Kunden kommen nicht wieder
3. Schlechte Laune wirkt sich immer negativ auf die Qualität der Friseurleistung aus

Dienstleistungsberuf Friseur

7.4 Welche Verhaltensweisen helfen bei einer Konfliktlösung mit einem Kunden?

Bei einer Konfliktlösung helfen:
- Kunden ausreden lassen und ihm geduldig zuhören.
- Wird eine längere oder gar laute Auseinandersetzung befürchtet, diese nicht in Anwesenheit von anderen Kunden durchführen (Nebenraum benutzen!).
- Nicht emotional werden, d. h. wenn Kunde brüllt, sollte man ruhig bleiben.
- Den Sachverhalt (vorurteilsfrei) objektiv prüfen.
- Wurden Fehler gemacht, diese auch zugeben.
- Dem Kunden sein Bedauern zeigen, sich entschuldigen.
- Bei gemachten Fehlern Abhilfe versprechen und dies auch tun.
- Sich niemals zu einer Beleidigung des Kunden hinreißen lassen.
- Niemals Redewendungen wie „Das sehen Sie ganz falsch!" oder „Ich als Friseurin muss das wohl besser wissen!" verwenden.

7.5 Warum wird ein Kunde immer als Gewinner aus einem Konflikt hervorgehen?

Der Kunde entscheidet, ob er bei uns Kunde bleibt oder nicht.

7.6 Erklären Sie folgende Aussagen:
a) Mitentscheidend für eine erfolgreiche Konfliktlösung ist, dass die Friseurin sich in den Kunden hineinversetzen kann.

a) Die Friseurin kann so mögliche Verhaltensweisen und Argumente voraussehen und sich entsprechend verhalten oder argumentieren.

→ →

b) Kunden werden Konflikte vergessen, wenn sie in ihrer Friseurin eine kompetente Fachfrau sehen und zu ihr Vertrauen haben.

b) Bei einer sachlichen Konfliktlösung kann der Kunde fachlich überzeugt werden, er akzeptiert das Fachwissen der Friseurin. Haben sie Vertrauen, müssen sie nicht befürchten, übervorteilt zu werden.

8 Waren und deren Präsentation

8.1 Eine wichtige Grundlage für ein erfolgreiches Verkaufsgespräch sind Warenkenntnisse. Welche Warenkenntnisse sollte eine Friseurin haben?

Eine Friseurin sollte Bescheid wissen über:
- **Produktmerkmale** (Was macht ein Produkt aus?)
- **Verwendung** (Für welche Anwendungen ist das Produkt geeignet?)
- **Inhaltsstoffe** (Welche Inhaltsstoffe hat das Produkt und wie ist deren Wirkung?)
- **Hersteller** (Name des Herstellers ist oft ein wirksames Verkaufsargument)
- **Herstellungsangaben** (Besonderheiten des Herstellungsverfahrens und -ortes)
- **Anwendung** (Wie soll Produkt angewandt werden z. B. Menge, Anwendungshäufigkeit)
- **Produkteigenschaften** (Welche spezielle Wirkungen kennzeichnen das Produkt?)

8.2 Friseurprodukte erfordern durch ihre Eigenarten eine warengerechte Präsentation. Nennen Sie fünf warenbedingte Präsentationsansprüche im Friseurbereich.

Warenbedingte Präsentationsansprüche können sein:
- Schutz vor Wärme
- Schutz vor Licht
- Schutz vor Feuchtigkeit
- Schutz vor Staub
- Schutz vor Manipulation und Ausprobieren

Dienstleistungsberuf Friseur

8.3 Der Friseur unterscheidet Verkaufs- und Kabinettwaren. Erklären Sie diese Aussage.

Verkaufswaren werden in handelsüblichen Endverbrauchergrößen verkauft.
Kabinettwaren sind Präparate, die der Friseur im Salon anwendet (Großpackungen).

8.4 Man unterscheidet verschiedene Arten des Verkaufs. Welche sind für den Friseur von besonderer Bedeutung?

a) **Der Anschlussverkauf**
   Eine Kundin kauft z. B. einen Nagellack. Ein guter Verkäufer bietet zusätzlich einen Nagellackentferner an.
b) **Der Zusatzverkauf**
   entwickelt sich aus der Bedienung des Kunden im Salon. Bei Schuppenbildung z. B. wird der Friseur ein Spezialshampoo oder eine Kurpackung empfehlen.

8.5 Worauf hat der Friseur bei der Platzierung seiner Waren zu achten?

Waren müssen dort platziert werden, wo die Kunden sich aufhalten, z. B. im *Wartebereich*. Produkte, die auch in der Kabine verwendet werden, sollten im *Behandlungsbereich* und solche, die sich für einen *Spontankauf* eignen, im Kassenbereich platziert werden.

8.6 Hochwertige, bisher schwer verkäufliche Kosmetika werden an der Kasse in einem Schüttkorb angeboten. Was halten Sie von dieser Art der Präsentation? Begründen Sie Ihre Meinung.

Wenn hochwertige Ware in einem Schüttkorb angeboten wird, ist sie keine hochwertige Ware mehr. Der Kunde könnte Qualitätsmängel vermuten. Besser wäre hier ein Verkauf über die Erklärung der Friseurin, die auf das günstige Angebot hinweist.

© Holland + Josenhans

8.7 Ein Nagellack in einer bestimmten Modefarbe ist nicht mehr gefragt. Welche Maßnahmen würden Sie ergreifen, um das Produkt doch noch verkaufen zu können?

Geeignete Maßnahmen wären:
- deutlich herabgesetzter Preis
- auffällige Platzierung
- Hinweis auf das Sonderangebot bei der Platzierung

9 Friseurwerbung

9.1 Wie kann der Friseur werben?

a) Durch die Geschäftsatmosphäre und die Salongestaltung
b) Durch Service und Leistung
c) Durch die Schaufenstergestaltung
d) Durch spezielle Werbemaßnahmen, z. B. Zeitungsanzeigen, Handzettel

9.2 Werbung erfolgt auch über die äußere Optik eines Friseursalons. Was versteht man darunter?

Die **äußere Optik** ist die Ausstrahlung der Außenfront eines Friseursalons, des Gebäudes insgesamt. Die Werbung erfolgt über die Fassade, die Schaufenster und deren Dekoration sowie die Beleuchtung.

9.3 Nennen Sie Beispiele, wie durch Geschäftsatmosphäre bzw. Salongestaltung geworben werden kann.

a) Angenehme Einrichtung, Ordnung, Sauberkeit.
b) Freundlichkeit, Aufmerksamkeit, gepflegtes Äußeres der Mitarbeiter.
c) Die Wartephase wird durch Unterhaltungslektüre überbrückt (z. B. Informationsmaterial, Frisurenmappe usw.).
d) Dekorationswechsel und richtige Anordnung im Laden sorgt für Abwechslung und neue Kaufanreize (z. B. Sonnenschutzmittel während der Urlaubszeit).

Dienstleistungsberuf Friseur

9.4 **Durch**
a) **welche Leistungen und**
b) **welchen Service kann der Friseur werben?**

a) **Leistungsbeispiele:**
- Erstklassiges Arbeitsmaterial (Produkte)
- Moderne Arbeitsmethoden
- Für neue Modetrends geschulte Fachkräfte
- Unaufdringliche Beratung
- Ausstellung von Medaillen, Urkunden, Preisen
- Einheitliche, geschmackvolle Arbeitskleidung
- Fachlich einwandfreie Behandlung

b) **Servicebeispiele:**
- Unterhaltungslektüre bereitstellen
- Um mitgebrachte Kinder kümmern
- Taxi rufen
- Garderobe bereithalten
- Bei Regenwetter Plastikhaube mitgeben
- Warenproben mitgeben
- Über Neuheiten informieren

9.5 **Mit welchen speziellen Werbemaßnahmen kann der Friseur zusätzlich werben?**

a) Zeitungsanzeigen
b) Kinowerbung
c) Handzettel
d) Kundenzeitschriften
e) Werbefläche auf Bussen, Postautos, Plakatwänden usw.

9.6 **Worauf muss man beim Einsatz der in Frage 9.5 genannten Werbemaßnahmen achten?**

Ein einmaliger Einsatz genügt bei diesen Werbemaßnahmen nicht. Um Wirkung zu erzielen, müssen derartige Werbemaßnahmen zur Dauereinrichtung werden – zumindest jedoch mehrfach wiederholt werden.

9.7 Nennen Sie fünf Gebote erfolgreicher Werbung.

1. Im Vordergrund jeder Werbung muss das stehen, was den Kunden interessiert.
2. Man muss stets überlegen, welche Werbemittel (z. B. Wurfsendung, Schaufenster etc.) den gewünschten Kundenkreis am meisten ansprechen.
3. Werbeaussagen sollten kurz und prägnant sein.
4. Werbeaussagen müssen wahr sein.
5. Jede Werbung sollte ein bestimmtes Firmen-Image aufbauen, das ständig gepflegt werden sollte (z. B. ein Qualitätsversprechen).

9.8 Welches ist die billigste Werbung?

Die Werbung auf den Köpfen der Kunden, d. h. ein modischer Schnitt und eine schicke Frisur sind das beste Aushängeschild eines Friseursalons.

10 Schaufenstergestaltung

10.1 Der Mensch, von Natur aus neugierig, befriedigt seine Schaulust durch Window-Shopping (Schaufensterbummel zum Vergnügen). Welche Aufgabe hat ein Schaufenster?

Ein Schaufenster soll Bindeglied (Vermittler) zwischen Passant (Kaufinteresse) und Waren oder Dienstleistungen (Verkaufsinteresse) sein.

Dienstleistungsberuf Fris..

10.2 Welche Anforderungen würden Sie an ein Schaufenster stellen, damit es Ihre Aufmerksamkeit auf sich zieht?

Ein Schaufenster sollte
- interessant sein,
- als Blickfang dienen,
- sich von den anderen Schaufenstern (besonders auch von denen der Konkurrenz) abheben,
- als Einladung dienen, den Salon zu betreten.

10.3 Ein gut gestaltetes Schaufenster wirkt bereits als verführerischer Blickfang und lockt Betrachter an. Diese Wirkung wird erhöht, wenn für die Schaufenstergestaltung wechselnde „Themen" verwendet werden. Geben Sie vier Themenvorschläge.

1. Jahreszeit
2. Neue Mode
3. Urlaub
4. Sonderaktionen
5. Festtage

10.4 Viele Schaufenster enthalten zusätzlich einen Blickfang.
a) Welche Aufgabe hat der Blickfang in einem Schaufenster?
b) Nennen Sie Beispiele für einen Blickfang.

a) Der Blickfang im Schaufenster soll:
- Aufmerksamkeit wecken
- Passanten anziehen
- Fernwirkung haben

b) Bildplakate, z. B. Weihnachtsbild, neue Frisurenmodelle.
Textplakate, z. B. „Sind auch Sie gut/modern frisiert?"
Licht: Strahler, Blinklichter, Leuchtschrift.
Farbe: Farbige Schaufensterseitenwände bzw. -rückwände.

10.5 Welche Farben wirken gut als Blickfang?

Einen hohen Aufmerksamkeitswert haben und somit gut geeignet als Blickfang sind
a) Rot
b) Gelb
c) Orange

Wie sollen Waren als Blickfang in einem Schaufenster angeordnet werden?

Man unterscheidet zwei Schaufensterbereiche:
a) den **Fernwirkungsbereich:** Einsatz von Plakaten, Bildern usw. als Blickfang.
b) den **Nahwirkungsbereich:** Einsatz von Waren als Dekoration.

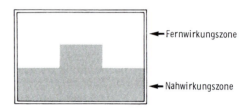

|10.7| **Welcher Zusammenhang besteht zwischen dem Blickfang und der Anordnung der Schaufensterdekoration?**

Der Blickfang muss aus weiter Entfernung erkennbar sein und soll die Blicke des Betrachters auf die gesamte Auslage lenken. Dies wird erreicht durch:
a) Hinweisschilder
b) Anordnung der Ware
c) Kordeln und Bänder
d) Schaufensterpuppen

|10.8| **Was ist bei der Anordnung von Ausstellungsgegenständen zu beachten?**

a) **Weniger ist oft mehr.** So genannte Stapelfenster (wo sich Waren wie auf dem Kaufhauswühltisch stapeln) werden nur kurz beachtet, da sie unübersichtlich sind.
b) **Waren sollten nicht bunt zusammengewürfelt präsentiert werden,** sondern drei bis fünf Gegenstände sollten eine übersichtliche Gruppe bilden.
c) **Warenanordnungsmöglichkeiten** sind Reihung, Fächer, Gegenüberstellung oder andere verschiedene Variationen.

Dienstleistungsberuf Friseur

10.9 Welche Bedeutung hat die farbliche Schaufenstergestaltung für dessen Wirksamkeit?

a) Bunte Schaufenster ziehen ungefähr 70 % mehr Betrachter an als einfarbige Schaufenster.
b) Bunte Schaufenster werden ungefähr 35 % länger betrachtet als einfarbige Schaufenster.

10.10 Worauf muss bei der Wahl der Farben für die Schaufenstergestaltung geachtet werden?

1. Die einzelnen Farben müssen aufeinander abgestimmt sein, damit die Einheitlichkeit der Dekoration nicht gestört wird (siehe Farbenlehre!).
2. Kalte Farben treten zurück, warme Farben treten vor.

10.11 Was sollte bei der Rückwandgestaltung beachtet werden?

a) Zur Gestaltung der Schaufensterrückwand sollten je nach Jahreszeit und Thema kalte oder warme Farben gewählt werden.
b) Sind Vorder- und Mittelgrund eines Schaufensters ruhig gehalten, sollte die Rückwand lebhaft sein. Solche Gegensätze sollten beim Dekorieren geschaffen werden, weil sonst beim Passanten keine Aufmerksamkeit zu erwarten ist.

10.12 Wie soll die Beschriftung im Schaufenster ausgeführt werden?

a) Um die Einheitlichkeit der Dekoration zu unterstreichen, werden Preis- und Hinweisschilder einheitlich beschriftet. Sonst könnten Verwirrung und Unübersichtlichkeit entstehen.
b) Stellt die Schrift selbst einen Blickfang dar, sollte sie groß und auffallend sein.

Gesundheits- und Umweltschutz im Friseursalon

1 Hygiene

1.1 Erklären Sie den Begriff „Hygiene".

Hygiene ist die vorbeugende Krankheitsbekämpfung durch die Ausschaltung von schädlichen Umwelteinflüssen.

1.2 Die persönliche Hygiene ist besonders für den Friseur von größter Bedeutung. Nennen Sie fünf mögliche Maßnahmen zur persönlichen Hygiene des Friseurs.

1. Das Tragen von sauberer und zweckmäßiger Kleidung.
2. Die regelmäßige Pflege der Haare.
3. Das regelmäßige Reinigen der Fingernägel.
4. Das regelmäßige Zähneputzen und die Behandlung von Mundgeruch.
5. Die Beseitigung von Körpergeruch durch regelmäßige Körperpflege.

1.3 Begründen Sie anhand von drei Beispielen die Wichtigkeit der persönlichen Hygiene für den Friseur.

Begründung:
– Körpergeruch kann das Vertrauensverhältnis zwischen Kunden und Friseur stören; er wirkt belästigend und abstoßend.
– Eine schlecht frisierte und ungepflegte Friseurin ist ein schlechtes Verkaufsargument.
– Unter ungereinigten Fingernägeln leben Bakterien und Pilze. Die Ansteckung von Kunden ist möglich.

1.4 Die gewerbliche Hygiene (Berufshygiene) im Friseurhandwerk ist in einer Hygieneverordnung geregelt. Nennen Sie fünf der dort geregelten Vorschriften.

a) Wer an einer ansteckenden Krankheit oder an einer Ekel erregenden Haut- oder Haarkrankheit leidet, darf nicht im Friseurhandwerk beschäftigt werden.
b) Kunden dürfen nur mit zuvor gereinigten Händen bedient werden.

→

Gesundheits- und Umweltschutz im Friseursalon

▷ **Fortsetzung der Antwort** ▷

c) Bei der Arbeit muss Berufskleidung getragen werden.
d) Arbeitsgeräte müssen sauber und hygienisch einwandfrei sein.
e) Kunden mit Kopfläusen dürfen im Salon nicht behandelt werden.

1.5 **Neben der in der Hygieneverordnung geregelten Vorschriften gibt es eine Reihe von Hygienegrundsätzen, die im Friseursalon beachtet werden sollten. Nennen Sie drei davon.**

1. Die Arbeitsräume sollten regelmäßig gereinigt und gelüftet werden.
2. Handtücher, Gesichtstücher etc. dürfen nur frisch gewaschen verwendet werden.
3. Der Hals des Kunden ist mit einer Halskrause gegen Berührung mit mehrmals verwendeten Umhängen zu schützen.

1.6 **Der Sicherheit und Gesundheit und damit auch der Hygiene dient auch die Arbeitsstättenverordnung. Was regelt die Arbeitsstättenverordnung? Nennen Sie fünf Beispiele.**

Vorschriften über die Ausstattung und Beschaffenheit von Betriebsräumen z. B. zu:
- Gestaltung von Wänden, Fußböden und Decken
- Beleuchtung von Räumen und Arbeitsplätzen
- Regelungen zum Feuerschutz
- Vorschriften über Raumtemperatur
- Einrichtung von Sozialräumen und Toiletten

1.7 **Erklären Sie den Begriff „Infektion".**

Infektion bedeutet Ansteckung.

1.8 **Wie können Infektionen entstehen?**

Infektionen entstehen durch krank machende Kleinstlebewesen (Mikroorganismen), die sich auf der Haut oder im Organismus festsetzen, vermehren und Krankheiten, Hautjucken oder Entzündungen hervorrufen können.

1.9 Wodurch kann man sich bei anderen Personen infizieren? Nennen Sie zwei Möglichkeiten.	a) **Kontaktinfektion:** Durch Berührung mit dem Erkrankten z. B. beim Händeschütteln. b) **Tröpfcheninfektion:** Durch Übertragung im feuchten Bereich z. B. durch Anhusten.
1.10 Erklären Sie den Unterschied zwischen direkter und indirekter Infektion.	a) **Direkte Infektion:** = Übertragung der Infektion unmittelbar durch einen Erkrankten. b) **Indirekte Infektion:** = Übertragung der Infektion durch Zwischenträger, z. B. gemeinsam benutztes Taschen- oder Handtuch, Haustiere oder Ungeziefer.
1.11 Beschreiben Sie den Unterschied zwischen Bakterien und Viren.	**Bakterien**, bestehend aus Eiweißstoffen, sind Mikroorganismen. Die meisten Bakterien sind für den menschlichen Körper sehr nützlich (z. B. Verdauung, Schutzfunktion auf der Haut). Bestimmte Bakterien können aber auch Erreger von Infektionskrankheiten sein (z. B. Scharlach, Tuberkulose, Syphilis). **Viren** bestehen aus einer Erbsubstanz und einer schützenden Eiweißhülle. Für ihre Vermehrung benötigen sie Zellen, die dazu umfunktioniert werden, neue Viren zu erzeugen. Durch Viren werden z. B. Krankheiten wie Grippe und AIDS hervorgerufen.
1.12 Was versteht man unter Inkubationszeit?	Inkubationszeit ist die Zeitspanne zwischen der Aufnahme von Krankheitserregern und dem Ausbruch der Krankheit (bei AIDS kann diese oft mehrere Jahre dauern).

Gesundheits- und Umweltschutz im Friseursalon

1.13 Wodurch wird AIDS übertragen?

AIDS-Viren werden durch Körperflüssigkeiten wie Blut, Samen- und Scheidenflüssigkeit übertragen. Bei Verletzungen eines infizierten Kunden kann Blut in kleinste Wunden des Friseurs gelangen und damit möglicherweise AIDS übertragen.

1.14 Wie kann die Friseurin/der Friseur sich vor einer AIDS-Infektion schützen?

Schützen kann man sich durch das Tragen von Handschuhen sowie die Beachtung der Hygienevorschriften.
Ohne blutende Verletzung bedeutet ein AIDS-Infizierter im Friseurbereich keine Ansteckungsgefahr.

1.15 Bei welchen Arbeiten im Körperpflegebereich können blutende Verletzungen auftreten?

– Konturenschneiden auf der Haut mit der Haarschneideschere
– Rasieren sowie Ausrasieren der Konturen und des Nackens
– Gebrauch anderer Werkzeuge (Bürsten, Kämme. Nackenpinsel) bei vorhergehenden Verletzungen (Schnitte, aufgerissene Warzen oder Pickel sowie Schuppenherde bei Schuppenflechte)
– Formen der Augenbrauen mit Klingengerät oder Rasiermesser.
– Schneiden der Nagelhaut mit der Schere
– Entfernen von Grießkörnern (Milien), Mitessern (Komedonen) mit dem Skalpell oder Komedonenheber
– Ohrlochstechen

1.16 Erklären Sie den Begriff „Desinfektion".

Durch Desinfektion werden Mikroorganismen unschädlich gemacht, die eine Infektion hervorrufen können. Die Eiweißkörper der Krankheitserreger werden durch Einwirkung von Sauerstoff (Oxidation) oder z. B. Gerinnung (Denaturierung) zerstört.

Gesundheits- und Umweltschutz im Friseursalon

1.17 Welche zwei grundsätzliche Wege zur Desinfektion gibt es?

1. Die Desinfektion auf physikalischem Weg
2. Die Desinfektion auf chemischem Weg.

1.18 Nennen Sie drei physikalische Desinfektionsmaßnahmen und deren Anwendungsmöglichkeiten.

1. Kochen, z. B. der Berufswäsche.
2. Erhitzen, z. B. von Kämmen und Borsten in der trockenen Hitze eines Sterilisators.
3. Verbrennen durch eine offene Flamme, z. B. Haare mit Läusebefall (laut Hygieneverordnung).

1.19 Nennen Sie drei chemische Desinfektionsmaßnahmen. Wo würden Sie diese anwenden?

1. Alkohol (70 %ig), z. B. für die Desinfektion von Haut und Händen.
2. Wunddesinfektionslösung aus der Apotheke.
3. Handelsübliche Desinfektionsmittel (z. B. Sagrotan) für die Desinfektion von Kunststoffen (z. B. Lockenwickler usw.).

2 Unfallgefahren, Berufskrankheiten

2.1 Nennen Sie fünf für den Friseurberuf typische Unfallgefahren.

a) Stilkämme, Scheren und Rasiermesser, die sich lose in der Manteltasche befinden
b) Arbeiten mit schadhaften Elektrogeräten und Elektroanschlüssen
c) Ablegen des Föns im nassen Waschbecken
d) Ausrutschen auf nassem oder verschmutztem Fußboden
e) Unsachgemäßer Umgang mit Leitern oder Tritten sowie der Bau von wackligen Hilfsgerüsten aus Stühlen, Tischen usw.

Gesundheits- und Umweltschutz im Friseursalon

2.2 Welche Regeln sind beim Umgang mit elektrischen Geräten zu beachten? Nennen Sie fünf Regeln.

a) Schadhafte Geräte, Leitungen und Anschlüsse müssen sofort gemeldet und fachmännisch repariert werden.
b) Geräte, Stecker und Leitungen dürfen nicht mit nassen Händen angefasst werden.
c) Stecker dürfen nicht an der Leitungsschnur aus der Steckdose gezogen werden.
d) Bei Arbeiten mit Elektrogeräten dürfen nicht gleichzeitig geerdete Leitungen (z. B. Wasserleitungen) berührt werden.
e) Bei Stromunfällen muss der Strom umgehend ausgeschaltet werden. Der Verunglückte ist von der Spannung zu trennen, wobei der Hilfe Leistende jedoch isoliert stehen muss (z. B. auf einer Gummimatte).

2.3 Auch im Friseurbereich gibt es Berufskrankheiten. Nennen Sie drei häufige Berufskrankheiten und erklären Sie, was dagegen getan werden kann.

a) **Allergien:**
– Hautverträglichkeitsproben
– Beratung durch den Hautarzt
– Schutzmaßnahmen wie Handcremes, Handschuhe usw.

b) **Senk- und Plattfüße, Krampfadern:**
– Fußgymnastik (Sport)
– Stützstrümpfe
– bequeme Schuhe
– barfuß gehen

c) **Magenleiden und Stoffwechselstörungen:**
– Vermeidung von Hast und Hetze durch gute Betriebsorganisation
– regelmäßig essen

© Holland + Josenhans

Gesundheits- und Umweltschutz im Friseursalon

2.4 Was versteht man unter „Ergonomie"?

Ergonomie ist die Lehre über die Gestaltung von menschengerechten Arbeitsplätzen. Dabei sollten das Arbeitsumfeld wie auch die verwendeten Werkzeuge für den Menschen optimal gestaltet werden.

2.5 Viele Friseure klagen über Nacken- und Rückenschmerzen. Wie lässt sich dies erklären?

Friseure müssen oft über eine längere Zeit hinweg während der Arbeit eine unnatürliche Haltung einnehmen. Dies führt zu Verspannungen der Muskulatur und damit zu Nacken- und Rückenschmerzen.

2.6 Wie lassen sich Rückenschmerzen lindern bzw. vermeiden? Nennen Sie fünf Maßnahmen.

1. gesundes, bequemes Schuhwerk
2. Verwendung von höhenverstellbarem Bedienungsstuhl
3. Einsatz von Stehhilfe oder Rollhocker
4. Teilnahme an Rückenschulungsmaßnahme der Krankenkasse
5. ausgleichende Gymnastik (z. B. Rückenschwimmen)

2.7 Die Technische Regel für Gefahrstoffe (TRGS 530) schreibt für eine Reihe von Friseurarbeiten das Tragen von Schutzhandschuhen vor. Nennen Sie fünf dieser Tätigkeiten.

1. Haarewaschen
2. Kopfmassage mit Pflegemitteln
3. Auftragen von Farbe, Tönung, Blondierung
4. Dauerwellen einschließlich Probewickeln und Fixierung
5. Nassreinigung und Desinfizieren von Arbeitsmitteln, Geräten, Werkzeugen und Räumen.

2.8 Worauf ist nach der TRGS 530 zu achten, wenn Tätigkeiten mit Schutzhandschuhen ausgeführt werden? Nennen Sie die Vorschriften.

Wenn Tätigkeiten mit Schutzhandschuhen ausgeführt werden, ist strikt darauf zu achten, dass

– Schutzhandschuhe, die zum einmaligen Gebrauch bestimmt sind, nach Gebrauch weggeworfen und keinesfalls wieder verwendet werden.

→

Gesundheits- und Umweltschutz im Friseursalon

▷ *Fortsetzung der Antwort* ▷

- Schutzhandschuhe nur auf sauberer, trockener Haut getragen werden.
- Schutzhandschuhe grundsätzlich nicht ununterbrochen getragen werden dürfen. Die Arbeitsorganisation ist so einzurichten, dass ein ständiger Wechsel zwischen Trocken- und Nassarbeiten im zeitlichen Verhältnis 1:1 eingehalten wird.
- nach dem Tragen von Schutzhandschuhen evtl. vorhandene Puderrückstände auf der Haut mit Wasser abgespült, die Hände sorgfältig abgetrocknet und anschließend eingecremt werden müssen.

3 Umweltschutz im Friseursalon

3.1 Beschreiben Sie drei Grundregeln, die ein Friseur im Umgang mit Umweltproblemen im Friseursalon beachten sollte.

1. Er sollte schon beim Einkauf darauf achten, dass diese Produkte umweltgerecht verpackt sind (z.B. keine Mogelpackungen).
2. Nach Möglichkeit biologisch abbaubare Arbeits- und Putzmittel verwenden
3. Nicht mehr Präparate und Energie verwenden als notwendig (z. B. nicht mehr Farbbrei anrühren, nicht mehr Wasser zum Haarewaschen verwenden als notwendig)

3.2 Wie kann ein Friseur zur Verkleinerung des Müllproblems beitragen? Nennen Sie drei Möglichkeiten.

1. Verzicht auf Präparate in Portionsflaschen
2. Sorgfältige Müllsortierung (Haare sind kompostierbar!)
3. Nutzung von Lieferantenangeboten zur Rücknahme von Verpackungen etc.

3.3 Nennen Sie sechs Energiesparmöglichkeiten im Friseursalon.

1. Wasser nicht unnötig laufen lassen
2. Räume nicht überheizen
3. Trockenhauben, Föne usw. nicht länger als nötig eingeschaltet lassen
4. Fassungsvermögen von Waschmaschine und Wäschetrockner ausnutzen
5. Warmwasserboiler nicht unnötig in Betrieb halten
6. Energiesparlampen verwenden

3.4 Nennen Sie drei mögliche Gründe für eine schlechte Salonluft.

1. Häufiges Sprayen
2. Chemikaliendämpfe
3. Kunden rauchen

3.5 Welche gesundheitlichen Beeinträchtigungen können sich aus der schlechten Salonluft für Friseure ergeben?

Reizungen der Atemwege (Nase, Rachen, Bronchien und Lunge) können durch Dauerbelastungen mit der Zeit zu chronischen Krankheiten wie Bronchitis und Asthma führen.

3.6 Wie lässt sich die Luftverunreinigung im Friseursalon reduzieren? Nennen Sie drei Möglichkeiten.

1. Die Kunden höflich bitten, nicht zu rauchen
2. Sparsamer Umgang mit Sprays
3. Wenn möglich, Verwendung von nicht staubenden Chemikalien

Grundlagen Biologie

1 Anatomie (Zellen, Knochen, Nerven, Muskeln)

1.1 Eine fachgerechte Beurteilung und Behandlung von Haut und Haaren setzt beim Friseur Kenntnisse in den biologischen Grundlagen voraus. Hierbei sind Grundkenntnisse in zwei Bereichen der Biologie besonders wichtig. Nennen Sie diese beiden Bereiche und erklären Sie kurz deren Inhalt.

a) **Anatomie** = Lehre vom Bau des Körpers
b) **Physiologie** = Lehre von den Lebensvorgängen

1.2 Erklären Sie den Begriff „Zelle".

Zelle = Kleinster Baustein oder Grundbaustein aller Lebewesen.

1.3 Nennen Sie die Bestandteile einer Zelle und geben Sie deren Aufgaben an.

a) **Zellplasma (Zelleib):** Eine eiweißhaltige und gallertartige Masse (Zytoplasma), hier finden ständig chemische Umsetzungen von Stoffen statt.
b) **Zellmembran (Zellhaut):** Sie umgibt das Zellplasma und ermöglicht durch Porosität (Durchlässigkeit) Stoffwechselvorgänge.
c) **Zellkern:** Er ist in das Zellplasma eingebettet. Wichtigster Bestandteil des Zellkerns sind die Chromosomen (=Träger der Erbanlagen).
d) **Zentralkörperchen:** Körnchen, welche die Zellteilung einleiten.
e) **Organellen:** Sie ermöglichen den gleichzeitigen Ablauf verschiedenartigster Vorgänge.

Grundlagen Biologie

1.4 **Nennen Sie die wichtigsten Aufgaben der Zellorganellen.**

Endoplasmatisches Retikulum: Herstellung von Eiweiß und Transport von gelösten Stoffen innerhalb der Zelle.
Golgi-Apparat: Herstellung von Sekreten
Mitochondrien: Herstellung von Traubenzucker, Fetten und Eiweißbausteinen.

1.5 **Zellen vermehren sich durch Zellteilung. Erklären Sie den Vorgang der Zellteilung.**

a) Das Zentralkörperchen teilt sich = Beginn der Abschnürung des Zellkerns.
b) Der Zellkern teilt sich in zwei gleiche Teile (=Kernschleifen). Die Chromosomen spalten sich.
c) Die Kernschleifen folgen den Zentralkörperchen, die sich getrennt an den entgegengesetzten Polen der Zelle festgesetzt haben.
d) Beginn der Abschnürung des Zellleibs.
e) Völlige Trennung der beiden neuen Zellen.

1.6 **Erklären Sie die Entwicklung von der Zelle bis zum Organismus.**

a) Viele Zellen gleicher Art und Aufgabe bilden ein Gewebe, z. B. Deckgewebe (= Haut oder Muskelgewebe).
b) Mehrere Gewebe bilden zusammen Organe, z. B. Herz, Magen usw.
c) Mehrere Organe bilden zusammen ein Organsystem, z. B. Knochensystem, Sinnesorgane.
d) Die Vereinigung aller Organsysteme ergibt den Organismus, z. B. Mensch.

1.7 **Knochen lassen sich nach der Form unterscheiden. Welche Knochenformen kennen Sie? Nennen Sie zu jeder Knochenform ein Beispiel.**

a) **Platte Knochen,** z. B. das Schulterblatt
b) **Lange Knochen,** – Röhrenknochen z. B. Oberarm
   – Massive Knochen z. B. Rippen
c) **Kurze Knochen,** z. B. Fuß- oder Handwurzelknochen

Grundlagen Biologie

1.8 **Nennen Sie die Bestandteile eines Röhrenknochens und deren Aufgaben.**

a) **Knochenhaut:** Eine feste Haut, die den ganzen Knochen umgibt. Sie ernährt und entschlackt über viele Blutgefäße die Knochenzellen. Die Knochenhaut wird von einem Geäst feinster Nerven durchzogen.

b) **Knochenrinde:** Sie besteht aus einer kompakten Knochensubstanz. Kalkeinlagerungen geben dem Knochen Festigkeit (= feste Knochensubstanz).

c) **Schwammige Knochensubstanz:** Die lamellenartige Vernetzung der Knochenzellen, sie gibt dem Knochen Elastizität.

d) **Knochenmark:** Es besteht aus Fett, Blut und Nervengewebe. Es dient hauptsächlich der Bildung von roten Blutkörperchen.

1.9 **Bei der folgenden Schädelskizze sind die einzelnen Schädelknochen mit den Zahlen ① bis ⑨ gekennzeichnet. Benennen Sie die Schädelknochen und trennen Sie dabei in a) Gehirnschädelknochen und b) Gesichtsschädelknochen.**

a) **Gehirnschädelknochen**
① Stirnbein
② Scheitelbeine
③ Keilbeine
④ Schläfenbeine
⑤ Hinterhauptbein

b) **Gesichtsschädelknochen**
⑥ Nasenbein
⑦ Joch- oder Wangenbeine
⑧ Oberkiefer
⑨ Unterkiefer

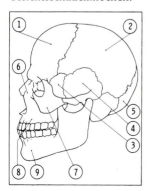

Grundlagen Biologie

1.10 Das Handskelett besteht aus drei Abschnitten. Nennen Sie diese drei Abschnitte und geben Sie an, aus welchen Knochen die Handskelettabschnitte jeweils bestehen.

a) **Handwurzel:** Sie besteht aus acht würfelförmigen Knochen, die in zwei Reihen angeordnet sind.
b) **Mittelhand:** Sie besteht aus fünf Röhrenknochen.
c) **Finger:** Sie bestehen mit Ausnahme des Daumens aus drei Fingergliedern. Vom Mittelhandknochen ausgehend schließen sich folgende Fingerglieder an:
 – Das 1. Fingerglied (Grundglied),
 – das 2. Fingerglied (Mittelglied) und
 – das Nagelglied.

1.11 In welche Abschnitte ist das Fußskelett eingeteilt?

a) **Fußwurzel**
b) **Mittelfuß**
c) **Zehen:**
 – Grundglieder
 – Mittelglieder
 – Nagelglieder

1.12 Wodurch kann es zu einer krankhaften Veränderung des Fußes kommen? Nennen Sie drei mögliche Ursachen.

a) **Mangelhaftes Training** (z. B. zu seltenes Gehen)
b) **Ständige Überbeanspruchung** (z. B. durch zu langes Stehen)
c) **Ungeeignetes Schuhwerk** (z. B. unbequeme Schuhe mit hohen Absätzen)

1.13 Bei den krankhaften Fußverbildungen kennt man u. a.
a) den Senkfuß,
b) den Spreizfuß und
c) den Plattfuß.
Erklären Sie diese drei Fußverbildungen.

a) **Senkfuß:** Das Längsgewölbe des Fußes wird bei Belastung durchgedrückt; es bildet sich bei unbelastetem Fuß wieder zurück.
b) **Spreizfuß:** Hier wird vor allem das Quergewölbe durchgedrückt. Die Folge ist eine starke Abspreizung des Mittelfußknochens. Es bildet sich ein ausgeprägter Ballen an der Fußinnenseite.

→

Grundlagen Biologie

▷ *Fortsetzung der Antwort* ▷

c) **Plattfuß:** Hier werden das Längs- und das Quergewölbe durchgedrückt. Der Plattfuß kann sich durch Überbeanspruchung oder durch Gewichtszunahme aus einem Senk- oder Spreizfuß entwickeln.

1.14 Welche Aufgaben haben Nerven?

Nerven sind die Reizleitungen im Körper. Sie stellen die Verbindung zwischen den Sinnesorganen (z. B. Augen, Ohren, Zunge), dem zentralen Nervensystem (Gehirn und Rückenmark) und den Muskeln dar.

1.15 Welche drei Nervenarten lassen sich unterscheiden? Geben Sie zu jeder Nervenart deren Aufgaben an.

a) **Empfindungsnerven (sensible Nerven):** Sie leiten mechanische, chemische, thermische und elektrische Reize zu den Nervenzentralen im Gehirn und im Rückenmark weiter.

b) **Bewegungsnerven (motorische Nerven):** Sie übermitteln die von den Nervenzentralen ausgehenden Befehle an die Muskeln und veranlassen diese, sich zusammenzuziehen.

c) **Vegetatives Nervensystem:** Es ist weitgehend vom Willen unabhängig und steuert vorwiegend die Arbeit der inneren Organe, wie z. B. die Atmung oder die Verdauung.

1.16 Erklären Sie den Begriff „peripheres Nervensystem".

Peripheres Nervensystem = Von unserem Willen abhängiges äußeres Nervensystem, bestehend aus den sensiblen und den motorischen Nerven.

Grundlagen Biologie

1.17 Wie können Sie sich erklären, dass ein Finger bei Berührung mit einem heißen Gegenstand automatisch (ohne es zu wollen) zurückzuckt?

Beim automatischen „Zurückzucken" liegt ein so genannter Reflex vor, d. h. die Reizgebung erfolgt bereits im Rückenmark (nicht im Gehirn), dadurch wird die Reaktionszeit verkürzt.

1.18 Benennen Sie anhand folgender Skizze die einzelnen Nerven des Gesichts (Nr. 1–4).

Nerven des Gesichts:
① Stirnast
② Unteraugenast
③ Kinnast
④ Schläfenwangenast

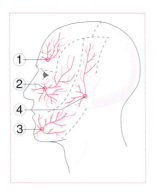

1.19 Erklären Sie den Begriff „Trigeminus".

Der Trigeminus besteht aus drei Nervenästen
– dem Stirnast,
– dem Unteraugenast und
– dem Kinnast.

1.20 Welche Bedeutung hat der Trigeminus bei der Gesichtsmassage?

Die Austrittspunkte des Trigeminus sind wichtig für die Nervenpunktmassage. Durch gezielte, leicht massageähnliche Berührung dieser Nervenpunkte lässt sich eine wohltuende Entspannung des Gesichts herbeiführen.

Grundlagen Biologie

1.21 Welche Funktion hat der Schläfenwangenast (=Facialis)?

Der Facialis hat hauptsächlich motorische Funktion und versorgt die Muskeln des Gesichts.
Durch Erkrankung bzw. Verletzung des Schläfenwangenastes kann es zur (meist einseitigen) Erschlaffung des Gesichts kommen.

1.22 Welche Aufgaben haben die Muskeln?

Muskeln sind Organe, die alle Bewegungen des menschlichen Körpers ausführen. Sie bilden zusammen mit den Knochen, den Sehnen und der Haut eine Arbeitsgemeinschaft. Auch innere Bewegungen im Körper, wie Atmung, Verdauung und der Blutkreislauf werden mit von Muskeln ausgeführt.

1.23 Welche Muskelarten kann man ihrer Form nach unterscheiden?

a) **Flachmuskeln:** z. B. Muskeln der Glieder.
b) **Hohlmuskeln:** z. B. Herz oder Blase.
c) **Ring- oder Schließmuskeln:** z.B. Augenringmuskel oder Schließmuskel des Mastdarms.

1.24 Wie wirken Muskeln? Erklären Sie die Wirkungsweise von Muskeln am Beispiel des Unterarms.

Bei der Beugung des Unterarms verkürzt sich der Beugemuskel, er zieht dadurch den Unterarm nach oben. Dabei verdickt sich der Beugemuskel. Gleichzeitig erschlafft der Streckmuskel. (Bei Streckung des Unterarms verläuft der Vorgang in umgekehrter Reihenfolge!).

Grundlagen Biologie

1.25 In die folgende Kopfskizze sind 18 Muskeln eingezeichnet. Benennen Sie die mit den Zahlen ① bis ⑨ gekennzeichneten Muskeln.

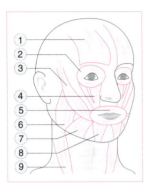

① Stirnmuskel
② Augenringmuskel
③ Jochbeinmuskel
④ Oberlippenmuskel
⑤ Mundringmuskel
⑥ Kaumuskel
⑦ Dreiecksmuskel
⑧ Unterlippenmuskel
⑨ Kopfnickermuskel

1.26 Begründen Sie, warum für die fachgerechte Durchführung einer Gesichtsmassage Kenntnisse über die Lage und den Verlauf der mimischen Muskeln unerlässlich sind.

Bei der Gesichtsmassage haben sich Massagegriffe und Massagerichtung nach dem Verlauf der mimischen Muskeln zu richten. Eine Massage in die falsche Richtung würde nicht nur den angestrebten Zweck verfehlen, sondern z. B. die Faltenbildung sogar noch fördern.

Grundlagen Biologie

2 Blut und Kreislauf

2.1 Welche fünf Aufgaben hat das Blut?

1. Sauerstofftransport von der Lunge zu den Zellen und Rücktransport des Kohlendioxids zur Lunge.
2. Transport der Nährstoffe vom Darm zu den Zellen und der Stoffwechselschlacken zu den Ausscheidungsorganen.
3. Transport der Hormone von den Drüsen zu den Organen.
4. Abwehr bzw. Vernichtung von Krankheitserregern (Infektionen).
5. Regulation und Ausgleich der Körpertemperatur.

2.2 Nennen Sie die einzelnen Bestandteile des Blutes und erklären Sie, welche speziellen Aufgaben jeder Bestandteil hat.

a) **Blutplasma** besteht aus:
   – **Blutserum** = Blutflüssigkeit, die Nähr- und Abfallstoffe transportiert.
   – **Fibrinogen** = Gerinnungsstoff, er bildet bei Verletzungen schon nach kurzer Zeit den Schorf, der eine Wunde abschließt und damit die Blutung zum Stillstand bringt.

b) **Rote Blutkörperchen (Erythrozyten):** In ihnen ist der rote Blutfarbstoff Hämoglobin enthalten.

c) **Weiße Blutkörperchen (Leukozyten):** Sie sind die „Polizei des Körpers" und haben die Fähigkeit, Fremdstoffe (z. B. Bakterien) im Blut zu umgeben und aufzulösen (= Fresszellen).

d) **Blutplättchen (Thrombozyten):** Sie spielen bei der Blutgerinnung eine Rolle.

Grundlagen Biologie

2.3 Beim Blutkreislauf des menschlichen Körpers wird zwischen
a) dem großen Körperkreislauf und
b) dem kleinen Lungenkreislauf unterschieden.
Welchen Verlauf nehmen beide Kreislaufsysteme?

a) **Großer Körperkreislauf:** Er beginnt in der linken Herzkammer, führt über die Hauptschlagader (Aorta) und die Arterien mit ihren Verzweigungen zum Kapillarnetz im Zellgewebe und über die Venen zurück in die rechte Herzkammer.
b) **Kleiner Lungenkreislauf:** Er beginnt in der rechten Herzkammer, verläuft über die Lungenschlagader zu den Haargefäßen der Lunge. Die Lungenvene führt das Blut in den linken Vorhof des Herzens zurück.

2.4 Nennen Sie die anatomischen Begriffe für:
a) **Adern, die das Blut zum Herzen hinleiten,**
b) **Adern, die das Blut vom Herzen wegleiten,**
c) **feinste und allerfeinste Blutgefäße und**
d) **Hauptschlagadern.**

a) Venen
b) Arterien
c) Kapillaren
d) Aorten

2.5 a) Was sind Krampfadern?
b) Wie entstehen sie?

a) Krampfadern sind krankhaft erweiterte Venen.
b) Sie entstehen bei angeborener Schwäche der Venenwände oder nicht richtig funktionierenden Venenklappen. Auch langes Sitzen oder Stehen begünstigt ihre Entstehung, da sich das Blut in den Beinen staut.

2.6 Welche Gefahren können von Krampfadern ausgehen?

Es besteht die Gefahr, dass sich in den verstopften Venen Blutpfropfen bilden (Thrombose) und dass diese in die Lunge gelangen könnten. Sie könnten dort Gefäße verschließen und eine lebensbedrohende Lungenembolie auslösen.

Grundlagen Biologie

2.7 Erklären Sie den Begriff „Lymphe".

Lymphe ist die Gewebeflüssigkeit, die den Austausch von Stoffen zwischen Blut und Zellen übernimmt.

2.8 Welche Aufgaben haben die Lymphgefäße?

Lymphgefäße sind den Blutgefäßen (Venen) ähnlich. Sie sammeln die Lymphe, die sich zwischen den Zellen des Gewebes befinden und führen sie wieder dem Blutkreislauf zu.

2.9 Warum können Lymphknoten anschwellen? Nennen Sie mögliche Ursachen.

Lymphknoten sollen Krankheitskeime aus dem Lymphstrom ausfiltern = Anschwellen der Lymphknoten. Wenn die Lymphknoten nicht alle Krankheitskeime ausfiltern können (zu große Menge), entsteht eine Blutvergiftung.

2.10 Nennen Sie drei kosmetische Maßnahmen zur Beeinflussung der Durchblutung und erklären Sie deren Auswirkung.

a) **Durch mechanische Einwirkung (Massage):** Anregung des körperlichen Säftestroms und Verbesserung des Stoffwechsels.

b) **Durch thermische Reize:** z. B. Kompressen, Dampf, Bestrahlung, Masken – dadurch wird eine Verstärkung und Verbesserung der Durchblutung erreicht.

c) **Zahlreiche Wirkstoffe**, die in kosmetischen Präparaten enthalten sind, wirken anregend auf den Kreislauf.

3 Stoffwechsel, Vitamine, Enzyme, Hormone

3.1 Erklären Sie den Begriff „Atmung".

Die Atmung ist ein lebensnotwendiger Gasaustausch.

3.2 Bei der Atmung wird zwischen
a) **der äußeren Atmung und**
b) **der inneren Atmung unterschieden.**
Nennen Sie die wesentlichen Unterscheidungsmerkmale der beiden Atmungsarten.

a) **Äußere Atmung oder Lungenatmung:**
In den feinen Lungenbläschen (=Lungenkapillaren) wird der lebensnotwendige Luftsauerstoff gegen Kohlendioxid ausgetauscht.

b) **Innere Atmung oder Gewebeatmung:**
Der Blutstrom ermöglicht den Transport der Atemgase und stellt damit die Verbindung zwischen äußerer Atmung (Lungen) und innerer Atmung (Gewebe) her. Durch Verbrennung der Nährstoffe mit Hilfe von Sauerstoff wird Wärme erzeugt und abgestrahlt.

3.3 Warum führen Atemstörungen zu Störungen des Blutkreislaufs?

Ein zu hoher Anteil von Kohlendioxid oder sonstige Verunreinigungen der eingeatmeten Luft führen zu einer Behinderung der Atmung. Dadurch wird der Blutkreislauf gehemmt, da das Blut nicht genügend Sauerstoff über die Lunge aufnehmen kann. Der Körper reagiert mit Kopfschmerzen, Müdigkeit und Unwohlsein. Bei länger andauernder Unterversorgung mit Sauerstoff kann es zu Kreislaufstörungen kommen.

3.4 Erklären Sie den Begriff „Hautatmung".

Unter Hautatmung versteht man den Gasaustausch durch die Haut. Der Anteil der Hautatmung an der Gesamtatmung (Lungenatmung) beträgt etwa 1%.

3.5 Welche Aufgaben haben Vitamine?

Vitamine ermöglichen, regulieren und fördern in unserem Körper wichtige Vorgänge.

3.6 Nennen Sie drei kosmetisch bedeutsame Vitamine und erklären Sie, wie sich ein Mangel dieser Vitamine auf den Körper auswirkt.

a) **Vitamin A** (z. B. in Milchprodukten): Vitamin-A-Mangel kann eine mögliche Ursache sein für Störungen der Hautverhornung. Dadurch entsteht rauhe, trockene, schuppige und vorzeitig alternde Haut. Außerdem können oft Längsrillen der Nägel und vermehrter Haarausfall beobachtet werden.

b) **Vitamin B** (z. B. in grünem Gemüse): Vitamin-B-Mangel kann zu brüchigen Fingernägeln, erhöhter Talgabsonderung, Störungen der Oberhautverhornung, der Pigmentbildung und des Haarwuchses führen.

c) **Vitamin C** (z. B. in Zitrusfrüchten, Salat): Vitamin-C-Mangel führt u. U. zu Anfälligkeit gegen Infektionen, Zahnfleischbluten, Verhornungsstörungen der Haut („Reibeisenhaut").

3.7 Welche Aufgaben hat das Vitamin E?

Vitamin E unterstützt die Wirksamkeit anderer Vitamine, wirkt durchblutungsfördernd und verzögert das Ranzigwerden der Fette.

3.8 Welche Wirkungsweisen für Haut und Nägel werden dem Vitamin F zugeschrieben?

Vitamin F (= „essentielle" Fettsäuren) verbessert den Zustand trockener, rissiger Haut und spröder Nägel.

Grundlagen Biologie

3.9 Zur Verdauung von Nährstoffen sind Enzyme notwendig. Was versteht man unter Enzymen und welche Wirkungsweisen haben Sie?

Enzyme sind biologische Wirkstoffe, die den Abbau und Umbau von Nährstoffen ermöglichen. Dabei ist jedes Enzym auf eine bestimmte Aufgabe spezialisiert.

3.10 Warum werden Enzyme auch in kosmetischen Mitteln eingesetzt?

Enzyme haben eine katalytische (= beschleunigende) Wirkung. Sie zählen neben den Vitaminen und Hormonen zu den Biokatalysatoren.

**3.11 In der Kosmetik sind u. a. folgende zwei Gruppen von Enzymen von Bedeutung
a) die Proteasen und
b) die Katalase.
Erklären Sie Einsatzmöglichkeiten und Wirkungsweisen.**

a) Proteasen sind in manchen Gesichtspackungen (Peelings) enthalten. Ihre Aufgabe ist es, in begrenztem Maße die obersten, verhornten Zelllagen der Haut abzulösen.

b) Katalase ist eines der Atmungsenzyme. Seine Aufgabe besteht darin, das bei vielen biologischen Prozessen entstehende Wasserstoffperoxid in Wasser und Sauerstoff zu zerlegen. Deshalb ist es auch in Färbungs- und Blondierungs-Nachbehandlungsmitteln zwecks Zersetzung von Wasserstoffperoxid-Resten enthalten. Damit soll eine Nachoxidation verhindert werden.

3.12 Was versteht man unter Hormonen?

Hormone sind in Drüsen erzeugte, besondere Eiweißstoffe. Sie gelangen von dort direkt in die Blutbahn. Einige Hormone lassen sich auch synthetisch herstellen.

Grundlagen Biologie

3.13 Beschreiben Sie die Aufgaben von Hormonen.

Hormone haben folgende Aufgaben:
- Regulierung der Lebensvorgänge
- Steuerung des Körperhaushalts
- Beeinflussung des Wachstums
- Ausbildung der geschlechtstypischen Merkmale
- Einfluss auf die seelische Verfassung und geistige Leistungsfähigkeit
- Einflüsse auf die Hautfunktionen und den Haarwuchs.

3.14 Nennen Sie fünf Hormondrüsen und deren Aufgaben.

1. **Hirnanhangsdrüse (Hypophyse)** steuert die Tätigkeit der anderen Drüsen.
2. **Schilddrüse** regelt den Stoffwechsel und das Wachstum.
3. **Bauchspeicheldrüse** steuert vor allem den Zuckerhaushalt.
4. **Männliche bzw. weibliche Keimdrüsen** bestimmen die Geschlechtsmerkmale.
5. **Thymusdrüse** spielt beim jugendlichen Wachstum eine wichtige Rolle, sie bildet sich nach der Geschlechtsreife zurück.

3.15 Bei den Geschlechtshormonen unterscheidet man zwei Arten.
Erklären Sie die beiden Hormonarten und stellen Sie deren Einfluss dar.

1. Androgene sind männliche Geschlechtshormone. Sie haben Einfluss z. B. auf die typische Glatzenbildung bei Männern sowie auf die Seborrhö.
2. Östrogene sind weibliche Geschlechtshormone. Sie steuern z.B. den Menstruationszyklus.

3.16 Warum ist die Anwendung hormonhaltiger Präparate in der Kosmetik sehr umstritten?

Die Anwendung natürlicher Hormone, z. B. Östrogene und Androgene lässt sich außerordentlich schwer kontrollieren. Nebenwirkungen sind oft nicht auszuschließen. Hormonhaltige Kosmetika sind verschreibungspflichtig (Arzt).

Grundlagen Chemie
1 Grundbegriffe der Chemie

1.1 Womit beschäftigt sich die Chemie?

Die Chemie ist die Lehre von der Zusammensetzung der Stoffe, deren Eigenschaften und deren Umwandlung.

1.2 Erklären Sie den Unterschied zwischen
a) chemischen und
b) physikalischen Vorgängen.

a) Chemische Vorgänge bewirken Stoffveränderungen, z. B. Färben von Haaren.
b) Physikalische Vorgänge verändern die Stoffe nicht, z. B. Trocknen von Haaren.

1.3 Für viele Arbeiten des Friseurs sind chemische Vorgänge notwendig. Nennen Sie drei Beispiele.

a) Blondieren
b) Färben
c) Dauerwellen

1.4 Wie nennt man einen Stoff, der nicht mehr in andere Stoffe zerlegt werden kann?

Element oder Grundstoff

1.5 In welche zwei Hauptgruppen können Elemente unterteilt werden? Nennen Sie je zwei Beispiele.

a) **Metalle,** z. B. Aluminium, Magnesium
b) **Nichtmetalle,** z. B. Sauerstoff, Wasserstoff

1.6 Stoffe können in unterschiedlicher Beziehung zueinander stehen. Sie können
a) ein Gemenge bilden und →

a) **Gemenge (Mischung):** Die Elemente (Phasen) eines Gemenges lassen sich leicht trennen, da sie unverändert bleiben. Ein Gemenge von Eisenpulver und Schwefel z. B. lässt sich mit Hilfe eines Magneten leicht trennen. →

Grundlagen Chemie

b) eine Verbindung eingeben.
Erklären Sie die beiden Begriffe.

b) Verbindung: Bei einer Verbindung gehen die Elemente eine chemische Reaktion ein. Es entsteht ein neuer Stoff mit neuen Eigenschaften.

1.7 Was versteht man unter einer heterogenen Mischung?

Bei einer heterogenen (uneinheitlichen) Mischung sind die einzelnen Bestandteile (Phasen) an ihrer unterschiedlichen Form, Farbe oder Teilchengröße zu erkennen.

1.8 Erklären Sie die Begriffe
a) Suspension und
b) Emulsion
und nennen Sie je ein Beispiel aus dem Friseurbereich.

a) Eine Suspension besteht aus einer Flüssigkeit und ungelösten Feststoffteilchen. z. B. Farbpulver und Wasser.
b) Eine Fett-Wasser-Mischung bildet z.B. eine Emulsion. Sie kann flüssig oder cremig sein.

1.9 Was versteht man unter einer homogenen Mischung?

Bei einer homogenen Mischung sind die einzelnen Bestandteile so fein verteilt, dass man sie selbst unter dem Mikroskop nicht unterscheiden kann.

1.10 Typische homogene Mischungen im Friseurbereich sind z.B.
a) Gele und
b) Lösungen.
Nennen Sie je zwei Beispiele.

a) Gele sind z.B. Haargele oder manche Shampoos.
b) Lösungen sind z.B. Gesichts- oder Rasierwässer.

2 Emulsionen

2.1 Erklären Sie den Begriff „Emulsion".

Eine Emulsion ist eine haltbare Mischung aus Öl und Wasser.

Grundlagen Chemie

2.2 Welche Aufgaben haben Emulsionen?

Emulsionen bilden die Grundlage für viele Haar- und Hautpflegemittel. Außerdem sind sie wichtig als Träger von Farb- und Wirkstoffen.

2.3 Welche Emulsionstypen können unterschieden werden?

a) Öl in Wasser-Emulsionen (Ö/W-Emulsionen): Sie sind fettarm und werden z. B. in Tagescremes verwendet.
b) Wasser in Öl-Emulsionen (W/Ö-Emulsionen): Sie sind fettreich und werden z. B. in Nachtcremes verwendet.

2.4 Wodurch erreicht man bei einer Emulsion die dauerhafte Mischung von Öl und Wasser, obwohl sie sich normalerweise nicht mischen lassen?

Zur dauerhaften Mischung von Öl und Wasser werden Emulgatoren eingesetzt.

2.5 Die Art des Emulgators ist ausschlaggebend für den Emulsionstyp. Wie lässt sich feststellen, um welchen Emulsionstyp es sich handelt?

Der Emulsionstyp lässt sich dadurch feststellen, dass man versucht Öl oder Wasser zuzumischen. Lässt sich leicht Öl zumischen, Wasser dagegen nicht, handelt es sich um eine W/Ö-Emulsion. Es lässt sich immer die äußere Phase leicht zumischen.

2.6 Was versteht man unter Umkehr- oder Umschlagemulsionen?

Umkehremulsionen werden meist als W/Ö-Emulsion auf die Haut aufgetragen. Durch Zugabe von Wasser ändern sie sich in eine Ö/W-Emulsion, die gut mit Wasser abzuspülen ist.

2.7 Viele Duschcremes oder Badeöle werden heute auf der Basis von hydrophilen Ölen hergestellt. →

a) Hydrophile Öle sind pflanzliche Öle, in die ein Emulgator eingearbeitet ist.
b) Die Öle werden in die Haut einmassiert. Durch den eingearbeiteten →

Grundlagen Chemie

a) Was versteht man darunter?
b) Welche Vorteile bietet diese Art von Pflegeprodukten?

Emulgator bildet sich eine Ö/W-Emulsion. Damit lassen sich auf der Haut zurückbleibende Ölrückstände mit Wasser abwaschen und bilden so keinen Fettfilm.

2.8 Warum sind Emulsionen bei der Lagerung z. B. vor Hitze und Frost zu schützen?

Durch die Einwirkung von Hitze und Frost entmischen sich Emulsionen. Die gleiche Wirkung kann bei zu langer Lagerung eintreten.

3 Wasser

3.1 Für Wasser gibt es im Friseursalon viele Verwendungsmöglichkeiten. Nennen Sie drei davon.

1. Reinigungsmittel
2. Lösungsmittel
3. Verdünnungsmittel

3.2 Was stellt Wasser chemisch dar?

Wasser ist eine chemische Verbindung aus Wasserstoff und Sauerstoff. In den Wassermolekülen ist jeweils ein Sauerstoffatom mit zwei Wasserstoffatomen verbunden (H_2O).

3.3 Woran erkennt man die Oberflächenspannung des Wassers in der Salonpraxis? Nennen Sie ein Beispiel.

Wasser oder wässrige Lösungen perlen vom Haar ab und benetzen es nur ungenügend.

3.4 a) Wie lässt sich die Oberflächenspannung von Wasser herabsetzen?
b) Nennen Sie ein Beispiel aus der Friseurpraxis.

a) Durch den Zusatz spezieller Stoffe, den Tensiden, lässt sich die Oberflächenspannung des Wassers herabsetzen.
b) In Dauerwellmitteln eingesetzte Tenside ermöglichen, dass die aufgewickelten Haare optimal mit Wirkstoffen benetzt werden.

Grundlagen Chemie

3.5 Leitungswasser kann sehr unterschiedlich „hart" sein. Nennen Sie die Ursache für unterschiedliche Wasserhärte.

Die unterschiedliche Wasserhärte entsteht durch unterschiedliche Mengen an im Wasser gelösten Stoffen. Dabei sind vor allem die Stoffe Magnesium- und Calciumsulfat für die bleibende Wasserhärte ausschlaggebend.

3.6 Welche Härtegrade werden beim Wasser in Deutschland unterschieden?

a) Härtegrad 1 = weiches Wasser
b) Härtegrad 2 = mittelhartes Wasser
c) Härtegrad 3 = hartes Wasser
d) Härtegrad 4 = sehr hartes Wasser

3.7 Wie lässt sich die Wasserhärte feststellen?

Durch Teststreifen oder Testlösungen.

3.8 Nennen Sie störende Nebenwirkungen von hartem Wasser.

a) Bildung wasserunlöslicher Kalkseife
b) Kesselsteinbildung

3.9 Wie kann man den Härtegrad des Wassers herabsetzen? Nennen Sie zwei Möglichkeiten.

Der Härtegrad des Wassers kann verringert werden:
– durch Zusatz von Chemikalien, z. B. Borax, Soda, Polyphosphate,
– durch Destillation (vollständige Enthärtung),
– durch Ionenaustauscher.

3.10 Wodurch wird bei Shampoos und anderen Reinigungsmitteln aus dem Bereich der Körperpflege die Bildung von Kalkseife verhindert?

Reinigungsmittel aus dem Körperpflegebereich enthalten Wasser enthärtende Zusätze.

© Holland + Josenhans

4 Oxidation und Reduktion

4.1 Sie beobachten, dass sich eine Farbcreme in Kontakt mit Luft farblich verändert.
a) Wie nennt man diesen chemischen Vorgang?
b) Erklären Sie den Vorgang.

a) Oxidation
b) Bestandteile der Farbcreme bilden durch die chemische Reaktion mit dem Sauerstoff der Luft andere Farbstoffe.

4.2 Was versteht man unter „Oxidation"?

Oxidation ist die Anlagerung von Sauerstoff.

4.3 Erklären Sie den Vorgang der Oxidation.

Eine Oxidation liegt vor, wenn:
a) ein Stoff Sauerstoff aufnimmt,
b) einem Stoff Wasserstoff entzogen wird,
c) ein Stoff Elektronen abgibt.

4.4 Nennen Sie das Ergebnis einer Oxidation.

Bei jeder Oxidation entsteht ein Oxid.

4.5 Welche Aufgabe haben Oxidationsmittel?

Sie geben Sauerstoff ab.

4.6 Welches ist das wichtigste Oxidationsmittel des Friseurs?

Wasserstoffperoxid (H_2O_2)

4.7 Bei welchen chemischen Arbeiten im Friseurbetrieb sind Oxidationsprozesse Voraussetzung?

a) Abtötung von Krankheitserregern bei der Desinfektion
b) Festigung der Dauerwelle beim Fixieren
c) Aufhellung der Naturpigmente durch Sauerstoff beim Blondieren
d) Beim Färben ergeben Farbcremebestandteile und Sauerstoff künstliche Farbstoffe

Grundlagen Chemie

4.8 Was versteht man unter „Reduktion"?

Reduktion ist das Gegenteil der Oxidation, bei ihr wird Sauerstoff abgegeben.

4.9 Erklären Sie den Vorgang der Reduktion.

Eine Reduktion liegt vor, wenn:
a) ein Stoff Sauerstoff abgibt,
b) ein Stoff Wasserstoff aufnimmt,
c) ein Stoff Elektronen aufnimmt.

4.10 Wie wirken Reduktionsmittel?

Reduktionsmittel haben die Fähigkeit, anderen Verbindungen den Sauerstoff zu entziehen.

4.11 Bei welchen Arbeiten im Friseurbereich laufen Reduktionsvorgänge ab?

a) Beim Abbau von Oxidationsfarben durch sauren Abzug.
b) Lockerung der Haarstruktur beim Dauerwellen.

4.12 Was versteht man unter einer „Redoxreaktion"?

Wird ein Sauerstoffatom aus einer Verbindung abgespalten (Reduktion), verbindet es sich sofort mit einem anderen Stoffteilchen (Oxidation). Daher wird dieser Vorgang als Redoxreaktion bezeichnet.

5 Säuren, Laugen (Basen)

5.1 Durch die Verfärbung von Lackmuspapier können Säuren von Laugen unterschieden werden. Erklären Sie diese Aussage.

a) Lackmuspapier wird durch Säure rot gefärbt.
b) Lackmuspapier wird durch Lauge blau gefärbt.

5.2 Nennen Sie je zwei a) schwache Säuren und b) starke Säuren.

a) Schwache Säuren sind z. B. Zitronen- oder Essigsäure.
b) Starke Säuren sind z.B. Salz- oder Schwefelsäure.

Grundlagen Chemie

5.3 Welche Wirkung haben schwache Säuren auf die Haut und das Haar? Nennen Sie fünf Wirkungen.

Schwache Säuren
- beseitigen Krankheitskeime (Desinfektion),
- wirken belebend auf die Haut,
- stoppen die Wirkungen von Laugen,
- sorgen für das Wiederentstehen des Säureschutzmantels der Haut,
- geben dem Haar Glanz.

5.4 Nennen Sie fünf saure Abschlussbehandlungen, die im Friseuralltag eingesetzt werden.

1. Haarspülungen
2. Haarkuren (Packungen)
3. Gesichtswässer
4. Rasierwässer
5. Fixierungen

5.5 Was ist im Umgang mit sauer reagierenden Substanzen zu beachten?

a) Metallgegenstände (sofern nicht aus rostfreiem Stahl), die mit Säuren in Berührung kommen, rosten leicht.
b) Bei Berührungen von Säuren mit Marmor kann sich der im Marmor enthaltene Kalk auflösen.

5.6 Wie wirken starke Laugen (Basen, Alkali)* auf
a) die Haut und
b) die Haare?

a) Die Haut wird aufgeweicht, bei stärker konzentrierten Laugen wird die Haut verätzt.
b) Starke Basen greifen die Hornsubstanz der Haare an, Haare werden zerstört.

5.7 Wie wirken schwache Basen auf das Haar und die Haut?

Schwache Basen
- spreizen die Schuppenschicht ab,
- machen das Haar aufnahmefähig und porös,
- zerstören den Säureschutzmantel der Haut,
- rauhen das Haar auf (stumpfes und glanzloses Haar),
- neutralisieren Säuren.

* Die Begriffe Lauge, Base, Alkali werden hier und im Folgenden als gleichbedeutende Begriffe verwendet!

Grundlagen Chemie

5.8 Nennen Sie fünf Präparate aus der Friseurpraxis, die alkalisch wirken.

1. Dauerwellpräparate
2. Färbe- und Blondiermittel
3. Haarentfernungscremes
4. Nagelhautentferner
5. Seifenlösung

5.9 Ammoniak ist im Friseurbereich ein häufig eingesetztes Alkalisierungsmittel. Was ist im Umgang mit Ammoniak zu beachten?

Ammoniak ist ein flüchtiges Alkali, es „verraucht". Deshalb müssen ammoniakhaltige Mittel stets gut verschlossen werden.

5.10 Welche Wirkung entsteht beim Mischen von Säure und Base?

Säure und Base heben sich in ihrer Wirkung gegenseitig auf.

6 Der pH-Wert und seine Bedeutung in der Friseurpraxis

6.1 In Friseurpräparaten ist die Säurestärke (Acidität) und die Basenstärke (Alkalität) sehr unterschiedlich. Wie lassen sich Acidität und Alkalität ermitteln?

a) mit dem elektrischen pH-Messer (pH-Meter)
b) mit Indikatorpapier, dessen Farbintensität mit der Farbskala verglichen wird. Anhand der Farbskala lässt sich dann der pH-Wert ablesen.

6.2 Worüber gibt der pH-Wert Auskunft?

Der pH-Wert gibt Auskunft über die Stärke von Säuren und Basen.

6.3 In der Mitte der pH-Wert-Skala befindet sich der Neutralpunkt mit dem Wert 7. Welcher Stoff hat diesen pH-Wert?

Destilliertes Wasser hat den pH-Wert 7.

Grundlagen Chemie

6.4 Welche Eigenschaften haben Lösungen mit einem pH-Wert
a) weniger als 7,
b) mehr als 7?

a) Stoffe mit einem pH-Wert von weniger als 7 sind Säuren.
b) Stoffe mit einem pH-Wert von mehr als 7 sind Basen.

6.5 Wie viel Punkte enthält die pH-Wert-Skala? Erklären Sie dies anhand einer Zeichnung. Zeichnen Sie dabei Säuren, Basen und Wasser ein.

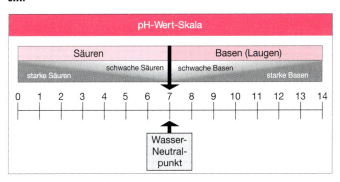

Anmerkung: Ein Punkt Änderung auf der pH-Skala bedeutet eine Zu- bzw. Abnahme der Konzentration um das Zehnfache

6.6 Die wichtigsten Friseurpräparate liegen bei den pH-Werten zwischen pH 2 und pH 10. Nennen Sie für jeden zwischen diesen Werten liegenden pH-Wert ein Friseurpräparat.

pH 2: z. B. Fixiermittel
pH 3: z. B. Haarkuren
pH 4: z. B. Rasierwässer
pH 5: z. B. saure Wellmittel
pH 6: z. B. Shampoos
pH 7: z. B. destilliertes Wasser
pH 8: z. B. alkalische Wellmittel
pH 9: z. B. Haarentfernungscremes
pH 10: z. B. Nagelhautentferner

Grundlagen Chemie

7 Neutralisation und Pufferung

7.1 Was versteht man unter „Neutralisation"?

Wenn Basen und Säuren zusammenkommen, verbinden sich Basenteilchen und Säureteilchen zu neutralem Wasser.

7.2 Unter welcher Voraussetzung ist eine vollständige Neutralisation möglich?

Wenn Basen und Säuren sich in Menge und Konzentration entsprechen.

7.3 Stimmt die Aussage, das Basen allein durch gründliches Abspülen mit Wasser entfernt werden können?

Nein. Es sind saure Mittel zur Neutralisation notwendig. Saure Mittel machen außerdem nachteilige Wirkungen von Alkalien (Basen) wieder zum Teil rückgängig.

7.4 Nennen Sie zwei nachteilige Wirkungen, die durch den Einsatz von Alkalien wieder rückgängig gemacht werden können.

1. Haut und Haar werden adstringiert (Säureschutzmantel wird wieder hergestellt)
2. Verbesserung des Aussehens des Haares (verliert Stumpfheit)

7.5 Beschreiben Sie drei Friseuranwendungen, bei denen Neutralisationsmittel eingesetzt werden. Erklären Sie die Wirkung des jeweiligen Neutralisationsmittels.

1. Bei Färbungen und Blondierungen wird mit Sauerspülungen und Haarkuren (sauer) nachbehandelt.
2. Saure Gesichtswässer haben nach der Hautreinigung eine neutralisierende und adstringierende Wirkung.
3. Alkalisierungsmittel in Farbcremes machen die stabilisierende Säure in H_2O_2-Lösungen unwirksam, indem durch das Alkalisierungsmittel die Sauerstoffabspaltung eingeleitet wird.

7.6 Was versteht man unter Pufferstoffen?

Pufferstoffe sind meist Salze. Sie sorgen für die Einhaltung der richtigen pH-Werte. Pufferstoffe können auch chemische Vorgänge verzögern.

Grundlagen Chemie

7.7 Welche Aufgaben haben Pufferstoffe in Färbe- und Blondiermitteln?

Sie sorgen dafür, dass die Oxidation nicht sofort nach dem Zusammenmischen von Farbcreme und H_2O_2 einsetzt. Die Wirkung darf erst beim Auftragen der Farbe beginnen.

8 Alkohole

8.1 Was versteht man unter Alkoholen?

Alkohole sind Kohlenwasserstoffe (= Verbindungen aus Kohlenstoff und Wasserstoff), die OH-Gruppen enthalten.

8.2 Woraus ergibt sich die Wertigkeit von Alkoholen?

Die Wertigkeit ergibt sich aus der in einem Alkoholmolekül gebundenen OH-Gruppen.
z. B.:
1 OH-Gruppe = einwertiger Alkohol
2 OH-Gruppen = zweiwertiger Alkohol

8.3 Nennen Sie wichtige Alkohole, die
a) einwertig,
b) zweiwertig und
c) dreiwertig sind.

a) Einwertige Alkohole: Methanol, Ethanol, Propanol
b) Zweiwertiger Alkohol: Propandiol
c) Dreiwertiger Alkohol: Glyzerin (Propantriol)

8.4 OH-Verbindungen sind Grundlage vieler Friseurpräparate. Welche Zustandsformen weisen folgende Verbindungen auf?
a) Moleküle, die bis zu 4 C-Atome enthalten.
b) Moleküle, die bis zu 8 C-Atome enthalten.
c) Moleküle, die bis zu 16 C-Atome enthalten.
d) Moleküle mit 17 und mehr C-Atomen.

a) gasförmige Verbindungen
b) leicht flüchtige Verbindungen
c) ölige Verbindungen
d) feste (wachsartige) Verbindungen

© Holland + Josenhans

Grundlagen Chemie

8.5 Nennen Sie drei wichtige Eigenschaften von Alkoholen.

Alkohole sind
- wasserlöslich,
- brennbar,
- fettlöslich.

8.6 Welcher Alkohol darf wegen seiner giftigen Eigenschaft in der Kosmetik nicht verwendet werden?

Methanol (Methylalkohol)

8.7 Welcher Alkohol ist Grundsubstanz für gute Haar- und Gesichtswässer, sowie für Eau de Cologne (kölnisch Wasser)?

Es wird Ethanol verwendet wegen des angenehmen Geruchs, der erfrischenden und desinfizierenden, Fett lösenden und durchblutungsfördernden Wirkung.

8.8 Neben Ethanol ist Isopropanol der wichtigste Alkohol in kosmetischen Produkten.
a) Nennen Sie die Eigenschaften von Isopropanol.
b) Nennen Sie zwei Produktgruppen, in denen Ispropanol enthalten ist.

a) Eigenschaften:
  - giftiger als Ethanol und daher ungenießbar
  - „medizinischer" Geruch (kann durch Parfümierung verbessert werden!)
  - ist durchblutungsfördernd
  - noch besseres Lösungs- und Desinfektionsmittel als Ethanol.
b) Produktgruppen:
  - Haut- und Haarwässer
  - Haarfestiger

8.9 In welchen kosmetischen Produkten wird Butanol eingesetzt? Nennen Sie zwei Produkte.

Er dient als Lösungsmittel in Nagellacken und Nagellackentfernern.

8.10 Welcher Alkohol wird z.B. in Haarfestigern eingesetzt? Warum?

Propandiol, da er eine Wasser anziehende (hygroskopische) Wirkung hat.

Grundlagen Chemie

8.11 a) Welche Eigenschaften hat Glyzerin (Propantriol)?
b) Nennen Sie drei Produktgruppen, in denen Glyzerin enthalten ist.
c) Welche Aufgaben hat Glyzerin in diesen Produktgruppen?

a) – ist stark Wasser anziehend
– hält die Haut feucht und geschmeidig
b) – Hautcremes
– Haarkuren
– Rasiercremes
c) Glyzerin dient als Weichmacher und Verdickungsmittel.

8.12 Nennen Sie zwei Beispiele für Fett- oder Wachsalkohole und deren Verwendungsmöglichkeiten.

Cetylalkohol und Stearylalkohol. Sie sind gute Emulgatoren und Cremegrundstoffe.

9 Fette und Wachse

9.1 Warum enthalten viele chemische Präparate Fettbeigaben?

Fette
– schützen Haar und Haut vor Austrocknung, Chemikalien und Witterungseinflüssen,
– glätten Haar und Haut, machen sie geschmeidig und verleihen ihnen Glanz,
– bilden die Grundlage für Cremes,
– dienen als Träger von Farb- und Wirkstoffen.

9.2 Welche zwei Fette können ihrer Herkunft nach unterschieden werden?

Ihrer Herkunft nach werden Fette eingeteilt in:
a) **echte Fette** (pflanzliche oder tierische Fette) und
b) **mineralische Fette** (sie werden aus Mineralien gewonnen, wie z. B. aus Kohle oder Erdöl).

Grundlagen Chemie

9.3 Nennen Sie Beispiele für:
a) pflanzliche und
b) tierische Fette.

a) Pflanzliche Fette:
– Olivenöl
– Sonnenblumenöl
– Mandelöl
– Avocadoöl
b) Tierische Fette:
– Lebertran
– Eieröl
– Rinderfett
– Schweinefett

9.4 a) Zählen Sie drei wichtige mineralische Fette auf.
b) Welchen Vorteil haben mineralische Fette?

a) Mineralische Fette sind z. B.:
– Vaseline
– Paraffinöl
– Weißöl
b) Mineralische Fette werden nicht ranzig.

9.5 Wie werden Stoffe genannt, die keine Fette sind, aber Fetten ähneln?

Diese Stoffe nennt man Lipoide.

9.6 Zu diesen fettähnlichen Stoffen zählen neben synthetisch hergestellten Stoffen viele Substanzen tierischer oder pflanzlicher Herkunft. Nennen Sie fünf Beispiele.

1. Bienenwachs (aus dem Wachs der Bienenwaben)
2. Lanolin (Wollfett von Schafen)
3. Lecithin (z. B. aus dem Eidotter)
4. Jojobaöl (aus dem nussartigen Samen der Jojobapflanze)
5. Karnaubawachs (aus den Blättern der Karnaubapalme)

9.7 a) Welche Vorteile haben solche fettähnliche Stoffe?
b) Welche Bedeutung haben sie?

a) Sie haben ähnliche Eigenschaften wie Fette, werden jedoch nicht ranzig.
b) Fettähnliche Stoffe werden:
– als Emulgatoren bei der Herstellung von Haut- und Haarpflegemitteln verwendet
– eingesetzt zur Regulierung des Wasserhaushalts der Haut.

Grundlagen Chemie

9.8 Was geschieht beim Ranzigwerden von Fetten?

Beim Ranzigwerden zerfallen Fette in ihre chemischen Bestandteile. Der saure Geschmack entsteht durch die frei werdenden Fettsäuren. Die Buttersäure und andere Zersetzungsprodukte verursachen den üblen Geruch.

10 Eiweißstoffe

10.1 In verschiedenen Haarpflegeprodukten sind Proteine in Form von Eiweißspaltstoffen enthalten.
a) Welche Aufgaben sollen die Proteine übernehmen?
b) Nennen Sie drei Haarpflegeprodukte, die Proteine enthalten können.

a) Proteine sollen durch An- und Einlagerung beim Haar Strukturschäden mildern bzw. ausgleichen. Sie sollen vor allem bei „chemisch geschädigtem" Haar eingesetzt werden.
b) – Haarkuren
  – Festiger
  – Shampoos

10.2 In Hautpflegemitteln werden u. a. Kollagene und Elastine verwendet.
a) Welche Funktionen sollen diese Inhaltsstoffe übernehmen?
b) Welche Auswirkungen auf die Haut sollen sie haben?

a) Kollagene und Elastine sollen:
  – der Hautalterung vorbeugen
  – den Zustand alternder und von UV-Licht geschädigter Haut verbessern
b) Auswirkungen:
  – Erhöhung des Wasserbindevermögens der Haut
  – Verbesserung der Hautelastizität

10.3 Warum ist die „hautverjüngende" Wirkung von Kollagenen umstritten?

Um eine hautverjüngende Wirkung zu erzielen, müssten die Kollagene in tiefere Hautschichten eindringen können. Nach bisherigen Erkenntnissen gelangen die Eiweißstoffe aber hauptsächlich nur in die obersten Zelllagen der Haut. Sie haben daher vorwiegend eine hautpflegende Wirkung.

© Holland + Josenhans

Haar und Kopfhaut und deren Pflege

1 Haararten

1.1 Erklären Sie die Begriffe
a) Primärbehaarung,
b) Sekundärbehaarung,
c) Terminalbehaarung.

a) **Primärbehaarung:** fällt in den letzten Schwangerschaftswochen oder im ersten Lebensjahr aus.
b) **Sekundärbehaarung:** sie ersetzt die Primärbehaarung.
c) **Terminalbehaarung:** ist die endgültige Behaarung mit Achsel-, Bart- und Schambehaarung.

1.2 Nennen Sie die Haararten eines erwachsenen Menschen und geben Sie die Stellen des menschlichen Körpers an, wo diese Haararten vorkommen.

a) **Langhaare:**
= Kopf-, Bart-, Achsel- und Schambehaarung.
b) **Borstenhaare (oder Kurzhaare):**
= Augenbrauen, Wimpern, Ohren- und Nasenhaare.
c) **Woll- und Flaumhaare:**
= Übrige Körperbehaarung (mehr oder weniger stark entwickelt).

1.3 Erklären Sie den Begriff „Lanugohaar".

Bei Kindern weist der Körper neben dem Kopfhaar, den Augenbrauen und den Wimpern nur feine Flaumhaare = Lanugohaare auf.

1.4 a) Was versteht man unter Überbehaarung?
b) Wie kann diese entstehen?

a) Wachsen Frauen an Armen und/oder Beinen oder im Gesicht ähnlich viele Haare wie bei Männern, spricht man von Überbehaarung (Hirsutismus).
b) Mögliche Ursachen können sein: erbliche Veranlagung, hormonelle Störungen oder die Einnahme von Antibiotika.

2 Haarentwicklung, Haarwachstum, Haarwechsel

2.1 Beschreiben Sie die Entwicklung eines Haares.

Erste Anzeichen der Entstehung eines Haares findet man schon beim menschlichen Embryo (ab ca. 3. Schwangerschaftsmonat).
a) Die Keimzone der Oberhaut bildet winzige Einstülpungen aus.
b) Die Lederhaut umgibt diese Vertiefungen mit einer Hülle, die mit Nerven und Blutgefäßen versehen ist (= Haarfollikel).
c) An der tiefsten Stelle der Einbuchtung bildet sich eine zapfenartige Erhebung (= Haarpapille).
d) Ständige Zellteilungen lassen das erste zarte und weiche Haarkleid des Menschen wachsen. Es fällt jedoch im 1. bis 2. Lebensjahr wieder aus.

2.2 Nennen Sie die genauen Bezeichnungen für die mit den Zahlen ① bis ⑩ gekennzeichneten Bestandteile eines Haarfollikels in der Haut.

① Haarschaft
② Epidermis
③ Haarbalgmuskel
④ Talgdrüse
⑤ Wurzelscheide
⑤a Innere Wurzelscheide
⑤b Äußere Wurzelscheide
⑥ Haarfollikel
⑦ Haarbalg
⑧ Lederhaut
⑨ Haarzwiebel
⑩ Haarpapille

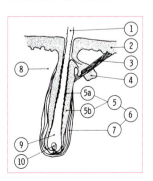

Haar und Kopfhaut und deren Pflege

**2.3 Erklären Sie die Begriffe
a) Haarpapille,
b) Haarmatrix und
c) Haarzwiebel.**

a) **Haarpapille:** Zapfenartige Erhebung der Lederhaut in den Follikel. Sie wird auch als der Geburtsort des Haares bezeichnet, denn hier entsteht und wächst das Haar.
b) **Haarmatrix:** Wachstumszone des Haares auf der Oberfläche der Haarpapille. Neugebildete Haarzellen umgeben die Haarpapille vollständig. Sie werden über Gefäßschlingen mit Nährstoffen und Sauerstoff versorgt.
c) **Haarzwiebel:** Haarpapille und Haarwurzel ergeben zusammen eine Verdickung am unteren Ende des Follikels.

2.4 Erklären Sie den Verhornungsprozess beim Haar.

Auf dem Weg des Haares zur Hautoberfläche verhärtet der bisher noch weiche Eiweißstoff durch einen chemischen Umwandlungsprozess zu Keratin (= verhorntes Eiweiß).

2.5 Wie nennt man die Zellen, die diesen Eiweißstoff bilden?

Keratinozyten

2.6 Nennen Sie die verschiedenen Haarabschnitte.

a) Haarwurzel
b) Haarschaft
c) Haarspitze

2.7 Nennen Sie zwei Anhanggebilde des Haarfollikels.

Anhanggebilde des Haarfollikels sind die Talgdrüsen und Haarbalgmuskeln.

2.8 Wo liegen die Talgdrüsen und welche Aufgaben haben sie?

Die Talgdrüsen befinden sich im oberen Drittel des Haarfollikels (einzeln, paarweise oder in Gruppen). Sie sondern Hauttalg ab, der als ölig-fettige Ausscheidung in die Follikelöffnung gelangt und Haut und Haare fettet.

Haar und Kopfhaut und deren Pflege

2.9 Wie erklären Sie sich eine so genannte „Gänsehaut"?

Bei Kältegefühl, Angst oder Schrecken ziehen sich die Haarmuskeln zusammen. Dadurch werden die Haare aufgerichtet und die Haarfollikel nach oben gedrückt. Sie erscheinen auf der Haut als kleine Erhebungen.

2.10 Erklären Sie folgende Aussage: „Der Haaraufrichtemuskel kann der Talgdrüse zu vermehrter Talgabsonderung verhelfen".

Durch z. B. die in Aufgabe 2.9 beschriebenen Reize (Kälte, Angst, Schrecken) drückt der Muskel auf die Talgdrüse und drückt dabei vermehrt Talg heraus.

2.11 Eine Kundin fragt Sie: „Stimmt es, dass häufig geschnittene Haare schneller nachwachsen?" Was antworten Sie?

Häufiges Haareschneiden (auch Rasieren) hat entgegen dieser weit verbreiteten Ansicht keinen Einfluss auf die Wachstumsgeschwindigkeit des Haares.

2.12 Wie erklären Sie einer Kundin das Wachstum der Haare?

Im Wachstumsbereich des Haares (Matrix) entstehen durch Zellteilung ständig neue Zellen, die immer weiter nach oben geschoben werden und dabei allmählich verhornen.

2.13 Eine Kundin möchte ihr kurzes Haar wieder lang tragen. Voller Ungeduld will sie wissen, wie schnell denn das Haar nun wächst.

Kopfhaare wachsen im Durchschnitt ca. 1 cm je Monat.

2.14 Welche Ursachen haben natürliche Wellung oder Krause des Haares?

Ursachen können sein: unterschiedliche Keratinstrukturen sowie eine Krümmung des Haarfollikels.

Haar und Kopfhaut und deren Pflege

2.15 Beim Haarwachstum lassen sich drei Entwicklungsstufen (Phasen) unterscheiden. Nennen Sie diese.

1. Wachstumsphase (Anagenphase)
2. Übergangsphase (Katagenphase)
3. Ruhephase (Telogenphase).

2.16 Was versteht man unter der Wachstumsphase des Haares? Beschreiben Sie diese.

Als **Wachstumsphase** bezeichnet man die Zeit, in der von den Matrixzellen der Haarpapille neue Zellen gebildet werden. Sie dauert etwa 5 Jahre. Ungefähr 85 % der Haare befinden sich normalerweise in der Wachstumsphase.

2.17 Erklären Sie, was mit dem Haar in
a) der Übergangsphase und
b) in der Ruhephase geschieht.

a) Während der **Übergangsphase** bildet die Haarpapille keine Zellen mehr. Das Haar wandert im Follikel nach oben. Nur etwa 1 % der Haare befinden sich in dieser 2–3 Wochen dauernden Phase.

b) Die **Ruhephase** kann 2–4 Wochen dauern. Es ist die Erholungsphase der Haarpapille. Etwa 14 % der Haare befinden sich in dieser Phase.

2.18 Ordnen Sie folgende Begriffe den einzelnen Wachstumsphasen zu und beschreiben Sie das Aussehen dieser Haare.
a) Beethaar
b) Papillarhaar
c) Kolbenhaar

a) **Beethaar:** Haar in der Übergangsphase.
Es hat einen noch nicht vollständig verhornten Kolben. Beim Auszupfen können noch Reste der Wurzelscheide an der Haarwurzel haften.

b) **Papillarhaar:** Haar in der Wachstumsphase.
Die Haarwurzel ist am unteren Ende meist klebrig und weich. Oft haften Reste der inneren und äußeren Wurzelscheide an der Haarwurzel.

c) **Kolbenhaar:** Haar in der Ruhephase.
Es ist zu erkennen an dem hellen verhornten Haarkolben.

Haar und Kopfhaut und deren Pflege

2.19 Eine Kundin erzählt Ihnen besorgt, dass sie jeden Morgen in ihrer Haarbürste ca. 50 Haare zählt. Sie will wissen, ob dies normal ist.

Täglich können ca. 40 bis 60 Haare ausfallen. Dies ist also durchaus als normal anzusehen.

2.20 Warum entstehen normalerweise keine Kahlstellen, obwohl der Mensch einem ständigen Haarwechsel unterliegt?

Mehrere Haare verschiedenen Alters bilden zusammen eine Wachstumsgruppe.

3 Feinbau des Haares

3.1 Benennen Sie die in der vorgegebenen Zeichnung mit den Zahlen ① bis ⑨ gekennzeichneten Bestandteile eines Haares.

① Faser
② Schuppenschicht
③ Faserschicht
④ Markkanal
⑤ Mark
⑥ Haarzwiebel
⑦ Haarpapille
⑧ Matrix (Keimschicht)
⑨ Blutgefäße

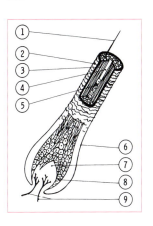

© Holland + Josenhans

Haar und Kopfhaut und deren Pflege

3.2 a) Wie nennt man die äußere Schicht des Haares?
b) Beschreiben Sie diese.

a) Schuppenschicht (Cuticula)
b) Die Schuppenschicht besteht aus flachen, übereinander greifenden verhornten Zelllagen. Die Zellen der Schuppenschicht sind durch eine Substanz miteinander verbunden, die wie Kitt wirkt.

3.3 Warum ist die Schuppenschicht entscheidend für das Aussehen des Haares?

Gesundes Haar → Schuppen liegen dicht an → glatte Oberfläche → gute Lichtreflektion → natürlicher Glanz.

3.4 Welche Bedeutung hat die Schuppenschicht des Haares bei chemischen Behandlungen in der Friseurpraxis?

Bei chemischen Behandlungen (Farb- und Strukturveränderungen) muss die Schuppenschicht geöffnet werden, dies ermöglicht das Eindringen der Wirksubstanzen. Alkalische Behandlungen können die Schuppenschicht in Mitleidenschaft ziehen.
Es ist notwendig, am Ende der Behandlung die Schuppenschicht wieder zu schließen (z. B. durch eine Sauerspülung).

3.5 Beschreiben Sie die Faserschicht des Haares.

Die Faserschicht bzw. der Faserstamm (Cortex) bildet die Hauptmasse des Haares. Sie ist von fasriger Struktur. Sie besteht aus einer Unzahl feinster Keratinfasern, den so genannten Fibrillen. Diese Fasern bilden Faserbündel, die ihrerseits wieder miteinander verfilzt sind.

3.6 Nennen Sie drei Arbeiten des Friseurs, welche die Faserschicht des Haares betreffen.

a) Dauerwellen
b) Färben
c) Blondieren
(In die Faserschicht sind die haarfarbbestimmenden Pigmente eingelagert).

Haar und Kopfhaut und deren Pflege

3.7 Benennen Sie die in der vorgegebenen Zeichnung mit den Zahlen ① bis ③ gekennzeichneten Haarschichten.

① Schuppenschicht (Cuticula)
② Faserschicht oder Faserstamm (Cortex)
③ Mark (Medulla)

3.8 Nennen Sie die fünf Grundstoffe, aus denen das Haarkeratin hauptsächlich besteht.

1. Kohlenstoff (C)
2. Sauerstoff (O)
3. Stickstoff (N)
4. Wasserstoff (H)
5. Schwefel (S)

3.9 Welche Stoffe sind im Haar außer dem Keratin enthalten?

Außer dem Keratin sind im Haar fettartige Stoffe (Lipide) sowie Mineralien (z. B. Calcium) enthalten.

3.10 Im Haarkeratin gibt es Bindekräfte („Brücken") die für die Eigenschaften der Haare von Bedeutung sind. Nennen Sie diese und beschreiben sie deren Bedeutung fürs Haar.

a) **Peptidspiralen:** Haarkeratin ist durch schraubenförmig gewundene Eiweißmoleküle aufgebaut.
b) **Doppelschwefel- oder Disulfidbrücken:** sie stellen eine recht stabile Querverbindung zwischen den Peptidspiralen her.
c) **Salzbrücken:** sind weniger stabil und lassen sich durch Säuren, Basen oder sogar durch Wasser lockern. Beim Trocknen der Haare bilden sich diese Salzbrücken neu. →

▷ *Fortsetzung der Antwort* ▷

d) **Wasserstoffbrücken:** sie bilden hauptsächlich die Längsverbindungen innerhalb der Molekülgitter des Haarkeratins. Sie sind mitverantwortlich für die Elastizität des Haares.

3.11 Welche Bedeutung haben die Keratinbrücken in der Friseurpraxis?

Keratinbrücken können durch bestimmte Stoffe gebrochen und wieder neu geknüpft werden. Dies sind die wesentlichen chemischen Vorgänge beim Haarumformen im Friseursalon.

4 Eigenschaften des Haares

4.1 Nennen Sie fünf Eigenschaften des Haares.

1. Elastizität (= Dehnbarkeit)
2. Reißfestigkeit
3. Reversibilität (= elastische und gleich bleibende Dehnbarkeit)
4. Saug- und Quellfähigkeit
5. Kapillarität (= Haarröhrcheneffekt)

4.2 Was versteht man unter der Reißfestigkeit des Haares?

Die Reißfestigkeit gibt das Gewicht an, das ein Haar tragen kann, bevor es reißt. Sie beträgt bei einem gesunden, unbehandelten Haar ca. 90 Gramm. Bei nassem und strukturgeschädigtem Haar ist die Reißfestigkeit erheblich geringer.

4.3 Was zeigen Versuche mit dem Haarprüfgerät bei der Dehnbarkeit von:
a) trockenem, gesundem Haar,
b) feuchtem Haar?

a) Trockenes, gesundes Haar kann um durchschnittlich ein Drittel seiner Länge gedehnt werden, bevor es reißt.
b) Feuchtes Haar kann etwa um die Hälfte seiner ursprünglichen Länge gedehnt werden.

4.4 Wie können chemische Behandlungen die Dehnbarkeit des Haares verändern?

Durch mehrmaliges Färben, Dauerwellen oder Blondieren verringert sich die Elastizität von trockenem Haar. In nassem Zustand erhöht sich z. B. bei blondiertem Haar die Dehnbarkeit sehr stark. Chemische Behandlungen können also je nach Häufigkeit und Intensität die Haarstruktur beeinträchtigen.

4.5 Was versteht man unter dem Dehnungsrückstand des Haares?

Der Dehnungsrückstand ist der Unterschied zwischen der ursprünglichen Länge des Haares und der Länge, die das gedehnte Haar nach dem Entspannen wieder einnimmt. Der Dehnungsrückstand ist um so größer, je stärker das Haar gedehnt wurde und je mehr es in der Struktur geschädigt ist.

4.6 Wann ist das Haar am saugfähigsten?

Die Saugfähigkeit des Haares ist um so größer, je poröser das Haar ist, d. h. je stärker die Cuticula geschädigt und die Haarstruktur gelockert ist. Chemisch behandeltes Haar ist saugfähiger als unbehandeltes.

4.7 Wofür ist die Saugfähigkeit des Haares Voraussetzung?

Die Saugfähigkeit ist Voraussetzung für das Eindringen von Wirkstoffen in das Haar.

4.8 Was versteht man unter „Hygroskopizität" des Haares?

Unter Hygroskopizität des Haares versteht man seine Fähigkeit, aus der Luft Feuchtigkeit aufzunehmen.

4.9 a) Was versteht man unter „Kapillarwirkung" des Haares?
b) Nennen Sie ein Beispiel für die praktische Wirkung im Friseurbereich.

a) Räume zwischen den Haaren einer Haarsträhne wirken wie Kapillaren („Röhrchen") mittels denen Flüssigkeit weitergeleitet werden kann.
b) Bei der Dauerwelle z. B. fließt die auf die Haarwickel aufgetragene Wellflüssigkeit durch die Kapillarwirkung von selbst in die aufgewickelten Haarsträhnen.

5 Haarschäden und -anomalien

5.1 Beschreiben Sie das Erscheinungsbild von sprödem, porösem Haar.

Sprödes, poröses Haar sieht stumpf und glanzlos aus, es fühlt sich strohig an.

5.2 a) Was versteht man unter Haarspliss?
b) Beschreiben Sie drei Behandlungsmöglichkeiten von Haarspliss.

a) Von Haarspliss spricht man, wenn die Haarspitzen gespalten sind.
b) – Auf alle Mittel und Behandlungsmaßnahmen verzichten, die die Haarstruktur weiter schädigen könnten (z. B. Haarbürsten mit scharf geschnittenen Borsten).
 – Anwendung von strukturausgleichenden Vorbehandlungsmitteln (z. B. Haarkuren, Packungen).
 – Verwendung von pflegenden Festigern und Sprays.

5.3 Nennen Sie fünf Maßnahmen, durch die die Haare geschädigt werden könnten.

Maßnahmen, die das Haar schädigen könnten:
– zu starkes Reiben (Rubbeln) der Haare beim Trocknen,
– Verwendung von minderwertigen Kämmen und Bürsten,
– unsachgemäße chemische Behandlung der Haare,
– Haar wird über längere Zeit Sonne, Wind und Meerwasser ausgesetzt,
– zu heißes Föhnen.

5.4 Bei anlagebedingten Mängeln des Haarschaftes kennt man
a) das Bandhaar,
b) gedrehte Haare,
c) Spindelhaare.
Wie sehen Haare aus, die diese Mängel aufweisen und worauf muss der Friseur bei der Behandlung achten?

a) **Bandhaar:**
Besonders flacher, nierenförmiger Querschnitt des Haares. Das Haar ist schwer frisierbar, beim Schneiden gut auseffilieren. Verwendung von dünnen Wicklern, einem stärkeren Wellmittel und stärkerer Fixierung.
b) **Gedrehte Haare:**
Sie kommen auch einzeln auf dem Kopf vor, hier ist aber die Anomalie gemeint, bei der alle Haare eine Dre-

→

Haar und Kopfhaut und deren Pflege

▷ *Fortsetzung der Antwort* ▷

hung aufweisen. Gedrehte Haare sind fast nur bei Kindern zu beobachten. Die Frisierbarkeit der störrischen und trockenen Haare lässt sich durch rettende Pflegemittel verbessern.

c) Spindelhaare:
Eine seltene, erblich bedingte Erkrankung der Haarfollikel. Der Haarschaft weist ziemlich regelmäßig abwechselnde Einschnürungen und Verdickungen auf. Beim Spindelhaar lässt sich ein vermehrter Haarausfall und völlige Kahlheit feststellen. Eine wirksame Behandlungsmethode ist bisher noch nicht gefunden worden.

5.5 Was versteht man unter Ringelhaar?

Ringelhaar ist eine seltene Anomalie, bei der der Haarschaft durch mehr oder weniger regelmäßig wiederkehrende Lufteinlagerungen geringelt aussieht.

5.6 Bei der Knötchenkrankheit sind die knötchenförmigen Aufreibungen des Haarschaftes typisch. Welche Probleme entstehen dabei für das Haar?

Das Haar bricht in diesen Bereichen leicht und die Haarenden fasern pinselartig aus.

6 Haarausfall

**6.1 Erklären Sie den Unterschied zwischen
a) Haarwechsel und
b) Haarausfall.**

a) **Haarwechsel:** Ständige Erneuerung der Haare. Alte Haare fallen aus, neue wachsen nach. Die Anzahl der Haare bleibt gleich.

b) **Haarausfall:** Es fallen mehr Haare aus als nachwachsen = Verminderung des Haarbestandes. Dies führt zur Lichtung des Haares, zur Glatzenbildung, zur Kahlheit.

Haar und Kopfhaut und deren Pflege

6.2 Nennen Sie drei Erscheinungsformen der Alopezie.

Alopezie = verringerter Haarbestand
z. B.:
- Kahlstellen (begrenzte Bezirke der Kopfhaut, an denen Haare fehlen)
- Lichtung (geringere Haardichte)
- Glatze (größere Kahlstelle am Oberkopf und Wirbel).

6.3 Nennen Sie die Ursachen für eine „Glatzenbildung männlichen Typs" (androgenetischer Haarausfall).

a) Verstärkter Einfluss männlicher Geschlechtshormone (Androgene)
b) Erbliche Veranlagung zur Glatzenbildung
(Meist treffen diese beiden Faktoren zusammen.)

6.4 a) Erklären Sie den Begriff „diffuser Haarausfall".
b) Nennen Sie fünf mögliche Gründe für den diffusen Haarausfall.

a) Diffuser Haarausfall:
Verstärkter Haarverlust ist gleichmäßig über den ganzen Kopf verteilt, und zwar mehr oder weniger stark.
b) Gründe für diffusen Haarausfall:
- Krankheiten (z. B. eine schwere Infektion)
- Vergiftungen (z. B. durch Arsen oder Quecksilber)
- Strahlenschäden (z. B. Bestrahlungen bei Krebskranken)
- Einnahme bestimmter Medikamente über einen längeren Zeitraum
- nach einer Entbindung

6.5 Warum wachsen beim diffusen Haarausfall die Haare normalerweise nach?

Beim diffusen Haarausfall wird die Kopfhaut nicht geschädigt und die Haarfollikel bleiben funktionsfähig.

6.6 Beschreiben Sie das Erscheinungsbild des kreisrunden Haarausfalls (Alopecia areata).

Kreisrunder Haarausfall ist gekennzeichnet durch scharf begrenzte, meist kreisförmige Kahlstellen. In der Umgebung der Kahlstellen lassen sich die Haare meist leicht ausziehen, ohne dass dies schmerzt (Kommahaare mit kommaförmig verjüngten Haarwurzeln).

6.7 Haartransplantation und Haarimplantation sind Möglichkeiten zur Beseitigung des Glatzenproblems. Erklären Sie diese beiden Möglichkeiten.

Bei der **Haartransplantation** wird eigene behaarte Haut verpflanzt. Bei der **Haarimplantation** werden Kunsthaare in die Kopfhaut eingesetzt. Werden sie nicht fachgerecht ausgeführt, besteht die Gefahr einer hässlichen, vernarbten Kopfhaut.

7 Pflege des Haares und der Kopfhaut

7.1 Nennen Sie fünf Kriterien zur Beurteilung des Haares.

1. Pflegezustand
2. Vorbehandlung (z. B. Dauerwelle, Färbung)
3. Haarstärke
4. Haarstruktur
5. Haarquerschnitt

7.2 Nennen Sie drei Kriterien zur Beurteilung der Kopfhaut.

1. Fettung
2. Schuppenbildung
3. Sonstiges wie z. B. Entzündungen, Wunden, Warzen etc.

7.3 Warum ist eine sichere Beurteilung des Haares und der Kopfhaut vor einer Haarwäsche von großer Bedeutung?

Die sichere Beurteilung des Haares und der Kopfhaut ist Voraussetzung für die richtige Auswahl von Reinigungs- und Pflegemitteln (z. B. bei Schuppen → Spezialshampoo) und damit Grundlage für das Gelingen einer Frisur.

7.4 Welcher Zweck soll mit einer Haar- und Kopfwäsche erreicht werden?

Hauptzweck ist die Reinigung des Haares und der Kopfhaut von Fett, Schmutz und Sprayrückständen. Außerdem soll das Haar duftig und locker gemacht werden und einen natürlichen Glanz erhalten.

Haar und Kopfhaut und deren Pflege

7.5 Die kosmetische Industrie bietet eine Vielzahl von Spezialhaarreinigungsmitteln an, die sich nach dem Zweck und den Inhaltsstoffen unterscheiden.
Nennen Sie zwei Spezialshampoos, sowie deren Aufgaben und beabsichtigte Wirkungen.

a) **Shampoo gegen fettiges Haar** soll Fett binden und entfernen. Dadurch soll eine schnelle Nachfettung verhindert bzw. verlangsamt werden. Derartige Shampoos wirken adstringierend.
b) **Shampoo für strapaziertes Haar** soll mild reinigen, dem Haar Fettstoffe zuführen, es adstringieren, Strukturschwächen ausgleichen (z. B. durch Proteine) und Glanz verleihen.

7.6 Am Ende der Haar- und Kopfhautbeurteilung sollte die Produktempfehlung für den Kunden stehen.
Wie empfehlen Sie einem Kunden ein Antischuppen-Spezialshampoo? (Argumente)

Man sollte dem Kunden die Wirkung des Spezialshampoos erklären, ihn davon überzeugen (z. B. die milde Beseitigung von Schuppen, verhindert schnelles Nachfetten und Schuppenbildung, Verbesserung des Haarglanzes und der Frisierbarkeit, Verminderung von Juckreiz, Hemmung des Wachstums von Hautpilzen usw.).

7.7 Eine Neukundin betrachtet skeptisch Ihre Schutzhandschuhe vor der Haarwäsche und sagt zu Ihnen: „Bin ich wirklich so schmutzig, dass Sie mich nur mit Handschuhen anfassen mögen? Meine letzte Friseurin hat zur Haarwäsche nie Handschuhe getragen!"
Was sagen Sie der Kundin?

Argumente (Antworten) können z. B. sein:
– Schutz der Hände, da am Tag häufige Berührungen mit allerlei Mitteln erfolgt.
– Frage an Kundin, ob sie zu Hause beim Putzen oder Spülen auch Handschuhe trägt.
– Hinweis auf das Austrocknen der Haut bei häufigem Waschen.
– Hinweis auf die TRGS 530 – gesetzliche Vorschriften usw.

7.8 Erklären Sie, warum beim zweiten Waschgang eine größere Schaumbildung beobachtet werden kann.

a) **Erster Waschgang (Vorwäsche):** Eigentliche Reinigung des Haares und der Kopfhaut → nur geringe Schaumbildung.

→

Haar und Kopfhaut und deren Pflege

▷ *Fortsetzung der Antwort* ▷

b) Zweiter Waschgang (Nachwäsche):
Erst hier werden bei schäumenden Präparaten die besonderen Wirkstoffe und Pflegezusätze wirksam → ungehinderte Schaumbildung.

7.9 Nennen Sie drei Vorteile einer Haaransatzwäsche.

Vorteile einer Haaransatzwäsche sind:
- Haarlängen und -spitzen werden geschont
- Wasser, Shampoo und Energie lassen sich einsparen
- Gleichzeitig mit der Reinigung der Kopfhaut und der Ansätze können Spitzen und Längen z. B. mit Pflegemitteln behandelt werden. Damit lässt sich Zeit einsparen.

7.10 Wie lässt sich bei der Haarwäsche die Umwelt schonen? Nennen Sie drei Umweltschutzmaßnahmen.

1. Nie mehr Shampoo als notwendig verwenden unter Berücksichtigung von Verschmutzung und Haarlänge.
2. Wäscht der Kunde sich täglich das Haar, kann auf den zweiten Waschgang meist verzichtet werden.
3. Prüfen, ob eine Haaransatzwäsche ausreichend ist.

7.11 Warum sollen Kopfwaschmittel nicht direkt auf der Kopfhaut, sondern erst in den Händen verteilt werden?

Ein direktes Aufbringen des Kopfwaschmittels auf die Kopfhaut kann zu einer konzentrierten Wirkung auf eine bestimmte Stelle der Kopfhaut führen. Das kann eine Reizung der Kopfhaut an dieser Stelle bewirken und die Entfettung verstärken. Mögliche Folgen sind Schuppenbildung und stärkeres Nachfetten.

7.12 Worauf ist bei der Haarwäsche vor chemischen Behandlungen zu achten?

Vor einer Dauerwelle soll nur einmal leicht und ohne Massage durchgewaschen werden.
Vor einer Färbung oder Blondierung sollte das Haar nur gewaschen werden, wenn es stark fettig oder sprayverklebt ist.

→

Haar und Kopfhaut und deren Pflege

▷ *Fortsetzung der Antwort* ▷

Gründe:
- Der schützende Talgfilm der Kopfhaut sollte erhalten bleiben.
- Die Reizung der Kopfhaut sollte auf ein Mindestmaß begrenzt werden.

7.13 Nennen Sie drei Gründe für die Anwendung einer Haarkur.

Haarkuren sollen angewandt werden:
- nach Behandlungen, die die Haarstruktur beeinträchtigen (z. B. nach einer Dauerwelle, Färbung, Blondierung).
- bei unbefriedigendem Haarzustand (z. B. Haarspliss).
- bei Anomalien der Kopfhaut (z. B. Seborrhöen, Schuppen).

7.14 Nennen Sie fünf mögliche Wirk- oder Pflegestoffe in Haarkuren und beschreiben Sie deren Aufgaben.

Haarkuren können enthalten:
1. **Wachse, Fette oder fettähnliche Stoffe** für die Rückfettung des Haares. Sie sollen dem Haar Glanz und Geschmeidigkeit verleihen.
2. **Kräuterextrakte** wirken durchblutungsfördernd, entzündungshemmend und adstringierend.
3. **Schwefelverbindungen** verhindern starke Schuppenbildung und Talgdrüsenstörungen. Sie wirken gegen Infektionen.
4. **Proteine** mildern Strukturschäden des Haares.
5. **Filmbildner** (Kunstharze) festigen die Frisur; sie schützen das Haar vor Feuchtigkeit und vor Austrocknung.

7.15 Haarkuren werden von der Kundschaft kaum von sich aus verlangt. Wie würden Sie eine Kundin mit
a) trockenem, strapaziertem Haar und

a) Kundin mit trockenem, strapaziertem Haar:
Eine Haarkur gibt dem Haar z. B. mehr Glanz und macht es frisierbarer.
Enthaltene Pflegestoffe lassen das Haar sich erholen, machen es weicher und griffiger.

→ →

Haar und Kopfhaut und deren Pflege

b) sehr feinem Haar für die Anwendung einer Haarkur überzeugen?

b) Kundin mit sehr feinem Haar: Durch die Haarkur erhält das Haar und damit die Frisur z. B. mehr Fülle und Standfestigkeit, sie hält länger. Die Kundin wird damit besser aussehen, sich wohler fühlen.

7.16 Wie wirkt sich eine Kopfmassage auf die Kopfhaut aus?

a) Lockerung der Kopfhaut (Entspannung)
b) Förderung der Durchblutung
c) Verbesserung des Eindringvermögens des Kopfwassers

7.17 In welche Phasen kann eine Kopfmassage eingeteilt werden?

a) **Eröffnungsmassage:** Hinter den Ohren beginnend wird mit beiden Händen entlang der Wirbelsäule zu den Schultern hin ausgestrichen.
b) **Druckmassage im Bindegewebe:** Die fest aufgesetzten Fingerkuppen verschieben die Haut kreisend gegen die Schädelknochen (Lockerung der Kopfhaut und Steigerung ihrer Durchblutung).
c) **Lockerungsmassage:** Die Kopfhaut wird mit den fest aufgesetzten Fingerkuppen beider Hände zusammengeschoben und dadurch gelockert.
d) **Beruhigungsmassage:** Abschließend wird an der Stirn beginnend mit beiden Händen über den Kopf bis hin zum Nacken ausgestrichen.

7.18 Nennen Sie fünf mögliche Bestandteile von Kopfwässern und beschreiben Sie deren Wirkung.

1. **Alkohole** dienen als Lösungsmittel für andere Bestandteile (die sich nicht in Wasser lösen lassen). Sie steigern die Durchblutung, entfetten, desinfizieren und erfrischen.
2. **Duftstoffe** verleihen eine angenehme Duftnote und erfrischen.
3. **Schwefel** wirkt hornlösend und vermindert die Talgproduktion.

→

▷ *Fortsetzung der Antwort* ▷

4. **Menthol** kühlt, stillt Juckreiz und wirkt antiseptisch.
5. **Vitamine** sollen den Haarwuchs fördern, ihre Wirkung ist jedoch derzeit noch umstritten.

8 Reinigung und Pflege von Haarersatzteilen

8.1 Welche Haarteilarten gibt es?

a) **Modische Haarteile:**
 - Zweitfrisur
 - Lockenteil
 - Teilperücke
 - Anstecklocke
 - Zopf

b) **Haarersatz:**
 - Straßenperücke
 - Toupet
 - Frisett

8.2 Erklären Sie die Verwendungsmöglichkeiten von
a) modischen Haarteilen,
b) Haarersatzteilen.

a) Modische Haarteile dienen vorwiegend zur Ergänzung des Eigenhaares. Sie ermöglichen eine Veränderung der Frisur, der Haarlänge und -fülle. Sie sind besonders für festliche Frisuren geeignet.

b) Haarersatzteile sollen einen Ersatz für teilweise oder ganz fehlendes Eigenhaar bilden (z. B. am Oberkopf-, Stirn-, oder Hinterkopfbereich).

8.3 Welche Haararten und Haarsorten können bei Haararbeiten verarbeitet werden?

a) **Menschenhaar (Echt-** oder besser **Humanhaar):**
 - Eurohaar
 - Indohaar (= Haar aus Indien)
 - Chinahaar
 - Exporthaar (= verfeinertes Indo- oder Chinahaar)

b) **Tierhaar:**
 - Angorahaar
 - Büffelhaar

→

Haar und Kopfhaut und deren Pflege

▷ *Fortsetzung der Antwort* ▷

c) Kunsthaar (= **Synthetikhaar**):
- Halbsynthetisch aus Zellulose
- Vollsynthetisch aus Perlon-, Nylon- oder Acrylfasern

8.4 Das Maßnehmen ist von entscheidender Bedeutung für einen guten Sitz des Haarteils. Benennen Sie die in dem abgebildeten Kopf eingezeichneten Kopfmaße.

① Kopfumfang
② Entfernung von Stirnansatz bis zum Nacken
③ Entfernung von Ohr zu Ohr über die Stirn
④ Entfernung von Ohrentampel zu Ohrentampel über den Oberkopf
⑤ Entfernung von Ohr zu Ohr über den Wirbel
⑥ Entfernung von Ohr zu Ohr über den Hinterkopf
⑦ Entfernung von Schläfentampel zu Schläfentampel über den Hinterkopf
⑧ Nackenbreite
⑨ Entfernung vom Haaransatz an der Stirn zur Tampelspitze
⑩ Entfernung von Ohrentampel zu Ohrenspitze
⑪ Scheitellänge
⑫ Scheitelsitz (rechts, links, Mitte, quer, ohne Scheitel)
⑬ Wirbelsitz (rechts, links, Mitte, ohne Wirbel)

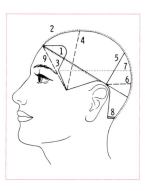

8.5 Ein Folien- oder Gipsabdruck des Kopfes stellt eine wichtige Ergänzung beim Maßnehmen von Haarersatzteilen dar.
Welche Informationen sollte ein solcher Abdruck bieten?

a) Größe des Haarteils
b) Stirnansatz
c) Scheitelverlauf
d) Wirbellage und Fallrichtung der Haare (= Knüpfrichtung)

Haar und Kopfhaut und deren Pflege

8.6 Wie wird eine Echthaarperücke gereinigt? Beschreiben Sie die einzelnen Arbeitsgänge.

a) **Reinigung der Montur.** Die Innenseite der Perücke wird mit Waschbenzin von Fett und Klebstoffresten gereinigt.
b) **Aufspannen auf einen passgenauen Styroporkopf.**
c) **Ausbürsten der Haare in Knüpfrichtung.** Die Haare werden geglättet (Echthaar mit einer Naturborste, Kunsthaar mit einer Drahtbürste).
d) **Waschen mit Spezialshampoo** (Echthaar nicht über 35 °C, Kunsthaar nicht über 30 °C). Das Haar darf nicht gerieben oder massiert werden, da es sonst verfilzen könnte.
e) **Klarspülen** mit lauwarmem, fließendem Wasser.
f) **Die Nachbehandlung mit speziellen Pflegeemulsionen** verhindert mangels natürlicher Fettung ein Sprödewerden des Haares und verbessert die Frisierbarkeit.
g) **Frisieren:** Echthaar einlegen und bei 45 °C trocknen; Kunsthaar lufttrocknen – dann erst frisieren. Festigung mit einem guten Haarspray.

8.7 Wie lässt sich
a) bei Echthaar,
b) bei synthetischen Haaren,
eine Farbauffrischung erreichen?

a) Farbauffrischungen sind mittels Tönungsfestiger oder Tönungsmittel zu erreichen. Tönungsmittel bewirken eine intensivere Farbauffrischung, das Tönungsmittel muss jedoch stark verdünnt werden. Während der Einwirkzeit muss das Farbergebnis regelmäßig kontrolliert werden.
b) Synthetische Fasern lassen sich farblich nicht verändern. Gegebenenfalls muss das noch vorhandene Eigenhaar dem Haarteil farblich angepasst werden.

Grundlagen der Frisurengestaltung

1 Elemente der Frisurengestaltung

1.1 Nennen Sie die drei Elemente jeder Frisurengestaltung.

Elemente einer Frisurengestaltung sind:
- Form,
- Farbe,
- Material.

1.2 Jeder Kunde bringt für eine Frisurengestaltung seine individuellen Besonderheiten ein. Nennen Sie vier dieser Besonderheiten.

Kundenindividuelle Besonderheiten sind z. B.:
- Kopfform,
- Gesichtsform,
- Haarqualität,
- Farbtyp.

1.3 Nennen Sie drei Gestaltungsmöglichkeiten, die einem Friseur für die Frisurengestaltung zur Verfügung stehen.

Gestaltungsmöglichkeiten können sein:
- Gestaltung verschiedener Formelemente,
- Anordnung der Formen,
- Umsetzung von Farbharmonie oder -kontrast.

1.4 Welches sind die Voraussetzungen einer gelungenen Frisurengestaltung?

Voraussetzungen einer Frisurengestaltung für den Friseur sind, gestalterische Elemente einer Frisur zu kennen, deren Anwendung kundenindividuell erklären und sicher durchführen zu können.

1.5 Worin sehen sie die Hauptaufgaben einer EDV-gestützten Frisurenberatung mittels Computer?

Hauptaufgabe einer Computerberatung ist, dass der Kunde individuell (anhand seines digitalisierten Passfotos) Haarvolumen, Haarlänge und Haarfarbe variieren (verändern) und erkennen kann. Dem Kunden soll eine Entscheidungshilfe geboten werden, wie sich diese Elemente auf sein individuelles Aussehen auswirken. So sollen vorgestellte Frisuren mit seiner Persönlichkeit in Einklang gebracht werden.

Grundlagen der Frisurengestaltung

2 Formgestaltung – Linien einer Frisur

2.1 Die Wirkung einer Frisur wird u. a. durch ihre Linien hervorgerufen. Dabei unterscheidet man zwischen
a) geraden Linien,
b) gebogenen Linien,
c) geknickten Linien.
Nennen Sie je ein Beispiel und beschreiben Sie die jeweilige Wirkung.

a) **gerade Linien:** z. B. Scheitel, gerade geschnittener Pony. Gerade Linien wirken in der Regel hart, sachlich und streng.
b) **gebogene Linien:** z. B. Wellenbögen. Sie wirken meist weich und harmonisch.
c) **geknickte Linien:** z. B. Zick-Zack-Linie bei einer Fransenfrisur. Fransige Konturen werden je nach der Fransengestaltung als hart, aggressiv, unruhig oder als weich, harmonisch empfunden.

2.2 Nennen Sie die Baulinien einer Frisur (Übungsmöglichkeiten siehe Übungsblock).

a) Kammführungslinien
b) Wellenkanten
c) Schmucklinien

2.3 Wie heißen die in den Abbildungen a bis d skizzierten vier Hauptrichtungen der Kammführungslinien?

a hochstrebend

→

Grundlagen der Frisurengestaltung

▷ **Fortsetzung der Antwort** ▷

b̄ tiefstrebend

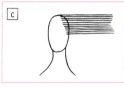

c̄ waagerecht

d̄ gemischt (= Mischung aus den vorher genannten Richtungen.)

2.4 Welche Bedeutung haben die Kammführungslinien für eine Frisur?

Kammführungslinien
- sind wichtigste Baulinien der Frisur. Sie tragen entscheidend zur Gesamtwirkung der Frisur bei,
- beeinflussen die dynamische Wirkung der Frisur (Ruhe und Bewegung).
- wandeln sich oft sehr stark unter Modeeinflüssen.

2.5 Was versteht man unter
a) dem äußeren Umriss und
b) dem inneren Umriss einer Frisur?
(Zeichnerische Gestaltungsmöglichkeiten siehe Übungsblock.)

a) Der äußere Umriss einer Frisur ist die Linie, die die Frisur (und damit den gesamten Kopf) nach außen hin begrenzt (= Silhouette).

b) Der innere Umriss einer Frisur ist die Grenzlinie zwischen Haar und Gesicht des Kunden.

Grundlagen der Frisurengestaltung

2.6 Nennen Sie die verschiedenen Möglichkeiten, den äußeren Umriss einer Frisur zu gestalten.

a) eng halten
b) ausdehnen
c) strecken

2.7 Bei welchen Kunden kann man die in Frage 2.6 genannten Möglichkeiten, den äußeren Umriss einer Frisur zu gestalten, sinnvoll anwenden?

a) **eng halten:** z. B. bei sportlichen, kleinen und schlanken Personen.
b) **ausdehnen:** z. B. bei großen Kundinnen mit schmalem Gesicht.
c) **strecken:** z. B. bei kleinen, vollschlanken Kundinnen.

2.8 Nennen Sie die verschiedenen Möglichkeiten, den inneren Umriss einer Frisur zu gestalten.

a) weit halten
b) einengen
c) strecken

2.9 Durch eine Veränderung des inneren Umrisses einer Frisur lassen sich bestimmte Mängel an Kopf und Gesicht abschwächen. Beschreiben Sie dazu zwei Beispiele. (Zeichnerische Korrekturmöglichkeiten siehe Übungsblock.)

a) Bei niedriger Stirn empfiehlt es sich, den inneren Umriss weit zu halten, da sonst der Kopf noch kleiner erscheinen würde.
b) Ein gedrungener Kopf wirkt durch eine Streckung des inneren Umrisses optisch nicht so streng.

2.10 Beurteilen Sie die nachfolgend abgebildeten drei Frisuren hinsichtlich der Übereinstimmung von Kopfform sowie innerem und äußerem Umriss der Frisur.

→

Grundlagen der Frisurengestaltung

▷ **Antwort** ▷

a **Breite Stirn und spitzes Kinn:**
Der breit frisierte Oberkopf lässt das Kinn noch spitzer erscheinen. Die freie Stirnpartie verstärkt diesen Eindruck.

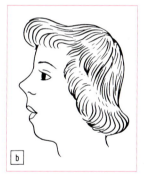

b **„Himmelfahrtsnase" und fliehendes Kinn:**
Die nach oben frisierte Welle an der Stirn betont die „Himmelfahrtsnase" und das fliehende Kinn. Die Frisur wirkt wie eine Mütze.

c **Quadratischer Kopf:**
Der flach frisierte Oberkopf und die breit frisierten Seitenpartien lassen den breiten Kopf noch breiter erscheinen. Die aus dem Gesicht frisierten Haare verstärken diesen Eindruck.

Grundlagen der Frisurengestaltung

3 Formgestaltung – Flächen

3.1 Wann entstehen bei einer Frisur glatte Flächen und wie wirken sie?

Glatte Flächen entstehen, wenn die Haare glatt in eine Richtung gekämmt oder gebürstet werden. Glatte Frisuren wirken schlicht, aber auch elegant, wenn das Haar exakt geschnitten und gepflegt ist.

3.2 Wie wirken mit dem Kamm oder den Fingern gelockte, geöffnete Flächen?

Größere Locken und Wellen bringen Bewegung in die Frisur.

3.3 Wie lassen sich Flächenstrukturen zur Erzeugung von Kontrasten einsetzen?

Grenzlinien zwischen unterschiedlichen Frisurenelementen oder zwischen Frisur und Gesicht können klare, harte Linien bilden. Weiche, fließende Übergänge können sich z. B. ergeben, wenn glatte Flächen in Wellen übergehen.

3.4 Welche Wirkung haben Umrisslinien mit spitzen Winkeln?

Spitze Winkel lenken die Blicke auf sich.

Grundlagen der Frisurengestaltung

4 Beeinflussungsmöglichkeiten der Gesichts- und Kopfform durch Frisuren

4.1 Mit welchen typischen Gesichtsformen hat es der Friseur bei seiner täglichen Arbeit zu tun?

a) rundes Gesicht
b) ovales Gesicht
c) rechteckiges Gesicht
d) quadratisches Gesicht
e) dreieckiges Gesicht
f) trapezförmiges Gesicht

4.2 Die verschiedenen Kopfformen können durch eine entsprechende Frisur betont oder ausgeglichen werden. Wodurch können
a) ein länglich-schmaler Kopf und
b) ein rundlicher Kopf betont bzw. ausgeglichen werden?

a) **Länglich-schmaler Kopf**
Betonung:
- durch freigehaltene Stirn
- schmal und glatt gehaltener äußerer Umriss der Frisur

Ausgleich:
- bedeckte Stirn
- Verbreiterung des äußeren Umrisses der Frisur (z. B. Locken)

b) **Rundlicher Kopf**
Betonung:
- flach frisierter Oberkopf
- Haare an den Seitenpartien aus dem Gesicht frisiert
- eng gehaltener äußerer Umriss

Ausgleich:
- Verbreiterung des äußeren Umrisses
- Auflockerung der Frisur (z. B. durch Locken)

4.3 Vorgegebene, von der Normalform abweichende Kopf- und Gesichtsformen kann der Friseur zwar nicht ändern, er hat aber die Möglichkeit durch eine korrigierende Frisur die Kopfform optisch günstig zu beeinflussen.

→

Grundlagen der Frisurengestaltung

a) Welche Kopf- bzw. Gesichtsformen zeigen die folgenden sechs Abbildungen?

b) Worauf ist zu achten, wenn der Friseur mit einer entsprechenden Frisur die Kopf- bzw. Gesichtsform korrigierend beeinflussen möchte?

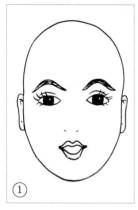

a) **Rundes Gesicht.**
b) Oberkopf höher frisieren (streckt/verlängert Gesicht), schmale Seitenpartien verstärken diesen Eindruck.

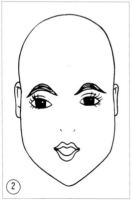

a) **Länglich-breites Gesicht.**
b) Es muss alles verhindert werden, was den Kopf breiter und länger macht, Stirn und Ohren werden von locker frisiertem Haar bedeckt, geschlossene Kleidung (Halstuch) verstärkt schmale Linie.

Grundlagen der Frisurengestaltung

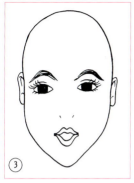

a) **Breite Stirn und spitzes Kinn.**
b) Natürlich gewelltes Haar (Fülle) in den Seitenpartien korrigiert spitzes Kinn optisch. Die Stirnpartie sollte bedeckt sein (lockerer Pony).

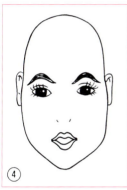

a) **Schmale Stirn und breites Kinn.**
b) Die schmale Stirn muss durch Volumen (z. B. Locken) am Oberkopf ausgeglichen werden.

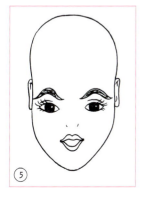

a) **Hohe Stirn.**
b) Schwungvoll in die Stirn fallendes Haar, Löckchen oder ein klassischer Pony sind ideal für diese Kopfform.

→

Grundlagen der Frisurengestaltung

a) **Niedrige Stirn.**
b) Nur wenig kurzes Haar darf in die Stirn frisiert werden – dadurch wird der Stirnansatz höher vermutet. Das Haar darf nicht eng anliegen, eine leichte Lockenform ist zu bevorzugen.

⑥

5 Korrektur von Mängeln der Kopfform und Figur mittels Frisur

5.1 Nennen Sie die beiden häufigsten Mängel des Halses.

a) Zu kurzer Hals
b) Zu langer Hals

5.2 Was sollte man bei Frisur und Kleidung vermeiden, wenn
a) der Hals zu kurz und
b) der Hals zu lang ist?

a) **Zu kurzer Hals:**
  – hoch geschlossene Kleidung
  – zu lange Nackenhaare
b) **Zu langer Hals:**
  – nackenfreie Kleidung
  – ausgeschnittene Kleidungsstücke
  – aus dem Nacken frisierte Haare

5.3 Welche vier Mängel gibt es bei Köpfen im Profil?

a) Flacher Hinterkopf
b) Fliehende Stirn
c) „Himmelfahrtsnase"
d) Fliehendes Kinn

5.4 Wie lassen sich durch eine Frisur
a) ein flacher Hinterkopf und
b) eine fliehende Stirn korrigieren?

a) **Flacher Hinterkopf:**
  Der Hinterkopf muss volumig frisiert werden (z. B. toupieren usw.).
b) **Fliehende Stirn:**
  Durch in die Stirn frisiertes Haar und Lockenfrisuren.

Grundlagen der Frisurengestaltung

5.5 a) Welche Wirkung haben die nachfolgenden vier Frisuren auf die jeweilige Kopfform?
b) Worauf ist bei einer Frisurengestaltung an diesen vier Köpfen zu achten?

a) Die Hochfrisur streckt den schon langen Kopf und Hals noch mehr – die freie, sehr hohe Stirn wird noch mehr betont.
b) Stirn bedecken, Haare sollten nach unten frisiert werden. Sie sollten noch einen Teil des Halses bedecken.

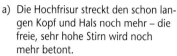
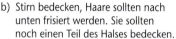

a) Der flache Hinterkopf und die fliehende Stirn werden durch diese Frisur betont.
b) Stirn sollte bedeckt werden, Hinterkopf sollte mehr Volumen erhalten.

a) Das fliehende Kinn und die spitze Nase werden betont.
b) Haare an der Stirn nicht zurückkämmen – locker in die Stirn fallen lassen. Ohr und Seitenpartien sollten bedeckt werden – lenken vom fliehenden Kinn ab.

a) Die Eierform des Kopfes wird durch schmal frisierte Hinterpartien des Oberkopfes betont.
b) Oberkopf sollte fülliger frisiert sein, Bart wäre unter Umständen empfehlenswert.

Grundlagen der Frisurengestaltung

5.6 Auf welche Weise können Körperform und Frisur zusammenwirken? (2 Beispiele)

a) Eine Frisur mit großem Volumen lässt durch eine Überbetonung des Kopfes einen kleinen Körper noch kleiner erscheinen.

b) Große und füllige Personen fallen mit kleinen und flachen Frisuren noch mehr durch ihre Körperfülle auf.

5.7 Wie beurteilen Sie die nachfolgend abgebildeten beiden Damen hinsichtlich der Übereinstimmung von Figur, Kleidung und Frisur?

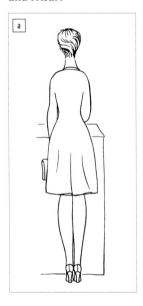

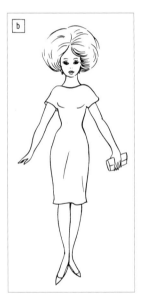

a) Der Kopf wirkt durch diese Frisur im Verhältnis zum übrigen Körper sehr klein. Der Eindruck eines sehr kurzen Oberkörpers wird durch eine kleine Frisur verstärkt. Hier liegt keine Abstimmung der Proportionen vor.

b) Die Frisur hat einen zu breiten äußeren Umriss. Bei dieser zierlichen Figur wirkt die Frisur zu wuchtig und lässt die Frisur (den Kopf) im Verhältnis zum übrigen Körper überproportioniert erscheinen.

Haarschnitt

1 Werkzeuge

1.1 Nennen Sie vier für den Friseur unverzichtbare Handwerksgeräte.

Unverzichtbare Handwerksgeräte sind
- Bürsten,
- Kämme,
- Haarschneidescheren,
- Klingengeräte wie z. B. Rasiermesser.

1.2 Nennen Sie sechs typische Kammformen des Friseurs.

1. Wasserwellkamm
2. Frisierkamm
3. Stielkamm
4. Haarschneidekamm
5. Strähnenkamm
6. Toupierkamm mit Lockenheber

1.3 Aus welchen Materialien können Kämme hergestellt werden? Nennen Sie vier Beispiele.

a) **Kunststoffe** (Nylon, Perlon im Spritzgussverfahren)
b) **Hartgummi** (aus Kautschuk mit Schwefel gehärtet)
c) **Horn** (aus Rinderhorn)
d) **Elfenbein** (aus Elfenbein von Elefantenstoßzähnen)
e) **Schildpatt** (aus Hornplatten der echten Karettschildkröte)
(d) und e) sind aus Artenschutzgründen abzulehnen!)

1.4 Beschreiben Sie, worauf Sie bei der Kammpflege achten sollten.

a) Kämme müssen frei von sichtbaren Verschmutzungen sein (können bei Kunden zu Ekel führen!) → Reinigung mit handelsüblichen Desinfektionsmitteln.
b) Kämme mit Verschleißerscheinungen (z. B. Grate, Scharten) dürfen nicht mehr verwendet werden.

© Holland + Josenhans

Haarschnitt

1.5 Beschreiben Sie vier mögliche Bürsten eines Friseurs und deren Aussehen.

1. **Frisierbürste:** Kunststoffborsten in einem hohlen Gummikörper
2. **Fönbürste:** Kunststoffkörper und -borsten in Skelettform
3. **Fönbürste:** rund mit Naturborsten in einem Rundkörper
4. **Fönbürste:** rund mit Drahtborsten in einem Kunststoffkörper

1.6 Begründen Sie folgende Aussage: „Die Qualität einer Haarbürste hängt entscheidend von den verwendeten Borsten ab."

Es werden Bürsten mit Borsten aus Kunststoff und Naturborsten verwendet. **Kunststoffborsten** verwendet man zur Herstellung **preiswerter Bürsten.** Bei solchen Bürsten ist besonders auf die Bearbeitung der Borstenspitzen zu achten. Sie sollten sorgsam gerundet sein, da scharfe oder rauhe Spitzen zu Haut- und Haarschäden führen können. **Naturborsten** werden bei **Bürsten von besserer Qualität** verwendet, meistens Schweinerückenborsten oder Pferdehaare. Bei Babybürsten werden weiche Ziegenhaare, bei Rasierpinseln Dachshaare verwendet.

1.7 Welche Möglichkeiten gibt es, um Kämme und Bürsten zu reinigen?

a) **Oberflächliche Reinigung:** Nach jeder Benutzung müssen Kämme und Bürsten von anhaftenden Haaren und Schmutzteilchen mechanisch (ausklopfen und auskämmen) gereinigt werden.

b) **Gründliche Reinigung:** Einmal täglich werden Bürsten und Kämme in warmer Shampoo- oder Sodalösung gereinigt. Im Spülbad sollten sie mit einer geeigneten Desinfektionslösung entkeimt werden. (Es gibt Präparate, die reinigen und gleichzeitig desinfizieren.) Eine Desinfektion kann auch im Desinfektionsapparat erfolgen (UV-Strahlen).

1.8 Beschreiben Sie das Aussehen und erklären Sie den Verwendungszweck einer
a) Haarschneideschere,
b) Effilierschere und
c) Modellierschere.

a) **Haarschneidescheren** haben leicht nach außen gewölbte Scherenblätter. Durch eine geringe Spannung berühren sich diese beim Öffnen und Schließen an jedem Punkt und schneiden dadurch alle Haare sauber und glatt ab. Haarschneidescheren mit leicht gerillten Schneideblättern erfassen besonders gut nasses Haar.

b) **Effilierscheren** haben beidseitig gezahnte Schneideblätter, wobei die Zähne eines Scherenblattes eingekerbt sind. Beim einmaligen Schließen der Schere werden ungefähr 1/4 bis 1/3 der erfassten Haare abgeschnitten. Sie eignen sich insbesondere zum Ausdünnen von besonders dichtem Haar.

c) **Modellierscheren** haben eine einseitige, engere Zahnung. Sie bilden ein Mittelding zwischen Haarschneide- und Effilierscheren und eignen sich besonders zum Schneiden von Übergängen.

1.9 Worauf achten Sie bei der Pflege und Reinigung von Scheren?

Bei der Pflegte und Reinigung von Scheren ist auf Folgendes zu achten:
- Reinigung der Schere mit einem mit Desinfektionsmittel getränkten Tuch.
- Das Scherenschloss sollte von Zeit zu Zeit einen Tropfen Öl erhalten, damit es nicht vorzeitig verschleißt und leichtgängig bleibt.
- Wenn die Schärfe nachlässt, sollten die Schneiden fachgerecht nachgeschliffen werden.

1.10 Nennen Sie sechs Sicherheitsvorschriften im Umgang mit Scheren.

1. Schneidegeräte nicht in der Tasche aufbewahren (gefährlich und unhygienisch!) →

Haarschnitt

▷ *Fortsetzung der Antwort* ▷

2. Schneidegeräte nur in geschlossenem Zustand ablegen (Verletzungsgefahr!)
3. Vorsicht beim Wechseln von Klingen (Verletzungsgefahr!)
4. Keine Scheren mit stumpfen Schneiden verwenden (unsauberer Schnitt!)
5. Vorsicht bei hektischen Bewegungen vor allem von Kindern (Verletzungsgefahr!)
6. Scheren an sicheren Orten aufbewahren (Schutz vor Missbrauch, Verletzungsgefahr!)

1.11 Für welche Arbeiten sollte ein Rasiermesser im Friseurbereich verwendet werden?

Ein Rasiermesser sollte verwendet werden:
– zur Rasur,
– zum Säubern der Konturen,
– für den Messerhaarschnitt.

1.12 Wozu dienen
a) eine kleine Haarschneidemaschine,
b) eine große Haarschneidemaschine mit verstellbarem Schneidekopf,
c) eine große Haarschneidemaschine mit Aufsteckköpfen?

a) Eine kleine Haarschneidemaschine dient zum Ausrasieren und Konturenschneiden.
b) Eine große Haarschneidemaschine mit verstellbarem Schneidekopf eignet sich zum Schneiden von Übergängen.
c) Bei einer großen Haarschneidemaschine mit Aufsteckköpfen lässt sich der gewünschte Schnittabstand einstellen (z. B. bei Kurzhaarschnitten).

2 Haarschneideberatung

2.1 Nennen Sie die Voraussetzungen für einen perfekten Haarschnitt.

Ein perfekter Haarschnitt setzt voraus, dass die kundenindividuellen Wünsche mit den vorgegebenen Möglichkeiten und allgemeinen gestalterischen Grundsätzen in Einklang gebracht werden.

Haarschnitt

2.2 Welche Faktoren sind bei der Planung einer Frisur zu berücksichtigen?

a) **Kunde:** Alter, Körpergröße, Statur, Beruf, Anlass, Kopf- und Gesichtsform, Besonderheiten wie Narben, Brille etc., Haarqualität, Frisiergeschick des Kunden, besondere Kundenwünsche.
b) **Mode:** Aktuelle Frisurenmode oder Trends.
c) **Arbeitstechniken:** Wie soll geschnitten werden? Wie soll eingelegt werden? Welche Form- und Farbveränderungen sollen durchgeführt werden?

2.3 Die Gestaltung einer Kundenfrisur sollte erst nach einer eingehenden Typberatung mit dem Ziel einer typgerechten Frisur erstellt werden.
Was versteht man unter einer typgerechten Frisur?

Eine gut gestaltete Frisur bildet mit der gesamten Persönlichkeit des Kunden eine harmonische Einheit. Dieses Ziel kann nur erreicht werden, wenn eine Frisur nicht nach einer vorgegebenen Schablone gestaltet wird, sondern die Kundenwünsche, das Aussehen des Kunden, dessen Haarqualität und die Haarmode auf den Kunden typgerecht abgestimmt werden.

2.4 Warum ist es besonders wichtig, dass Sie sich bei der Haarschneideberatung auf einem kundenangemessenen Sprachniveau bewegen?

Gibt es kommunikative Missverständnisse mit dem Kunden, kann dieser trotz perfekt ausgeführtem Schnitt unzufrieden und verärgert sein. Dies kann umso mehr der Fall sein, wenn der Kunde eigentlich von dem Haarschnitt ganz andere Vorstellungen hatte.

2.5 Nennen Sie zwei Beratungshilfen, um Missverständnisse des Kunden bei der Beratung von vornherein auszuräumen.

Beratungshilfen können z. B. sein:
– dem Kunden mit den Händen den Verlauf der späteren Haarkonturen zeigen.
– durch Anschieben (Hinhalten) kann man dem Kunden einen Eindruck von der späteren Verteilung der Haarfülle zeigen.

Haarschnitt

2.6 Welche allgemeinen gestalterischen Grundsätze sind bei der Haarschnittgestaltung von Bedeutung?

Allgemeine gestalterische Grundsätze bilden den Hintergrund bei der Verteilung der Proportionen. So sollte die Größe, das Volumen der Frisur immer im Einklang mit der Kopf- und Gesichtsgröße sowie der Körpergröße stehen. So ist z. B. bei großen Menschen eine kleine Frisur meist wenig vorteilhaft.

3 Grundtechniken

3.1 Nennen Sie drei Schwerpunkte einer Frisur, die vor dem Abteilen festgestellt werden müssen.

Schwerpunkte einer Frisur sind z. B.:
- der Scheitel,
- die Konturenlinien,
- die Haarfülle.

3.2 Der Haarschnitt beginnt mit dem Abteilen der Haare. Beschreiben Sie zwei Grundsätze beim Abteilen der Haare.

1. Bei kurzem Haar genügt es, die Haare zur Seite zu kämmen, längeres Haar wird mit Klammern festgesteckt.
2. Ein wichtiges Kriterium beim Haareschneiden ist die Fallrichtung. Man kann quer oder längs zur Fallrichtung schneiden. Dünnes Abteilen ermöglicht exaktes Schneiden.

3.3 Alle Haarschneidetechniken sind Abwandlungen zweier Grundtechniken. Erklären Sie diese Grundtechniken und deren Anwendungsmöglichkeiten.

a) **Querschnitt:**
   Geschnitten wird quer zur Fallrichtung des Haares. Dadurch werden gleiche Haarlängen erreicht. Das Haar dünnt nicht aus, die Haarfülle bleibt erhalten. Das Haar fällt stumpf und breit auseinander. Angewendet wird der Querschnitt beim Kürzen, beim Konturenschnitt und beim Scherenformschnitt. →

Haarschnitt

▷ *Fortsetzung der Antwort* ▷

b) Längsschnitt:
Geschnitten wird schräg zur Fallrichtung. Dadurch werden unterschiedliche Haarlängen erreicht. Das Haar dünnt aus und fällt spitz ineinander. Angewendet wird der Längsschnitt beim Effilieren, beim Ausdünnen und beim Graduieren.

3.4 Was versteht man unter „Pointen"?

Das Pointen ist eine besondere Technik um auszudünnen und Stützhaare zu bekommen. Man schneidet mit der Haarschneideschere oder Pointcut-Schere kleine Büschel kürzerer Haare. Das Ergebnis ist ein volumiger Stand am Ansatz und ein leicht strähniger Fall der Haarspitzen, z. B. wenn eine weiche fransige Frisur gewünscht wird.

3.5 Erklären Sie das Stumpfschneiden über den Fingern.

Eine abgeteilte Haarpartie wird zwischen Zeige- und Mittelfinger straff gehalten und über den Fingern (oder in der Hand) gleichlaufend abgeschnitten. Die nachfolgend zu schneidenden Partien sind den bereits geschnittenen in der Länge anzupassen.

3.6 Welches Ziel hat das Stumpfschneiden über den Kamm?

Beim Stumpfschneiden über den Kamm werden gleichmäßig nach oben verlaufende Übergänge hergestellt (z. B. an den Seitentampeln und beim Fassonschnitt im Nacken).

3.7 a) Was versteht man unter Graduierung?
b) Welches sind die Voraussetzungen für eine exakte Graduierung?

a) Durch das Graduieren soll eine fein abgestufte Längenverschiebung erzielt werden.
b) Um eine exakte Graduierung zu erhalten, müssen das zu schneidende Haar und das bereits geschnittene Haar gleichmäßig angefeuchtet sein.

© Holland + Josenhans

3.8 Welche Bedeutung hat die Führungslinie beim Haarschnitt?

Jeder Haarschnitt orientiert sich an der Führungslinie. Diese gibt für die weiteren Passées die Haarlänge vor.

3.9 Welche unterschiedliche Bedeutung hat die Führungslinie:
a) beim Einlängenschnitt und
b) bei durchgestuften Frisuren?

a) Beim Einlängenschnitt werden alle Haarpartien einer Führungslinie angepasst.
b) Bei durchgestuften Frisuren dient das zuletzt Geschnittene als neue Führungslinie.

3.10 Welche Auswirkungen hat eine schräge Schnittlinie auf die Fingerhaltung?

Eine saubere schräge Schnittlinie muss durch die Führung der Finger angezeigt werden.

3.11 Um das Volumen gezielt in eine Frisur einzuarbeiten, ist auf
a) die Füllelinie und
b) den Füllebereich zu achten.
Erklären Sie die beiden Begriffe.

a) Die Füllelinie ist die Linie, an der sich das längste Haar einer Stufung befindet.
b) Der Füllebereich ist der Bereich, in dem sich die größte Haarfülle konzentriert.

3.12 Warum ist die Beachtung der Haarwuchsrichtung für das Gelingen einer Frisur von großer Bedeutung?

Die Berücksichtigung der Wuchsrichtung ist entscheidend für den Fall des Haares und die Haltbarkeit einer Frisur. Werden z. B. die Haare von ausgeprägten Wirbeln zu stark gekürzt, stehen diese ab.

3.13 Wie würden Sie
a) dünnes Haar,
b) dickes Haar und
c) stark gelichtetes Haar in einem Haarschnitt vorteilhaft schneiden?

a) Dünnem Haar kann man durch einen Stumpfschnitt mehr Halt geben.
b) Dickes Haar sollte u. U. effektvoll effiliert werden.
c) Stark gelichtetes Haar erscheint voller, wenn es kurz und stumpf geschnitten wird.

4 Rasieren und Bartformen

4.1 Nennen sie fünf Ziele einer Vorbehandlung zum Rasieren?

Bei der Vorbehandlung zum Rasieren kommt es darauf an
- die Haut zu straffen,
- ihre Gleitfähigkeit zu erhöhen,
- die Barthaare aufzurichten,
- die Barthaare zu erweichen,
- Hautreizungen zu verringern.

4.2 Welche Rasierwasserarten können nach dem Zeitpunkt der Anwendung unterschieden werden?

a) **Pre-shave-Rasierwasser** (vor der Elektrorasur)
b) **After-shave-Rasierwasser** (nach der Elektro- bzw. Nassrasur)

4.3 Welche Wirkung soll ein Pre-shave-Rasierwasser erzielen?

a) Der Alkoholgehalt von 40–80 % bewirkt eine Verdunstungskälte, dadurch werden die Barthaare aufgerichtet.
b) Kunstharzzusätze bewirken eine Versteifung der Barthaare.
c) Zusätze wie Glyzerin wirken als Gleitmittel.

4.4 Rasiermesser sind heute weitestgehend verdrängt durch Rasiergeräte mit auswechselbaren Klingen. Nennen Sie drei Vorteile der letzteren.

Vorteile der neueren Rasiergeräte sind:
- Beachtung der Hygieneverordnung, da Einmalklingen,
- geringere Verletzungsgefahr,
- brauchen nicht geschärft werden.

4.5 Erklären sie die Rasiermesserhaltung im
a) Vorhandgriff,
b) Rückhandgriff.

a) Bei der Rasiermesserhaltung im Vorhandgriff liegt der Daumen vor der „Schulter" oder dem „Hals" des Rasiergeräts.
b) Zum Rückhandgriff wird das Rasiergerät zwischen Daumen und Zeigefinger so gedreht, dass die Schneide nach rechts unten zeigt, wenn man in die Handfläche schaut. Die Haut wird mit der freien Hand in die Gegenrichtung gespannt.

Haarschnitt

4.6 Nennen Sie die beiden wichtigsten Rasierhilfsmittel für eine Nassrasur.

a) Rasierseife (reagiert basisch)
b) Rasierschaum (meist seifenfreie Ö/W-Emulsion)

4.7 Nennen Sie die Schritte zur Nachbehandlung einer Nassrasur.

Die einzelnen Schritte können sein:
- Entfernen von Schaum- oder Cremeresten.
- Nach einer Vollrasur wirkt eine kalte Kompresse hautberuhigend.
- Rasierwässer wirken desinfizierend und erfrischend.

4.8 Welche Wirkung soll ein After-shave-Rasierwasser erzielen?

a) Neutralisation der Haut durch Zusatz von schwachen Säuren
b) Desinfektion von Kleinstwunden
c) Adstringierende Wirkung
d) Angenehmer Duft
e) Belebende Wirkung

4.9 Welche Aufgaben könnte ein Bart übernehmen? Nennen Sie drei Aufgaben.

Ein Bart könnte
- die Gesichtsform korrigieren (z. B. wird ein rundliches Gesicht durch einen Kinnbart verlängert!),
- als Schmuck getragen werden,
- z. B. Falten, Narben oder ein Doppelkinn verdecken.

4.10 Wegen des intensiven Hautkontaktes ist beim Rasieren die Beachtung der Hygienevorschriften besonders wichtig. Nennen Sie drei Hygienemaßnahmen, die ein Friseur beachten sollte.

1. Hände vor und nach dem Rasieren waschen und nach dem Rasieren desinfizieren.
2. Zum Rasieren möglichst Geräte mit auswechselbarer Klinge verwenden.
3. Ausgewechselte Klinge so entsorgen, dass niemand sich daran verletzen kann (Infektionsgefahr!).

Formverändernde Haarbehandlungen

1 Fönen

1.1 Wodurch wird eine reversible (nicht dauerhafte) Umformung des Haares ermöglicht?

Haare sind saugfähig, d. h. sie nehmen beim Anfeuchten Wasser auf. Durch die Wasseraufnahme quillt das Haar und weicht auf. Dadurch wird eine Verformung des Haares ermöglicht, z. B. über eine handgelegte Wasserwelle. Beim Trocknen festigen sich die zuvor erweichten Bindungen wieder.

1.2 Was bewirkt das Fönen?

Die warme Luft des Föns lässt das überschüssige, im Haar eingelagerte Wasser verdunsten. Die Bildung der neuen Wasserstoff- und Salzbrücken geschieht erst, wenn das Haar schon fast trocken ist.

1.3 Warum ist zu langes und heißes Fönen nicht gut für das Haar?

Ein durch zu starke und lange Wärmezufuhr überhitztes Haar lässt sich nicht wieder „reparieren", die Schuppenschicht wird geschädigt, das Haar wird gesplisst.

1.4 Welche Funktion hat die Warmlufttrockenbürste?

Aus dieser Kombination aus Fön und Bürste strömt warme Luft in einen runden Wickelkörper, mit dem das Haar erfasst und getrocknet werden kann.

1.5 Wozu verwendet man einen Frisierstab?

Locken- und Frisierstab wendet man bei trockenem Haar an, um z. B. geföntem Haar noch mehr Stand und damit Volumen zu geben.

Formverändernde Haarbehandlungen

1.6 Eine neuere technische Entwicklung ist der Airstyler. Erklären Sie die Funktionsweise des Airstylers.

Der Airstyler ist eine Kombination aus einem Fön, einem Absauggebläse und einem elektrisch drehbaren Wickelkörper, dem Curler. Der Vorteil liegt in einem schnellen Luftdurchsatz, der zu einer schnellen Haartrocknung führt, ohne das Haar zu überhitzen.

2 Wickeln

2.1 Erklären Sie zwei Grundformen der Einlegetechnik.

a) **Wellentechniken** (Wasserwelle, Fönwelle, Ondulation): Das Haar wird gleich in Wellen geformt, es ergeben sich mehr oder weniger gleichmäßige, anliegende Wellen.
b) **Lockentechniken** (Papillotieren, Lockwell- und Volumenwickeltechnik): Das Haar wird zunächst in Locken geformt, aus denen dann sowohl Locken als auch Wellen frisiert werden können.

2.2 Das Arbeiten mit Volumenwicklern ist die heute vorherrschende Einlegetechnik. Die nachfolgenden mit den Buchstaben a) bis c) bezeichneten Skizzen zeigen verschiedene Möglichkeiten beim Ansetzen der Wickler und die dadurch erzielbaren Ergebnisse. Wie werden in den Skizzen die Wickler angesetzt und welche Frisurenformen werden dadurch erreicht?

a) Rechtwinklig zur Kopfhaut angesetzte Wickler ergeben eine leicht volumig-wellige Frisurenform.
b) Stumpfwinklig zur Kopfhaut angesetzte Wickler ergeben eine füllig-aufgebauschte Frisurenform.
c) Spitzwinklig zur Kopfhaut angesetzte Wickler ergeben eine flach anliegende Frisurenform.

→

Formverändernde Haarbehandlungen

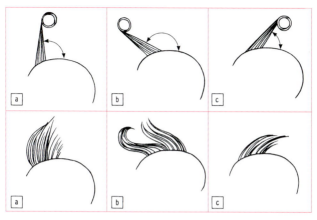

2.3 Was sind Papilloten?

Papilloten sind feuchte Haare, die in kleine Schleifen gelegt, mit Clips festgeklammert und unter der Trockenhaube getrocknet werden (im Mittelalter wurden sie mit dem Papillotiereisen trockengepresst!)

2.4 Bei Papilloten unterscheidet man nach der Ausführung zwischen a) liegenden und b) stehenden Papilloten. Wann kommen diese beiden Ausführungsarten zur Anwendung?

a) Liegende Papilloten kommen zur Anwendung, wenn das Haar für die Anwendung von Volumenwicklern zu kurz ist.
b) Stehende Papilloten ergeben ein größeres Volumen bei Locken. Je nachdem wie man die Papilloten um den Finger legt, entsteht eine Fallrichtung nach links oder rechts.

2.5 Was ist beim Papillotieren zu beachten, wenn Wellen ins Haar frisiert werden sollen?

Um Wellen zu erhalten, muss jeweils die Richtung bei jeder Reihe der liegenden Papilloten gewechselt werden.

2.6 Wie erhält man eine Spitzenpapillote?

Eine Spitzenpapillote erhält man, wenn nur die Spitze einer Haarsträhne zu einer Papillote geformt wird. Dabei bleibt ein längeres Stück Haar vom Ansatz ausgehend glatt.

2.7 Erklären Sie die Ausführungsschritte einer Volumenwicklung.

1. Zur Ausführung einer Volumenwicklung werden Haarsträhnen abgeteilt, die nicht dicker und breiter als die Wickler sind.
2. Die Strähne wird aufgekämmt, über den Wickler gelegt und aufgewickelt.
3. Die Wicklerstärke bestimmt das spätere Volumen und die Spannung im trockenen Haar.

2.8 Der Durchmesser des Wicklers ist für das Ergebnis von großer Bedeutung. Welches Frisurenergebnis ermöglichen a) dünne Wickler, b) dicke Wickler?

a) Dünne Wickler ermöglichen feste, engbogig gewellte bis krause Frisuren mit viel Sprungkraft.
b) Dicke Wickler ergeben lockere, großzügig gewellte Frisuren.

3 Handgelegte Wasserwellen, Ondulation

3.1 Handgelegte Wasserwellen werden zwar in der Regel im Salon wenig nachgefragt, sind aber besonders für den Berufsanfänger von Bedeutung. Erklären Sie warum.

Beim Erlernen und Üben dieser Technik gewinnt man Fertigkeiten, die allgemein für das Formen von Haaren von grundlegender Bedeutung sind.

3.2 Erklären Sie die Ausführung einer handgelegten Wasserwelle.

Beim Wellenlegen mit der Hand wird das nasse Haar in den gewünschten Wellenverlauf gekämmt. Bevor die Ansatzwelle gelegt wird, schiebt man das Haar etwas an, damit der natürliche Fall des Haares ermittelt werden kann. Mittel- und Zeigefinger formen die vorgekämmten Wellenkanten durch Gegeneinanderpressen.

Formverändernde Haarbehandlungen

3.3 Nennen Sie vier Punkte, die beim Wasserwellenlegen besonders zu beachten sind.

1. Alle Haare der zu wellenden Partie müssen in die entsprechende Wellenrichtung gekämmt werden.
2. Die Wellenbögen müssen halbkreisförmig sein.
3. Die Wellenbögen müssen in wechselnden Richtungen verlaufen.
4. Die Wellenkanten müssen gut ausgeprägt sein.

3.4 Was ist das Ziel einer Ondulation?

Die von dem Franzosen Marcel Grateau (1872) mittels Onduliereisen entwickelte Wellentechnik ermöglichte große Sprungkraft im Haar (sie spielt heute keine Rolle mehr!).

4 Frisier- und Flechttechniken

4.1 Welcher Wunsch der Kundin kann mit dem Toupieren erfüllt werden?

Es kann der Wunsch nach mehr Volumen einer Frisur erfüllt werden.

4.2 Beschreiben Sie das Prinzip des Toupierens (der Toupage).

Beim Toupieren werden die Haare in Kopfhautnähe zusammengeschoben, um dem darüber liegenden Deckhaar mehr Volumen zu geben. Dort werden sie zu einer Art Haarfilz „verwirrt", d. h. die Schuppenschicht wird gegengebürstet und damit geöffnet. Sie kann sich damit ineinander „verhaken".

4.3 Beim Toupieren lassen sich zwei unterschiedliche Arbeitsgeräte einsetzen. Welches sind die Geräte und wofür werden sie eingesetzt?

a) **Bürstentoupage:** Bei der Bürstentoupage wird mittels einer längeren, schmalen Bürste das Haar von der Spitze aus mit einer leicht drehenden Bewegung an der Unterseite der Strähne zum Ansatz geschoben.

→

▷ *Fortsetzung der Antwort* ▷

b) Toupage mittels Toupierkamm:
Als Toupierkämme werden Stielkämme mit unterschiedlich langen Zähnen verwendet. Mit dem Kamm wird ein Teil der Haarsträhnen zum Ansatz hin verschoben. Die Toupage ist dann besonders effektiv, wenn nur wenige Haare einer einzelnen Strähne toupiert werden und man diesen Vorgang mehrfach wiederholt.

4.4 Eine besondere Form der Frisurenformung ist das Flechten. Welche Möglichkeiten ergeben sich durch das Flechten?

a) Bei ausreichender Haarlänge sind der Kreativität keine Grenzen gesetzt (z. B. Bauernzopf, Milchmädchenzopf).
b) Bei kürzerem Haar lässt sich Fremdhaar einflechten. Dadurch können u. U. interessante Farbeffekte erzielt werden.
c) Haarschmuck oder eingeflochtene Bänder können als Blickfang dienen.

4.5 Die Ethnomode basiert auf Frisuren aus anderen Kulturkreisen wie z. B. aus Afrika oder Lateinamerika. Dabei kennt man u. a.
a) Dread Locks,
b) Rasta-Zöpfe.
Erklären Sie die Herstellung dieser beiden Ethnofrisuren und beschreiben Sie deren Problematik.

a) Bei **Dread Locks** handelt es sich um verfilzte Haarsträhnen. Mittels einer alkalischen Lösung werden die Haare gequollen und verfilzt. Am Ende sind die Haare nicht mehr zu entwirren, sie können nur abgeschnitten werden, wenn diese Frisur nicht mehr gewünscht wird.
b) Bei **Rasta-Zöpfen** ergeben viele kleine Zöpfe zusammen den Rasta-Lock. Um die Haarfülle bzw. die -länge zu verbessern, werden häufig Kunsthaare mit eingeflochten. Die Zöpfe lassen sich als Blickfang mit Perlen verzieren. Rasta-Zöpfe sind sehr zeitaufwendig (je nach Haarlänge 6 bis 10 Stunden). Dementsprechend hoch ist der Preis.

Formverändernde Haarbehandlungen

5 Ausfrisieren, Finishing

5.1 Nennen Sie fünf Hauptbestandteile von Stylingpräparaten.

1. Kunstharze als Filmbildner
2. Lösungsmittel
3. Feuchthaltemittel
4. Wachse
5. Öle

5.2 Welche Produkte lassen sich für das Finish einer toupierten Frisur verwenden? Begründen Sie Ihre Antwort.

Für das klassische Finish einer toupierten Frisur lassen sich Haarspray oder Haarlack verwenden. Die in diesen Produkten enthaltenen wasserlöslichen Kunstharze verleihen der Frisur den notwendigen Halt.

5.3 Nennen Sie drei Arten von Haarfestigern und beschreiben Sie deren besondere Wirkungsweise.

1. **Tönungsfestiger** enthalten Fertigfarbstoffe zur Farbtonauffrischung.
2. **Aufhellungsfestiger** haben durch H_2O_2-Zusätze eine aufhellende Wirkung.
3. **Kurfestiger** verbessern durch besondere Zusätze den Zustand strukturgeschädigter Haare.

5.4 Welche speziellen Aufgaben haben Frisiercremes?

Frisiercremes sind Ö/W- oder W/Ö-Emulsionen. Sie sollen dem Haar verloren gegangene Fettstoffe ersetzen. Die Haare werden durch Frisiercremes geschmeidiger und bekommen mehr Glanz. Ö/W-Cremes glänzen weniger und lassen sich leichter auswaschen als W/Ö-Cremes.

5.5 Beschreiben Sie Verwendungsmöglichkeit und Wirkung von:
a) Haargel und
b) Haarwachs.

a) **Haargel** wird angewandt, um die Frisur in Form zu halten oder den gewünschten modischen Nasseffekt zu erreichen. Haargele entstehen aus Gel bildenden Kunstharzen.
b) **Haarwachse** geben der Frisur Halt und Glanz. Hochwertige Wachse dürfen nicht kleben und müssen sich leicht auswaschen lassen.

5.6 Wie werden Haarsprays mit hohem Kunstharzanteil bezeichnet?

Als Haarlacke

5.7 Im Salon sollten aus Umweltgründen nur noch Pumpsprays verkauft werden. Nennen Sie drei Gründe dafür.

Der Umwelt zuliebe sprechen für den ausschließlichen Verkauf von Pumpsprays:
– vermindern eine noch höhere „dicke" Luft im Salon,
– dienen der Gesunderhaltung von Friseurinnen und Kunden,
– vermindern die Abfallmenge, da sie wieder auffüllbar sind.

5.8 Viele Friseure zeigen beim Ausfrisieren ihr ganzes künstlerisches Talent und ihre technische Perfektion, obwohl die Kundin dies selten so verlangt. Welche Probleme könnten dabei auftreten?

Die Kundin hat, wenn sie ihre Haare am nächsten Tag selbst ausfrisiert, Probleme. Sie ist verärgert und frustriert.

5.9 Der Abschluss der Frisurenformung bietet dem Friseur die Chance für Zusatzverkäufe. Nennen Sie drei dieser Zusatzverkäufe und mögliche Verkaufsargumente dafür.

a) **Tönende oder farbauffrischende Finishprodukte** können durch Anwendung im Salon bei der Kundin das Bedürfnis wecken, diese Produkte auch zu Hause anzuwenden – z. B. Glitzergel für besondere Effekte.

b) **Modische Haarteile** können in der Kundenberatung demonstriert und empfohlen werden, wenn Kundin eine geringe Haarfülle hat oder mit ihrer Haarlänge unzufrieden ist.

c) **Haarschmuck** bietet der Kundin die Möglichkeit, die Wirkung ihrer Frisur effektvoll zu steigern. Der Kundin sollten Schmuckarten vorgestellt und deren Wirkung individuell demonstriert werden.

5.10 Warum ist es nach Beendigung einer Frisur so wichtig, das gelungene Frisurenergebnis besonders herauszustellen?

Gegenüber der Kundin sollte die positive Wirkung der neuen Frisur herausgestellt und in ihren Einzelheiten nochmals erklärt werden. Dabei sollte man nicht versäumen, der Kundin Komplimente zu machen und ihr dabei auch sagen, wie vorteilhaft diese Frisur für sie ist.

6 Dauerwelle

6.1 Welches Ziel verfolgen alle Dauerwellverfahren?

Durch Dauerwellverfahren wird eine dauerhafte (irreversible) Umformung des Haarkeratins vorgenommen, um eine haltbare Krause bzw. Wellung zu erreichen.

6.2 Die erste Art, Haar dauerhaft umzuformen, war das Krausen von Postichhaar (Haarersatzteilen). Beschreiben Sie die Arbeitsweise beim Krausen von Postichhaar.

Abgeschnittene Haarsträhnen (Postiche) wurden auf Kraushölzer aufgewickelt und 2–3 Stunden in einer alkalischen Borax- oder Sodalösung mit Glyzerinzusatz gekocht. Das anschließende Trocknen erfolgte im Backofen oder in der Sonne. Die Neutralisation erfolgte mit Essigwasser nach dem Abkühlen.

6.3 Nennen Sie die Nachteile der von Karl Nessler im Jahr 1906 erfundenen Heißwelle.

a) Lange Einwirkzeit (4–5 Stunden)
b) Umständlich
c) Gefahr von Verbrennungen auf der Kopfhaut
d) Haarschäden durch Hitze und Zugwirkung
e) Sehr teuer

6.4 Wenige Jahre später wurde die nesslersche Heißwelle durch Josef Mayer weiterentwickelt und verbessert. →

J. Mayer erfand die Flachwicklung (bisher Spiralwicklung). Der Arbeitsablauf wurde damit vereinfacht und beschleunigt. Das Haar ließ sich durch die stärker ausgeprägte Spitzenkrause gut zu →

Beschreiben Sie diese Verbesserungen und deren Vorteile.

Locken frisieren. Außerdem wurde die Behandlung für die Kundin angenehmer, weil die Wickler wegen ihres geringeren Gewichts und ihrer flachen Lage kaum noch Zugwirkung ausübten.

6.5 **Nennen Sie sechs Arten von Dauerwellpräparaten und beschreiben Sie deren Wirkung.**

a) **Alkalische Dauerwelle:** Wellmittel lockern die Haarstruktur. Die Alkalität der Wellmittel macht eine anschließende Fixierung und Neutralisation notwendig.
b) **Mild alkalische Dauerwelle:** Bei den häufigsten heutzutage eingesetzten Dauerwellmitteln (flüssig, schaumig, cremig) besteht ein günstiges Verhältnis zwischen Wellintensität und Haarschonung.
c) **Saure Dauerwelle:** Sauer eingestellte Wellpräparate werden eingesetzt (besonders haarschonend für eine Wellung von blondiertem oder strukturgeschädigtem Haar). Wärmeeinsatz nur über die Körpertemperatur.
d) **Sulfitwelle:** In einer Sulfitdauerwelle wirkt Ammoniumsulfat als Reduktionsmittel. Der Geruch ist neutral, die Hautverträglichkeit ist relativ gut. Nachteile sind die verlängerte Einwirkzeit, eine schwächere Umformung und geringere Haltbarkeit.
e) **Thermogesteuerte Dauerwelle:** Sie ist mild alkalisch eingestellt und wird erst durch Zufuhr von Wärme voll wirksam. Bei anderen Präparaten wird die Wärme erst nach Zugabe eines Aktivators erzeugt.
f) **Schaumdauerwelle:** Wellmittel werden als Schäume aufgetragen. Sie sind bequem zu handhaben und laufen nicht ab (durch Hygroskopizität des Haares!).

Formverändernde Haarbehandlungen

6.6 Wie wirkt eine Dauerwelle am und im Haar?

Eine dauerhafte Umformung des Haares ist nur durch eine Veränderung in der Faserschicht möglich. Das Keratin der Faserschicht lässt sich durch geeignete chemische Mittel erweichen. Dadurch kann dem Haar mit Hilfe von Wicklern eine neue Form gegeben werden. Glatte Haare lassen sich in diesem Zustand krausen, zu stark gekrauste oder naturwellige Haare lassen sich glätten. Durch den anschließenden chemischen Prozess (= Fixierung) wird die Verformbarkeit gestoppt; die Haare werden in der neuen Form gefestigt oder fixiert.

6.7 Welche chemischen Vorgänge werden durch eine Dauerwelle ausgelöst?

Zur Verformung des Haares müssen die Schwefelbrücken (oder auch Disulfidbrücken) durch Einfügen von Wasserstoffatomen gespalten und damit verformbar gemacht werden (= Reduktion). Der Wasserstoff kommt aus der Entwicklerlösung (= Reduktionsmittel). In der zweiten Phase werden die gelösten Molekülketten gegeneinander verschoben und somit umgeformt (die Form wird durch die Wickler bestimmt!). Den Abschluss bildet die Fixierung der Dauerwelle. Die Fixierlösung liefert Sauerstoff, sie ist also ein Oxidationsmittel. Der zugegebene Sauerstoff verbindet sich mit dem Wasserstoff zwischen den Schwefelbrücken. Damit werden die getrennten Schwefelbrücken wieder geschlossen, das Haar ist damit in seiner Struktur wieder gefestigt.

6.8 Die Wellwirksamkeit von Dauerwellpräparaten und deren Eignung für die jeweilige Haarstruktur hängt entscheidend von drei Faktoren ab. Nennen Sie diese.

Die Wellwirksamkeit und deren Eignung hängt entscheidend ab von
- dem pH-Wert des Wellmittels,
- der Konzentration des Reduktionsmittels und
- der Temperatur am Kopfhaar.

Formverändernde Haarbehandlungen

6.9 Nennen Sie die wichtigsten Bestandteile von Wellmitteln.

a) Reduktionsmittel (z. B. Thioglykolsäure)
b) Alkalisierungsmittel (vor allem Ammoniak)
c) Lösungsvermittler
d) Netzmittel (WAS)
e) Schutz- und Pflegestoffe (z. B. Öle, Lanolin, Lecithin, Proteine, Kräuterzusätze)
f) Duftstoffe
g) Verdickungsmittel
h) Farbstoffe
i) Destilliertes bzw. entsalztes Wasser

6.10 Wellmittel enthalten viele wichtige Bestandteile (s. Frage 6.9). Welche Aufgaben haben in diesem Zusammenhang:
a) **Reduktionsmittel,**
b) **Alkalisierungsmittel und**
c) **Netzmittel?**

a) **Reduktionsmittel** sind wichtigster Bestandteil der Wellmittel. Sie haben die Aufgabe, die Disulfidbrücken zu spalten und damit das Haar verformbar zu machen.
b) **Alkalisierungsmittel** haben die Aufgabe, das Haar aufzuquellen. Dadurch wird das Eindringen des Wellmittels ermöglicht. Außerdem lockern Alkalien die Salz- und Wasserstoffbrücken im Haargefüge.
c) **Netzmittel** setzen die Oberflächenspannung von Flüssigkeiten herab. Sie sorgen für eine gleichmäßige Verteilung und gutes Eindringvermögen der Flüssigkeiten.

6.11 Welche Aufgaben haben
a) **Schutz- und Pflegestoffe,**
b) **Duftstoffe und**
c) **Farbstoffe als Bestandteile von Wellmitteln?**

a) **Schutz- und Pflegestoffe** beugen einer Schädigung des Haares vor, sie wirken pflegend und Glanz bildend.
b) **Duftstoffe** sollen den unangenehmen Geruch der Thioverbindungen überdecken.
c) **Farbstoffe** dienen der Verbesserung des Aussehens.

6.12 Welche wichtigen Bestandteile enthalten Fixiermittel?

a) Oxidationsmittel
b) Neutralisierungsmittel

6.13 Welche Aufgaben haben Oxidationsmittel als Bestandteil von Fixiermitteln?

Oxidationsmittel fixieren (festigen) die beim Wellen aufgespaltenen Disulfidbrücken des Haares in ihrer neuen Position. Als Oxidationsmittel wird hauptsächlich 1–2%iges Wasserstoffperoxid verwendet.

6.14 Welche Aufgaben haben Neutralisierungsmittel als Bestandteile von Fixiermitteln?

Neutralisierungsmittel sind organische Säuren. Sie sollen die Alkalirückstände des Wellmittels neutralisieren und das Haar adstringieren.

6.15 Welche Aufgaben haben zusätzliche Bestandteile der Fixiermittel?

Zusätzliche Bestandteile sollen:
– die Netzkraft erhöhen,
– Schaum bilden,
– das Haar pflegen,
– dem Haar Glanz geben.

6.16 Nennen Sie neben den in 6.12 genannten Inhaltsstoffen drei weitere Inhaltsstoffe von Fixiermitteln und beschreiben Sie deren Aufgaben.

a) **Verdickungsmittel** sollen ein Herablaufen des Präparates verhindern.
b) **Duftstoffe** dienen einer besseren Kundenakzeptanz durch Vermittlung eines angenehmeren Geruchs.
c) **Pflegestoffe** sollen dauerwellbedingte Beeinträchtigungen am Haar verhindern.

6.17 Welche Überlegungen muss der Friseur vor Beginn einer Dauerwellbehandlung anstellen?

Der Friseur muss
– die Haarstruktur überprüfen (z. B. dickes, dünnes, weiches, hartes Haar),
– den gewünschten Grad der Umformung des Haares festlegen (z. B. sehr schwache, schwache, mittlere, starke Umformung),
– das richtige Wellmittel bestimmen (Grad der Verdünnung, Einwirkzeit),
– die Arbeitstechniken festlegen (Wickelstärke, Wickeltechnik).

6.18 Wie eignen sich folgende Haararten für eine Dauerwellbehandlung?
a) Bandhaare
b) Haare mit ovalem Querschnitt
c) Haare mit feiner, weicher Haarstruktur
d) Haare mit dicker, harter Haarstruktur
e) Haare mit poröser Haarstruktur

a) Fast nicht dauerwellbar
b) Schlecht dauerwellbar
c) Schwer dauerwellbar
d) Gut dauerwellbar
e) Schonend dauerwellbar (Spezialmittel verwenden, geringere Konzentrationen einsetzen)

6.19 Nennen Sie die einzelnen Arbeitsschritte bei der Ausführung einer Dauerwelle.

1. Vorsichtige Haarwäsche.
2. Wickeln unter Berücksichtigung der Wuchsrichtung und des Frisurenwunsches.
3. Schutzmaßnahmen umsetzen.
4. Anfeuchten mit Wellmittel. Bei der Einwirkzeit sind Herstellerangaben unbedingt zu berücksichtigen.
5. Wenn gewünschtes Wellergebnis erreicht ist, gründliches Ausspülen des Wellmittels.
6. Abtupfen überschüssiger Feuchtigkeit vom Haar.
7. Vorsichtiges, systematisches Auftragen der Fixierflüssigkeit.
8. Eine zweite Fixierung erfolgt im Anschluss ans Abwickeln.
9. Vollständiges Ausspülen der Fixierflüssigkeit.
10. Abschließende saure Nachbehandlung.

6.20 Worauf muss bei der Haarwäsche vor einer Dauerwellbehandlung geachtet werden und welche Probleme können bei einer Nichtbeachtung auftreten?

Vor einer Dauerwellbehandlung ist nur eine Haarwäsche vorzunehmen, d. h. die Kopfhaut darf nicht massiert werden, damit der schützende Talgfilm auf der Kopfhaut erhalten bleibt. Wird dies nicht beachtet, kann es zu verstärkter Schuppenbildung kommen. Außerdem

→

Formverändernde Haarbehandlungen

▷ *Fortsetzung der Antwort* ▷

kann Wellmittel in den oberen Bereich der Haarfollikel eindringen und das dort noch nicht ganz verhornte Haar schädigen.

6.21 Welche Schutzmaßnahmen müssen vor einer Dauerwellbehandlung ergriffen werden? Nennen Sie zwei Schutzmaßnahmen und erklären Sie deren Sinn.

1. Die **Abdeckung der Haarkonturen** mit einer Schutzcreme und Wattestreifen soll eine Reizung der Haut und ein Ablaufen des Wellmittels (z. B. in die Augen) verhindern.
2. Ein **wasserdichter Umhang** soll Flecken auf der Kleidung des Kunden verhindern.

6.22 Das zu verwendende Wellmittel ist auf die Haarqualität des Kunden abzustimmen. Begründen Sie diese Aussage anhand eines Beispiels.

Zum Beispiel strukturgeschädigtes (gefärbtes oder blondiertes) Haar: Spezialpräparate für strukturgeschädigtes Haar haben in der Regel eine geringere Wirkstoffkonzentration und einen etwas niedrigeren pH-Wert, da strukturgeschädigtes Haar poröser und damit saugfähiger ist. Es würde bei normaler Konzentration zu viel Reduktionsmittel aufnehmen.

6.23 Wie soll sich ein Friseur verhalten, der Zweifel hinsichtlich der Wellmittelkonzentration hat?

Im Zweifelsfall ist es günstiger ein Wellmittel mit geringerer Konzentration zu verwenden. Zum Ausgleich sind dünnere Wickel zu wählen und die Einwirkzeit ist zu verlängern. Der Umformungsprozess ist dann besser zu kontrollieren und das Haar wird weniger beansprucht.

6.24 Beurteilen Sie folgende Aussage: „Das Vorfeuchten des Haares mit Wellmittel ist immer erforderlich."

Zuerst sollte immer die Gebrauchsanweisung des zu verwendenden Wellmittels beachtet werden. Dort wird meist eine Empfehlung gegeben, ob und wie vorgefeuchtet werden soll. Kurzes und strukturgeschädigtes Haar sollte normalerweise nicht vorgefeuchtet werden.

→

▷ *Fortsetzung der Antwort* ▷

Gründe:
- **Kurzes Haar:** Das Wellmittel könnte auf die Kopfhaut gelangen.
- **Strukturgeschädigtes Haar:** Durch zu starke Erweichung des Haarkeratins könnte beim Kämmen oder Wickeln das Haar überdehnt werden.
- Bei **langem Haar** (ab ca. 20 cm) sollte normalerweise vorgefeuchtet werden, da sonst das Wellmittel nicht genügend in die Haarspitzen eindringen kann.

6.25 Wonach richtet sich die Auswahl einer Wickelmethode?

Die Wickelmethode wird bestimmt durch:
- den natürlichen Fall des Haares,
- die geplante Frisur und
- die gewünschte Haltbarkeit.

6.26 Nennen Sie fünf Wickeltechniken und deren beabsichtigtes Ergebnis.

1. **Klassische Wickeltechnik:** Grundschema für die Erstellung einer Dauerwelle.
2. **In-Form-Wickeln:** gezieltes Wickeln soll der späteren Frisurenlinie gerecht werden.
3. **Teildauerwelle:** nur ein Teil der Frisur soll umgeformt werden (z. B. Pony).
4. **Spitzendauerwelle:** nur die Spitzen sollen wellig werden, der Ansatz aber glatt bleiben.
5. **Spiralwicklung:** beabsichtigtes Wellergebnis sind korkenzieherartig gelockte Haarpartien.

6.27 Wie kann eine Teildauerwelle begründet werden?

Die Teildauerwelle ist immer dann vorzuziehen, wenn die geplante Frisur eine Teildauerwelle zulässt. Dadurch werden unnötige chemische Eingriffe vermieden.

Formverändernde Haarbehandlungen

6.28 Worauf muss man bei einer Teildauerwelle besonders achten?

Bei einer Teildauerwelle ist besonders zu achten auf
- einen gleichmäßigen Übergang zu den nicht behandelten Haarpartien und
- die Auswahl der richtigen Wickel.

6.29 Welche Bedeutung hat die Wicklerstärke für die Form der Wellung?

a) **Dünne Wickel** ergeben eine engbogige und sprungkräftige Krause.
b) **Dicke Wickel** ergeben eine weitbogige Krause.

6.30 Worauf muss beim Wickeln geachtet werden?

Beim Wickeln ist zu achten auf
- die Spannung der Haare beim Aufdrehen
- das korrekte Wickeln der Haarspitzen
- die Zugrichtung beim Wickeln
- die Passéestärke
- die Anordnung der Wickel
- den Winkel der Wickel zur Kopfhaut.

6.31 Beschreiben Sie die Aufgabe des Spitzenpapiers beim Wickeln.

Spitzenpapier erleichtert das Wickeln und trägt zur Vermeidung von Knickstellen an der Haarspitze bei. Spitzenpapier ist feuchtigkeitsdurchlässig und lässt das Wellmittel ungehindert durchdringen.

6.32 In welchen Fällen wird Spitzenpapier sinnvoll angewendet?

Spitzenpapier wird angewendet bei
a) sehr kurzem Haar,
b) ungleichen Haarlängen,
c) sehr stumpf geschnittenem Haar.

6.33 Wie wird Spitzenpapier angewendet?

Spitzenpapier wird im mittleren Bereich der Haarsträhne angesetzt, um die Haarpartie geschlagen und zur Haarspitze hin gezogen, sodass die Haarspitzen gerade noch vom Papier umhüllt werden.

Formverändernde Haarbehandlungen

6.34 Welche Wirkung hat die Verwendung einer Spitzenemulsion beim Wickeln?

Die Spitzenemulsion wird vor dem Befeuchten des Haares zusammen mit dem Wellmittel in die Haarspitzen einmassiert. Sie schützt und pflegt poröse Spitzen, setzt die Saugfähigkeit herab und schwächt durch ihre saure Einstellung die Wirkung des Wellmittels in den Haarspitzen.

6.35 Von welchen Faktoren ist die Dauer der Einwirkzeit beim Dauerwellen abhängig?

Die Dauer der Einwirkzeit ist abhängig von
a) der Art des Wellmittels,
b) der Haarqualität,
c) der gewünschten Intensität der Umformung,
d) der angewandten Temperatur.

6.36 Wie kann die Temperatur bei einer Dauerwelle gesteuert bzw. beeinflusst werden?

Möglichkeiten der Temperaturbeeinflussung durch:
– Abdeckung des Haares mit einer Plastikhaube,
– eine Haarsauna (Abdeckung des Haares ist nicht nötig),
– Infrarotstrahlen oder durch eine Trockenhaube.

6.37 Welche Arbeitsschritte sind für die Durchführung einer Fixierung nötig?

a) Nach dem Ende der Einwirkzeit muss das Wellmittel gründlich mit warmem Wasser ausgespült werden.
b) Die Wickler werden mit Saugservietten oder mit einem Frotteetuch abgetupft.
c) Beginn der eigentlichen Fixierung durch Auftragen der Fixierlösung auf alle Wickler.
d) Einwirkzeit entsprechend der Gebrauchsanweisung (ob die Fixierung im Haar bleibt oder ausgespült wird, richtet sich nach der Gebrauchsanweisung).
e) Nach dem Ende der Einwirkzeit werden die Haare von den Wicklern gerollt und nochmals fixiert.

6.38 Stellen Sie zu dem Problem „Fehler bei der Dauerwelle" eine Tabelle auf, die in vier Spalten folgende Angaben enthält:
1. Spalte: Fehler (insgesamt fünf)
2. Spalte: mögliche Ursachen der Fehler
3. Spalte: Korrekturmöglichkeiten der Fehler
4. Spalte: Vermeidung der Fehler

Fehler	mögliche Ursachen der Fehler	Korrekturmöglichkeiten der Fehler	Vermeidung der Fehler
1. Wellung zu kraus	zu kleine Wickler zu starkes Wellmittel zu lange Einwirkzeit	Behandlung mit schwächerem Wellmittel und dickeren Wicklern wiederholen	Bei porösem Haar Kurmittel verwenden
2. Wellung zu schwach	zu dicke Wickler zu schwaches Wellmittel zu kurze Einwirkzeit zu lange Einwirkzeit	Wellbehandlungen wiederholen unmöglich (Abschwächung durch Packungen)	Einwirkzeit besser überwachen
3. Knicke in den Spitzen	Spitzen nicht sorgfältig aufgewickelt	Spitzen schneiden	Spitzenpapier verwenden
4. Knicke am Haaransatz	Haltegummis falsch befestigt zu breit abgeteilt	unmöglich	sorgfältiger arbeiten Kontrolle Dauerwellstäbchen verwenden
5. Haarbruch	Wellmittel ist in das Haarfollikel gelangt Haltegummis sind falsch befestigt	unmöglich	Haar vor Dauerwellbehandlung nur einmal waschen sorgfältig arbeiten Kontrolle

6.39 Viele Kunden haben Vorbehalte gegen eine Dauerwellbehandlung. Wie argumentieren Sie, wenn eine Kundin zu Ihnen sagt: „Eine Dauerwelle macht meine Haare kaputt!"

a) Kundin fragen, ob sie persönlich schon einmal schlechte Erfahrungen gemacht hat, oder ob sie dies nur vom Hörensagen weiß.
b) Erklären, dass die heutigen modernen Wellmittel – sachgerecht angewandt – das Haar schonend umformen.
c) Erfahrung in der Erstellung von Dauerwellen in Ihrem Salon betonen.

Grundlagen Farbenlehre

1 Was sind Farben?

1.1 Warum erscheint ein Gegenstand farbig?

Ein Gegenstand erscheint farbig, wenn er bestimmte Wellenlängen des auf ihn fallenden Lichts reflektiert (= zurückwirft) und andere absorbiert (= verschluckt).

1.2 Wann erscheint ein Gegenstand
a) weiß,
b) schwarz,
c) grau?

a) Ein Gegenstand wird weiß gesehen, wenn alle Lichtstrahlen reflektiert werden.
b) Schwarz erscheint ein Gegenstand, wenn alle Lichtstrahlen absorbiert werden.
c) Wird von allen Strahlen nur ein Teil reflektiert, erscheint der Gegenstand grau.

1.3 Wie werden die Farben von Gegenständen genannt? Erklären Sie den Begriff.

Die Farben von Gegenständen werden Körperfarben genannt. Sie sind an Farbstoffe und Pigmente gebunden.

1.4 Erklären Sie den Begriff „Spektralfarben".

Weißes Licht ist ein Mischlicht aller Farben des (Regenbogen-) Spektrums, die zusammengenommen vom Auge als weiß empfunden werden. Weißes Licht kann durch ein Prisma in die Spektral- oder Regenbogenfarben zerlegt werden. Die Spektralfarben unterscheiden sich voneinander durch unterschiedliche Wellenlängen.

1.5 Welche Farben werden als bunte Grundfarben bezeichnet und warum?

Bunte Grundfarben sind
a) Gelb,
b) Rot und
c) Blau.
Sie können nicht aus dem Mischen anderer Farben hergestellt werden.

Grundlage Farbenlehre

1.6 Der vom Auge wahrgenommene Farbeindruck stammt selten von reinen Farben, sondern kommt meist von Mischfarben. Was versteht man unter Mischfarben?

Mischfarben entstehen durch Mischung von zwei Grundfarben = Mischfarben I. Ordnung.

1.7 Nennen Sie drei Beispiele für die Mischung von Grundfarben I. Ordnung.

a) Gelb + Rot = **Orange**
b) Rot + Blau = **Violett**
c) Blau + Gelb = **Grün**

1.8 Wie entstehen Mischfarben II. Ordnung?

Mischfarben II. Ordnung entstehen durch Mischung von zwei Nebenfarben I. Ordnung bzw. durch Mischung von drei Grundfarben.

1.9 Erklären Sie den Begriff „Komplementärfarbe".

Komplementärfarbe (= Ergänzungsfarbe): Die Mischung der Grundfarben Rot, Blau und Gelb ergibt Schwarz. Die Farbe, die eine andere Farbe zu Schwarz ergänzt, nennt man Komplementär- oder Ergänzungsfarbe. Die Komplementärfarben liegen im Farbkreis einander gegenüber.

1.10 Der Farbkreis macht die Zusammenhänge zwischen Farben auf einen Blick deutlich. Erstellen Sie einen Farbkreis, der folgende Farben enthält:
a) **Die Grundfarben,**
b) **die Mischfarben I. Ordnung,**
c) **die unbunten Farben Schwarz und Weiß,**
d) **die mit Weiß aufgehellten Grundfarben und Mischfarben I. Ordnung und**
e) **die mit Schwarz abgedunkelten Grundfarben und Mischfarben I. Ordnung.**

→

Lösung zur Aufgabe **1.10**

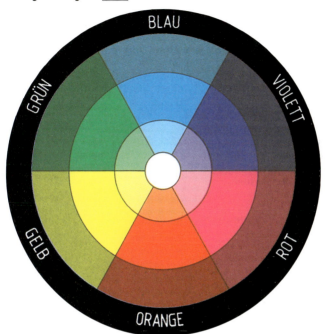

Bedeutung der Ringe im Farbkreis:

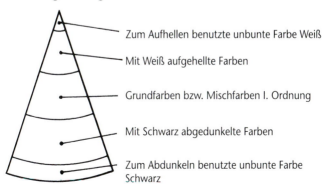

Zum Aufhellen benutzte unbunte Farbe Weiß

Mit Weiß aufgehellte Farben

Grundfarben bzw. Mischfarben I. Ordnung

Mit Schwarz abgedunkelte Farben

Zum Abdunkeln benutzte unbunte Farbe Schwarz

2 Bedeutung der Farblehre für die Haarfärbepraxis

2.1 Wozu werden die unbunten Farben Schwarz und Weiß benutzt?

Die unbunten Farben Schwarz und Weiß dienen der Abdunklung bzw. Aufhellung aller bunten Farben. Sie ergeben gemischt die Farbe Grau.

2.2 Erklären Sie den Unterschied zwischen der additiven und der subtraktiven Farbmischung.

Wenn sich Grund- und Komplementärfarben als Lichtfarben auf einem weißen Grund überlagern, heben sie sich in ihrer Buntheit auf und ergeben die Farbe Weiß. Die Helligkeiten der Einzelfarben addieren sich = **additive Farbmischung.**

Werden dagegen Körperfarben gemischt, ist das Ergebnis stets eine dunklere Farbe, da hinzukommende Farbpigmente weitere Wellenlängen absorbieren. Dadurch wird insgesamt weniger Licht reflektiert, d.h. von der vorhandenen Helligkeit wird Licht abgezogen = **subtraktive Farbmischung.**

2.3 Welche Bedeutung haben die Komplementärfarben für die Haarfärbepraxis?

Bei farbverändernden Haarbehandlungen entstehen manchmal unerwünschte Farbstiche. Mit Mattierungsmitteln in den Gegenfarben lassen sich diese Farbtöne abschwächen.

2.4 Wie lassen sich in der Färbepraxis
a) ein gelblicher Schimmer,
b) ein Rotton und
c) orangefarbige Töne abschwächen?

a) Abdeckung durch Violett
b) Mattierung durch Grün
c) Abdeckung durch Blau

Grundlagen Farbenlehre

2.5 Erklären Sie folgende Begriffe:
a) Klarfarben,
b) getrübte Farben und
c) Pastellfarben.

a) **Klarfarben** nennt man die reinen, bunten Farben des Farbkreises.
b) **Getrübte Farben** erhält man, wenn man Klarfarben mit Schwarz oder Grau mischt.
c) **Pastellfarben** ergeben sich aus der Mischung von Klarfarben mit Weiß.

2.6 Wo lassen sich im Friseurfärbebereich Klarfarben verwenden? Nennen Sie ein Beispiel.

Klarfarben lassen sich z. B. als „Spotlightfarben" bei grellen Strähnen anwenden.

3 Wirkung von Farben

3.1 Farben können sich positiv oder negativ auf den Temperatursinn des Betrachters auswirken. Es werden daher warme (aktive) und kalte (passive) Farben unterschieden. Nennen Sie:
a) drei warme (aktive) Farben und
b) drei kalte (passive) Farben.

a) **Warme (aktive) Farben:**
– Gelb
– Orange
– Rot
b) **Kalte (passive) Farben:**
– Grün
– Blaugrün
– Blau

3.2 Welche Eigenschaften werden den folgenden Farben zugeschrieben:
a) Rot,
b) Orange,
c) Blau,
d) Schwarz,
e) Weiß?

a) **Rot** = eine aktive Farbe, die zum Handeln zwingt.
b) **Orange** = eine belebende Farbe, die Optimismus und Freude erzeugt.
c) **Blau** = wirkt kühl, hintergründig und befreiend.
d) **Schwarz** = die Farbe der Würde. Schwarz wirkt trostlos.
e) **Weiß** = wirkt vergrößernd und hat eine hohe Ausstrahlungskraft.

Grundlage Farbenlehre

3.3 Was ist bei der Kombination von Farben mit unterschiedlicher Helligkeit zu beachten? Nennen Sie ein Beispiel.

Helle Farben dominieren in Farbkombinationen mit dunklen Farben. So lassen z. B. helle Strähnen das übrige Haar dunkler erscheinen.

3.4 Beschreiben Sie anhand eines Beispiels, was man unter einem Komplementärkontrast versteht?

Das grüne Kleid einer Kundin bringt ihr rotes Haar (= Komplementärfarbe zu Grün) voll zur Geltung.

3.5 Erklären Sie den Begriff „Simultankontrast".

Jede Farbe nimmt etwas von der Gegenfarbe des Umfeldes an.

3.6 Wovon hängt es ab, ob die Schuppenschicht der Haare glänzend oder matt aussieht?

Es hängt von der Beschaffenheit der Schuppenschicht ab. Die Schuppen einer unbeschädigten, glatten Schuppenschicht reflektieren das Licht – das Haar glänzt. Eine geschädigte Schuppenschicht reflektiert das Licht gestreut, ja absorbiert es sogar teilweise. Das Haar erscheint damit glanzlos.

Grundlagen Farbenlehre

4 Farbberatung und Farbtyp

4.1 Beschreiben sie das Ziel einer Farbberatung.

Das Ziel einer Farbberatung ist es, eine Harmonie zwischen Haar-, Haut- und Augenfarbe einerseits und dem Make-up und der Kleidungsfarbe anderseits zu erreichen.

4.2 Warum ist es wichtig, dass eine Kundin die richtigen Farben trägt?

Die Kundin sollte sich wohl fühlen, die Farben sollten zu ihr passen. Sie kann damit ihre Ausstrahlung positiv beeinflussen.

4.3 Bei einem Farbordnungssystem (z. B. Farbkarte) unterscheidet man zwischen:
a) Farbtiefe und
b) Farbrichtung.
Erklären Sie diese beiden Begriffe.

a) Die **Farbtiefe** ist die Helligkeit der Haare, sie reicht von Lichtblond bis Schwarz. Entscheidend ist die Menge des Pigments. Besonders wichtig ist hierbei das Eumelanin (= dunkles, braun-schwarzes Pigment).

b) Die **Farbrichtung** der Haare wird vom Mischungsverhältnis von Eumelanin und dem Phäomelanin (= helles, gelb-rötlich erscheinendes Pigment) bestimmt.

4.4 Außer von der Pigmentmenge und dem Mischungsverhältnis wird die Haarfarbe noch von anderen Faktoren bestimmt. Nennen Sie vier solcher Faktoren.

1. Art der Lichtquelle (Beleuchtung)
2. Farben der Umgebung
3. Beschaffenheit der Schuppenschicht
4. Verunreinigungen der Haare durch Talg, Schweiß und Spray

4.5 Warum unterziehen sich Kunden farbverändernden Haarbehandlungen? Nennen Sie fünf Gründe.

1. Unauffällige Korrektur der natürlichen Haarfarbe.
2. Ergrautes oder weißes Haar soll in einer Naturfarbe überdeckt werden.
3. Die natürliche Haarfarbe soll bewusst in eine modisch aktuelle Haarfarbe verändert werden.
4. Neugierde – Lust auf Veränderung.
5. Nachahmung – Kundin möchte z. B. auch so eine „tolle" Haarfarbe wie ihre Kollegin.

© Holland + Josenhans

Grundlage Farbenlehre

4.6 Viele Färbemittelhersteller bestimmen die Haarfarbe nach Farbtiefe und Farbrichtung durch eigene Ordnungssysteme. Wie sind solche Systeme aufgebaut?

Solche Ordnungssysteme legen in einer senkrechten Spalte die verschiedenen Farbtiefestufen und in einer waagerechten Spalte die Farbrichtungsstufen fest. Die gewünschte Zielfarbe lässt sich aus dem Schnittpunkt von Farbtiefestufe und Farbrichtungsstufe ablesen (Unterschiede in den Farbbezeichnungen sind aufgrund firmeneigener Farbbezeichnungen möglich).

4.7 Bei einer Typberatung ist die Einteilung in Jahreszeitentypen sehr verbreitet. Nennen Sie die Merkmale, aufgrund deren Sie eine Einteilung vornehmen können.

Merkmale sind kundenindividuelle Farbeigenheiten von Haar-, Haut- und Augenfarbe.

4.8 Eingeteilt werden die Menschen nach Sommer- und Wintertypen, während die Frühlings- und Herbsttypen fein abgestimmt dazwischen liegen. Ordnen Sie die beiden Farben Goldblond und Schwarz den beiden Grundtypen zu.

Goldblond = Sommertyp
Schwarz = Wintertyp

4.9 Modefarben wechseln ständig und sind oft nicht identisch mit den Lieblingsfarben der Kunden. Welche Verantwortung hat der Friseur deshalb bei der Farbberatung?

Lieblingsfarben hat man oft ein ganzes Leben. Nur was man als „modern" empfindet, ändert sich mit der Mode. Der Friseur muss oft Beratungskompromisse schließen zwischen den Farben, die der Kunde mag und denen, die zu den kundenindividuellen Farbgegebenheiten passen.

Farbverändernde Haarbehandlungen

1 Blondieren

1.1 Warum wird blondiert? Nennen Sie drei Gründe.

1. Blondiermittel sollen die Haare um mehrere Nuancen aufhellen.
2. Durch eine Blondierung wird das natürliche Pigment des Haares aufgehellt und dadurch das Haar für eine nachfolgende Einfärbung in natürlichen Farbtönen vorbereitet.
3. Blondiermittel können auch zur Aufhellung von künstlich erzeugten Haarfarben verwendet werden, z. B. zur Korrektur von zu dunklen Färbeergebnissen oder unerwünschten Farbrichtungen

1.2 Erklären Sie das Wirkungsprinzip einer Blondierung.

Unter **Blondierung** versteht man das Aufhellen der natürlichen Pigmente des Haares oder von künstlichen Farbstoffen. Als Blondiermittel wird meistens das Oxidationsmittel H_2O_2 in 6–9 %iger Konzentration verwendet. Durch Blondieren wird das Melanin in seiner chemischen Struktur angegriffen. Bei extremer Aufhellung werden die Pigmente vollständig abgebaut.

1.3 Beschreiben Sie drei Blondiermittel von unterschiedlicher Beschaffenheit.

a) **Blondiergranulate** enthalten gebundene Pufferstoffe die das Blondiergemisch andicken. Zusätze von Gel bildenden Stoffen verbessern die Konsistenz.
b) **Blondieremulsionen** können cremeförmig oder dünnflüssig sein. Sie sind immer Ö/W-Emulsionen.

→

▷ *Fortsetzung der Antwort* ▷

c) Blondiergele haben als Basis Gel bildende Substanzen. Diese Mittel sind entweder pulverförmig im Handel erhältlich und bilden nach dem Vermischen mit dem Oxidationsmittel ein Gel, oder sie werden bereits gebrauchsfertig als Gel angeboten.

1.4 Welche Bestandteile sind in Blondiermitteln enthalten?

Bestandteile von Blondiermitteln sind:
- Alkalisierungsmittel
- Oxidationsmittel
- Verdickungsmittel
- Netzmittel
- Stabilisatoren (Komplexbildner)
- Farbstoffe
- Schutzstoffe

Zusatzstoffe können sein:
- Blondierverstärker (zusätzliche Alkalisierungs-, Oxidations- und Mattierungsmittel)

1.5 Nennen Sie die wichtigsten Aufgaben der Alkalisierungsmittel.

Alkalisierungsmittel
- lassen den Haarschaft quellen und machen ihn aufnahmefähig,
- neutralisieren die stabilisierende Säure des Wasserstoffperoxids (H_2O_2) und ermöglichen dadurch eine Sauerstoffabspaltung,
- fördern den Blondiervorgang, da die Oxidation der Pigmente nur im alkalischen Bereich abläuft.
- Alkalische Ammoniumsalze wirken als Pufferstoffe. Sie können Ammoniak abspalten, um das während der Einwirkzeit entweichende flüchtige Alkali eine begrenzte Zeit lang nachzuliefern. Dadurch wird der pH-Wert stabilisiert und die Einwirkzeit verlängert.

1.6 Welche Aufgaben haben im Blondiermittel a) Verdickungsmittel, b) Netzmittel?

a) **Verdickungsmittel** verhindern das Ablaufen und Überlaufen des Blondierbreis in Bereiche, die nicht aufgehellt werden sollen.
b) **Netzmittel**, z. B. WAS, ermöglichen ein gleichmäßiges Benetzen des Haares und fördern das Eindringen des Blondiermittels.

1.7 Welche Aufgabe haben Schutzstoffe als Bestandteil von Blondierungsmitteln?

Das Blondieren bedeutet eine erhebliche Beeinträchtigung der Haarstruktur. Schutzstoffe (z. B. fettähnliche Stoffe oder Wachse) sollen Schäden der Haarstruktur abmildern.

1.8 a) Warum enthalten Blondierungsmittel Farbstoffzusätze? b) Nennen Sie ein Farbbeispiel.

a) Sie sollen unerwünschte Nuancierungen überdecken.
b) Blau- oder Blauviolettöne sollen unerwünschte Gelb-Orange-Nuancierungen durch ihre Komplementärwirkung überdecken.

1.9 Warum können Blondierungen bei braunem Haar leicht zu einem Orange- oder Gelbeffekt führen?

Die graubraunen Pigmente oxidieren leichter als die rotgelben Pigmente.

1.10 Welche chemischen Vorgänge bewirken eine Blondierung?

Durch das Zusammenbringen von Blondier- und Oxidationsmitteln wird die Säure, mit der das H_2O_2-Präparat stabilisiert ist, neutralisiert, sodass Sauerstoff abgespalten werden kann. Das im Blondiermittel enthaltene Alkali hat das Haar aufgeschlossen, sodass das Oxidationsmittel im Haar wirken kann.
Der abgespaltene, atomare (aktive) Sauerstoff verbindet sich mit den Pigmenten (= Oxidation). Dabei wird ein Teil des Haarfarbstoffes abgebaut bzw. chemisch so verändert, dass er seine Farbigkeit verliert.

→

Farbverändernde Haarbehandlungen

▷ *Fortsetzung der Antwort* ▷

Durch eine abschließende Behandlung mit sauer reagierenden Präparaten (z. B. Sauerspülung) müssen Alkalireste neutralisiert, Oxidationsmittelreste unwirksam gemacht und das Haar adstringiert werden.

1.11 Unter welchen Voraussetzungen würden Sie einer Kundin eine Blondierung empfehlen?

a) Wenn das Farbziel 3 bis 5 Stufen heller ist als die Naturfarbe und dieses Ziel mit einer Hellerfärbung nicht erreichbar ist.
b) Wenn gefärbtes Haar aufgehellt werden soll (alkalischer Farbabzug).
c) Wenn dunkleres (z. B. mittelbraunes oder stark rot pigmentiertes) Haar in einem helleren Ton eingefärbt werden soll.
d) Wenn modische Strähnen oder andere Effekte im Haar gewünscht werden.

1.12 Welche Gesichtspunkte müssen Sie bei der Haarbeurteilung vor einer Blondierung beachten?

Für die Haarbeurteilung vor einer Blondierung sind folgende Gesichtspunkte von Bedeutung:
a) **Naturhaarfarbe** (Farbtiefe und Farbrichtung)
b) **Zielfarbe** (gewünschter Farbton)
c) **Haarqualität**

1.13 Womit muss man bei der Blondierung von:
a) **überkraustem und schwammigem Haar,**
b) **porösem und dünnem Haar rechnen?**

a) **Überkraustes und schwammiges** Haar lässt sich nur sehr schlecht blondieren. Man muss mit weiterer Verschlechterung des Haarzustandes rechnen.
b) **Poröse und dünne** Haare reagieren intensiver auf die Blondierung. Man muss mit großer Empfindlichkeit der Haare rechnen.

Farbverändernde Haarbehandlungen

1.14 Durch welche Faktoren wird der Aufhellungsgrad bei einer Blondierung bestimmt?

Der **Aufhellungsgrad** beim Blondieren wird bestimmt durch
- die Art des Blondiermittels,
- den Zusatz von Blondierverstärkern,
- die H_2O_2-Konzentration,
- die Dauer der Einwirkzeit.

1.15 Worauf ist beim Ansetzen der Blondiermasse besonders zu achten?

a) Das Blondiermittel darf erst unmittelbar vor dem Auftragen mit Wasserstoffperoxid gemischt werden, da die Sauerstoffabspaltung bereits kurz nach dem Ansetzen beginnt.
b) Der Blondierbrei darf nicht mit Metallgegenständen in Berührung kommen. Die katalytische Wirkung der Metalle würde die Sauerstoffabspaltung beschleunigen und könnte dadurch Haarschädigungen verursachen.

1.16 Warum sollte das Haar im Allgemeinen vor einer Blondierung nicht gewaschen werden?

Der Fettschutz auf der Kopfhaut sollte erhalten bleiben.

1.17 Welche weitere Hautschutzmaßnahme sollte vor einer Blondierung durchgeführt werden?

Die Haut ist vor der Blondierung an den Konturen einzucremen.

1.18 Beschreiben sie den Arbeitsablauf bei einer Erstblondierung.

Mit dem Auftragen beginnt man am Hinterkopf und arbeitet Richtung Nacken, anschließend wird die Vorderkopfpartie behandelt. Bei farblich unterschiedlichen Haarpartien werden die dunkelsten Partien zuerst behandelt. Bei einer Erstblondierung sind zuerst die Längen, dann die Spitzen und zuletzt die Ansätze mit Blondierbrei einzustreichen, da in Kopfhautnähe der

→

▷ *Fortsetzung der Antwort* ▷

Blondiervorgang durch die höhere Temperatur schneller wirkt. Außerdem ist das Haar im Ansatz noch nicht so stark verhornt. Zudem wirkt die Haarfarbe natürlicher, wenn das Haar am Ansatz dunkler ist.

1.19 Worauf ist beim Auftragen des Blondierbreis bei einer Nachwuchsblondierung zu achten?

Hier ist der Blondierbrei nur auf den Nachwuchs aufzutragen. Wird eine weitere Aufhellung des gesamten Haares angestrebt, so ist der Blondierbrei vor Beendigung der Einwirkzeit in die Längen und Spitzen zu verkämmen.

1.20 Je nach der gewünschten Farbwirkung kommen bei Strähnenblondierungen die unterschiedlichsten Strähnentechniken zum Einsatz. Beschreiben Sie drei Beispiele für Strähnentechniken.

a) Bei der Verwendung einer **Folienhaube** sollte das Haar kurz bis mittellang sein. Das Haar wird durchgekämmt und in die gewünschte Richtung gebracht. Nach Aufsetzen der Folienhaube werden mit einer Hakennadel (Häkelnadel) die zu blondierenden Strähnen herausgezogen (die Passform der Haube kann durch Erwärmen mit dem Fön verbessert werden!).

b) Die **Alu-Folien-Technik** ist besonders für längeres Haar geeignet. Die Alu-Folie wird zum Schutz der übrigen Haare unter die aufzuhellenden Strähnen gelegt. Nach dem Auftragen des Blondiergemischs auf die zu blondierenden Strähnen werden diese in Alu-Folie eingepackt.

c) Bei **Kammsträhnen** streicht man das Blondiergemisch auf einen grob gezinkten Strähnenkamm und kämmt es vorsichtig in die gewünschten Partien ein (Strähnen können auch mit einem Pinsel aufgemalt werden).

Farbverändernde Haarbehandlungen

1.21 Warum muss der Blondiervorgang während der Einwirkzeit des Blondiermittels laufend kontrolliert werden?

Die Haare müssen während der Einwirkzeit wiederholt gelockert werden, um Wärmestauungen zu vermeiden. Zur Kontrolle des Farbergebnisses schiebt man die Blondiermasse an mehreren Stellen zurück. Reicht die Aufhellung nicht aus, muss man an diesen Stellen erneut Blondiermasse auftragen.

1.22 Ist es richtig, dass beim Blondiervorgang immer zusätzliche Wärme zugeführt werden muss?

Nein! Wärmezufuhr (über die Körpertemperatur hinaus) kann zwar den Blondiervorgang beschleunigen, ist aber meistens nicht zu empfehlen, um Haut- und Haarschäden zu vermeiden. Bei Verwendung von Verstärkerpulver sollte in der Regel auf zusätzliche Wärme ganz verzichtet werden.

1.23 Wie muss das Haar nach Beendigung der Einwirkzeit des Blondiermittels behandelt werden?

Abschlussbehandlungen bei einer Blondierung sind:
a) Gründliches Ausspülen und schonendes Waschen.
b) Saure Nachbehandlung; dadurch sollen Alkalirückstände neutralisiert, H_2O_2-Reste beseitigt und das Haar adstringiert werden.
c) Als Zusatzbehandlung sind Haarkuren oder Packungen zu empfehlen.

1.24 Nennen Sie vier Einflussgrößen auf das Blondierergebnis.

Das Blondierergebnis hängt ab von
1. der **Ausgangshaarfarbe** (der hohe Anteil von Phäomelanin ist bei einer Blondierung schwer abzubauen!),
2. dem verwendeten **Blondierpräparat** (eine höhere H_2O_2-Konzentration führt zu schnellerer Aufhellung, greift aber die Kopfhaut und das Haar stärker an!),
3. der **Temperatur** (eine Erhöhung der Temperatur beschleunigt ebenfalls den Blondiervorgang – siehe gleiche Probleme wie unter 2.!),

→

▷ *Fortsetzung der Antwort* ▷

4. der **Einwirkzeit** (eine kürzere Einwirkzeit ist schwer kontrollierbar!).
Ziel: ein optimales Farbergebnis bei geringstmöglicher Haarschädigung.

1.25 Stellen Sie zu dem Problem „Schäden beim Blondieren" eine Tabelle auf, die in 3 Spalten folgende Angaben enthält:
1. Spalte: Art des Schadens (2 Schadensarten),
2. Spalte: Ursachen des Schadens,
3. Spalte: Behandlung des Schadens.

Art des Schadens	Ursachen des Schadens	Behandlung des Schadens
1. **Hautrötung -entzündung**	empfindliche Kopfhaut, Allergie, ungenügender Hautschutz, zu hohe H_2O_2-Konzentration, zu hohe Wärmezufuhr	mit kaltem Wasser abspülen, Vollpackung, Blaulichtbestrahlung zur Milderung der Hautrötung, – bei besonders schweren Schäden und Verdacht auf Allergie zum Arzt schicken
2. **sprödes oder schwammiges Haar**	zu hohe H_2O_2-Konzentrationen, zu starkes Blondiermittel (z. B. Blondierpulver statt Gel) zu viel Persalz, Wärmezufuhr	Der Schaden ist nicht mehr zu beheben, er kann nur noch durch Packungen abgemildert werden. Nächstes Mal: Behandlungsplan ändern

1.26 Fertigen Sie zu dem Problem „Fehler beim Blondieren" eine Tabelle an, die in 3 Spalten folgende Angaben enthält:

→

1. **Spalte: Art des Fehlers (3 Fehler),**
2. **Spalte: Ursache des Fehlers,**
3. **Spalte: Korrektur des Fehlers.**

Art des Schadens	Ursachen des Schadens	Korrektur des Fehlers
1. ungleichmäßige Blondierung	– unregelmäßiges Auftragen – zu breit oder zu dick abgeteilte Passées – zu langsames Auftragen	– nochmals blondieren – sorgfältiger auftragen
2. zu geringe Aufhellung	– falsches Blondierpräparat – zu wenig Verstärkerpulver – Gebrauchsanleitung nicht beachtet – zu geringe Einwirkzeit	– Blondierung wiederholen – Einwirkzeit besser überwachen – Gebrauchsanleitung beachten
3. zu starke Aufhellung	– falsches Blondiermittel – zu hohe H_2O_2-Konzentration – zu lange Einwirkzeit	– bei Wiederholung zu helles Haar mit Haarfarbe einfärben – Oxidationsmittelkonzentration reduzieren – Einwirkzeit besser überwachen

2 Tönung, Coloration

2.1 Der Begriff „Tönen" wird in der Praxis leider oft nicht eindeutig verwendet. Grundsätzlich gibt es bei den Haarfärbemitteln zwei Farbstoffarten.
Erklären Sie den Unterschied zwischen beiden Farbstoffarten.

a) **Tönungsmittel** enthalten fertig entwickelte Farbstoffe (**Fertigfarbstoffe**). Sie sind aufgrund ihres chemischen Aufbaus farbig und in der Lage, auf das Haar aufzuziehen und dort eine bestimmte Zeit zu haften.

b) **Haarfarben (Färbemittel)** enthalten unentwickelte Farbstoffe und Fertigfarbstoffe. Die unentwickelten Farbstoffe können sich erst durch Zugabe von Sauerstoff (Oxidation) entwickeln.

Farbverändernde Haarbehandlungen

2.2 Nennen Sie vier allgemeine Aufgaben von Tönungen.

1. Belebung ausdrucksarmer Naturtöne
2. Veränderung der Farbrichtung (Nuance)
3. Abdeckung von nur geringen Weißanteilen im Haar
4. Korrektur eines unerwünschten Farbtones

2.3 Warum bieten Tönungsmittel nur eine eingeschränkte Nuancenauswahl?

Bei einem hohen Anteil von unpigmentiertem Haar (Weißanteil) ist die abdeckende Wirkung von Tönungsmitteln nicht ausreichend.

2.4 Welchen Vorteil bietet eine Tönung für Kundinnen, deren Zielhaarfarbe noch ungewiss ist?

Die Farbstoffe von normalen Tönungsmitteln waschen sich mit der Zeit wieder aus. Tönungen sind daher zur persönlichen Farbtonfindung und als Einstieg zum Färben bestens geeignet.

2.5 Tönungen gibt es in verschiedenen Präparatformen. Dies ist weniger entscheidend. Worin liegt aber der wesentliche Unterschied zwischen den verschiedenen Produktgruppen?

Der wesentliche Unterschied liegt in der Farbstoffkonzentration.

2.6 a) Wie wirken Farbfestiger?
b) Wann werden Farbfestiger verwendet?

a) In Farbfestigern befinden sich direktziehende Farbstoffe. Sie dringen bei unbehandeltem Haar nur oberflächlich in die Schuppenschicht ein und werden bei der nächsten Haarwäsche wieder entfernt.

b) Farbfestiger werden zur Belebung der Haarfarbe verwendet. Sie eignen sich besonders als „Einstieg" in farbverändernde Haarbehandlungen.

2.7 a) Erklären Sie die Wirkungsweise von Tonspülungen.
→

a) Tonspülungen sind Lösungen von direktziehenden Farbstoffen, die vor ihrer Anwendung verdünnt werden
→

b) Wann werden Tonspülungen eingesetzt?

müssen. Tonspülungen sind einfach und schnell anzuwenden. Sie werden in warmem Wasser gelöst und über das Haar gespült, ohne dass eine Einwirkzeit notwendig ist. Tonspülungen können mehrere Haarwäschen überdauern.

b) Tonspülungen werden zum Farbausgleich nach Hellerfärbungen und bei Rotfärbungen verwendet. Sie werden zum Auffrischen von Farbtönen nach dem Dauerwellen, zur farblichen Veränderung von blondierten Strähnen im Haar und zur Feinabstimmung des Farbtons von Haarteilen eingesetzt.

2.8 Wie werden Schaumtönungen angeboten und wie wirken sie?

Schaumtönungen werden in Aerosolpackungen angeboten. Sie enthalten neben fertig entwickelten auch unentwickelte Farbstoffe, die sich erst mit Hilfe des Luftsauerstoffs entwickeln. Schaumtönungen stehen in ihrer Wirkung zwischen Tönungen und Haarfarben. Sie werden in das Haar eingeschäumt. Je länger die Einwirkzeit, desto intensiver wird der Farbton.

2.9 Welche Wirkung haben Tönungsbalsame?

Tönungsbalsame auf Emulsionsbasis weisen meist einen besonders hohen Anteil an wirksamen Farbstoffen auf. Sie gehören zur Gruppe der deckfähigsten und haltbarsten Tönungen (Weißabdeckungsanteil bis zu 30 %!).

2.10 Was versteht man unter einer Intensivtönung?

Intensivtönungen, die mit Wasserstoffperoxid zu verarbeiten sind, enthalten auch Oxidationsfarbstoffe. Da dies Bestandteile der eigentlichen Färbemittel sind, sind Intensivtönungen eher den Haarfarben zuzuordnen.

2.11 Erklären Sie den Begriff „Coloration".

Die Bezeichnung Coloration ist etwas irreführend. Da bei vielen Kundinnen früher eine Abneigung gegen das Färben festgestellt wurde, haben viele Firmen den etwas beschönigenden Begriff Coloration eingeführt.
Im Prinzip enthalten alle Colorationen unentwickelte Farbstoffe und müssen deshalb mit Wasserstoffperoxid gemischt werden (= Oxidation). Die Coloration ist normalerweise etwas transparenter in der Farbentwicklung. Sie deckt zwar weißes Haar, ist aber nicht so farbsatt wie eine Färbung.

3 Färben

3.1 Nennen Sie drei Arten von Farbstoffen.

a) Pflanzenfarbstoffe
b) Oxidationsfarbstoffe
c) Metallsalzfarben

3.2 Warum werden heute Metallsalzfarben im Friseurbereich kaum mehr verwendet?

Kupfer- und Silbersalze z. B. bilden zusammen mit Schwefel Metallsulfide, die das Haar dunkler färben. Werden metallsalzgefärbte Haare mit H_2O_2-haltigen Mitteln behandelt (z. B. Dauerwelle), kann es zu Haarschäden kommen.

3.3 Nennen Sie je drei Vor- und Nachteile von Pflanzenfarben.

Vorteile:
– sie lösen so gut wie keine allergische Reaktionen aus,
– sie reagieren schwach sauer, daher sind keine Haarschäden zu erwarten,
– sie lassen sich bei Kunden mit einer Abneigung gegen chemische Produkte besser verkaufen.

Nachteile:
– beschränkte Farbauswahl,
– Abdeckung von Weißanteilen im Haar ist nur begrenzt möglich,
– die Farbwirkung ist stark von der Haarstruktur abhängig.

Farbverändernde Haarbehandlungen

3.4 Nennen Sie drei Beispiele für Pflanzenfarbstoffen, beschreiben Sie deren Herkunft und die damit erzielbaren Farbtöne.

1. **Henna:** Wird aus den Blättern und Stengeln des Hennastrauches gewonnen. Henna kann verschiedene Rottöne ergeben.
2. **Indigo (Reng):** Herkunft der Blätter ist die Indigopflanze. Indigo ergibt Blauviolettöne.
3. **Walnuss:** Der aus der grünen Schale der Walnuss gewonnene Farbstoff ergibt Brauntöne.

3.5 Warum wird Farbcreme, die hell aus der Tube kommt, nach etwa 20 Minuten dunkler?

Die Farbe (Farbbildner) hat sich durch Luftsauerstoff entwickelt (= Oxidation).

3.6 Aus welchen drei Hauptbestandteilen bestehen Oxidationshaarfärbemittel?

Oxidationshaarfärbemittel enthalten:
a) Farbbildner
b) Nuancierungsfarbstoffe
c) Alkalisierungsmittel

**3.7 Beschreiben Sie die Wirkung von
a) Farbbildnern,
b) Alkalisierungsmitteln.**

a) **Farbbildner (= Oxidationsfarbstoffe):** Sie bilden durch Oxidation künstliche Pigmente. Als Basisfarbstoffe ergeben sie vorwiegend Blond- und Brauntöne; sie bestimmen damit die Farbtiefe.
b) **Nuancierungsfarbstoffe (= direkt ziehende Farbstoffe)** in Gelb-, Rot-, Orange-, Asch-, Silber- oder Matttönen. Sie färben das Haar direkt an und entscheiden über die Farbrichtung.

3.8 Welche Aufgaben hat das Alkalisierungsmittel in Oxidationshaarfärbemitteln?

Ammoniak als Alkalisierungsmittel lässt das Haar quellen, öffnet die Cuticula (Schuppenschicht) und lockert die Cortex (Faserschicht). Damit wird das Haar aufnahmefähig für die Farbbildnermoleküle. Außerdem muss das Alkali die stabilisierende Säure des H_2O_2-Präparats neutralisieren. Da die Entwicklung der

→

▷ *Fortsetzung der Antwort* ▷ Oxidationsfarbstoffe am besten in alkalischer Umgebung erfolgt, fördert das Alkali auch den Oxidationsvorgang. Moderne Färbemittel sollten wegen der haarschädigenden Wirkung der Alkalien mit möglichst geringer Alkalität auskommen.

3.9 Außer den in Frage 3.6 genannten Hauptbestandteilen enthalten Oxidationshaarfärbemittel noch Zusatzstoffe. Nennen Sie diese Zusatzstoffe und beschreiben Sie deren Aufgaben.

a) **Pufferstoffe** (alkalische Salze): Sie steuern die chemischen Vorgänge durch Regulierung des pH-Wertes.
b) **Verdickungsmittel** (als Wirkstoffträger auf Emulsions- oder Gelbasis): Sie verhindern das Ablaufen und erhöhen die Haftung am Haar. Am geeignetsten ist eine Creme-Gel-Kombination; sie schützt und pflegt das Haar.
c) **Netzmittel (Tenside):** ermöglichen ein gleichmäßiges Auftragen und erleichtern das Ausspülen.

3.10 Welche chemischen Vorgänge werden durch:
a) Alkali,
b) H_2O_2,
c) Nuancierungsfarbstoffe,
d) Farbbildner und
e) saure Abschlussbehandlung
beim Färben mit Oxidationshaarfärbemitteln ermöglicht?

a) **Alkali:** öffnet die Schuppenschicht (Cuticula) und lockert die Faserschicht (Cortex), neutralisiert Stabilisierungsäure und aktiviert Sauerstoff aus dem Wasserstoffperoxid (H_2O_2).
b) **H_2O_2:** hellt Naturpigmente auf.
c) **Nuancierungsfarbstoffe** (= Fertigfarbstoffe): färben das Haar direkt an und entscheiden über die Farbrichtung.
d) **Farbbildner:**
– dringen in das Haar ein und werden durch das H_2O_2 zu künstlichen Pigmenten oxidiert (Kupplungsreaktion);
– eine geringe Menge der neugebildeten Pigmente wird wieder abgebaut (Ausgleichsvermögen).

→

Farbverändernde Haarbehandlungen

e) Saure Abschlussbehandlung:
– dient der Neutralisation der Alkalireste und der Adstringierung des Haares.

3.11 Welche drei Fragen sollten vor jeder Oxidationsfärbung geklärt werden?

a) Welche Haarfarbe liegt vor?
b) Welche Haarfarbe wird gewünscht?
c) Welche Haarstruktur liegt vor?

3.12 Der Unterschied zwischen der Tiefe der Ausgangsfarbe und dem Farbziel ist maßgebend für die Wahl der H_2O_2-Konzentration. Welche Faustregel lässt sich zur Bestimmung der H_2O_2-Konzentration aufstellen?

Je dunkler und je lebhafter (rotorange) pigmentiert das heller zu färbende Haar ist, desto höher muss die H_2O_2-Konzentration sein.

3.13 In dünnem Haar konzentrieren sich die Farbstoffe stärker als in dickerem Haar. Welche Grundregel gilt es deshalb zu beachten?

Bei dünnen Haaren sollte die Farbe einen Ton heller als das Farbziel gewählt werden.

3.14 Welche Probleme gibt es beim Färben strukturgeschädigter Haare?

Poröse und schwammige Haare saugen das Färbemittel wie ein Schwamm auf. Dadurch entsteht die Gefahr einer zu großen Farbmittelkonzentration – die Färbung wird zu „satt". Das Farbergebnis ist deshalb oft zu dunkel.

3.15 Welche fünf Fragen sollten zur Bestimmung der vorhandenen Haarfarbe beantwortet werden?

1. Welche Farbtiefe hat das Haar?
2. Wie heißt der Nachbarton der Farbtiefe?
3. Welche Farbrichtung hat das Haar?
4. Welcher Grauanteil liegt vor?
5. Welche Besonderheiten liegen vor?

3.16 Warum muss bei der Bestimmung der vorhandenen Haarfarbe die ganze Kopfbehaarung beurteilt werden?

Die Behaarung des Vorderkopfes, der Seitenpartien und des Hinterkopfes weist meist Farbunterschiede auf.

3.17 Wann kann eine Vorpigmentierung in der Haarfärbepraxis sinnvoll sein?

Eine Vorpigmentierung ist sinnvoll
- wenn Haare mit unterschiedlichem Weißanteil an den verschiedenen Haarpartien zu färben sind,
- als Farbausgleich bei stark porösen Partien (z. B. halten Spitzen Farbe besonders schlecht),
- zur besseren Farbaufnahme bei schwer anfärbbaren Haaren.

3.18 Welche Maßnahmen sollen zum Schutz des Kunden vor einer Farbbehandlung durchgeführt werden?

Zum Schutz des Kunden sollen vor der Farbbehandlung folgende Maßnahmen durchgeführt werden:
a) Allergietest (unverzichtbar bei Erstbehandlungen!).
b) Haarwäsche sollte nur bei stark verschmutztem Haar durchgeführt werden. Keinesfalls darf dabei die Kopfhaut massiert werden.
c) Eincremen der Konturen.
d) Färbeumhang zum Schutz der Kundenkleidung umhängen.

3.19 Welche Bedeutung hat das Haarabteilen für den Färbeerfolg?

Richtiges Abteilen des Haares gewährleistet einwandfreies und zügiges Auftragen des Farbbreis (→ gleichmäßiges Anfärben und einheitliche Haarfarbe).

3.20 Wie werden die Haare beim Färben abgeteilt?

Das Abteilen der Haare erfolgt wie beim Blondieren mit einem Scheitel von Ohr zu Ohr über den Oberkopf. Bei längerem Haar kann auch ein Kreuzscheitel gezogen werden.

→

▷ **Fortsetzung der Antwort** ▷

Bei sehr dunklen Farben empfiehlt es sich, die Konturenhaare zusätzlich 1–2 cm breit abzuteilen und erst zuletzt in den Farbauftrag einzubeziehen. Dadurch werden zu stark angefärbte, unnatürlich wirkende Haarkonturen vermieden.

3.21 Worauf ist beim Ansetzen des Haarfärbemittels zu achten?

Beim Ansetzen des Haarfärbemittels ist zu beachten, dass
– die Gebrauchsanweisung des Herstellers eingehalten wird,
– das Wasserstoffperoxid in der gewünschten Menge (und Konzentration) exakt in einem Messzylinder abgemessen wird,
– das Farbpräparat aus der Tube ausgedrückt wird (Mengeneinteilung auf der Tube erleichtert die Dosierung),
– dem vorgelegten Färbemittel H_2O_2 langsam zugegeben wird,
– Färbemittel und H_2O_2 gut miteinander vermischt werden.

3.22 Welche H_2O_2-Konzentrationen sind im Färbebereich üblich und wofür werden sie angewandt?

Anwendung von
– 3 %igem H_2O_2 für Modefarben, Aschfarben und dunkle Farbtöne ohne Aufhellung,
– 6 %igem H_2O_2 für Ausgleichsfärbungen,
– 9 %igem H_2O_2 für Hellerfärbungen,
– 18 %igem H_2O_2 für hochgradige Hellerfärbungen mit speziellen Haarfärbemitteln.

3.23 Wie wird die Farbe bei
a) Erstfärbungen (Naturnuancen),

a) **Erstfärbungen (Naturnuancen):**
Vom Ansatz bis zur Spitze wird die Farbe in einem Zug aufgetragen. Stärker ergraute Partien sind zuerst, poröse Spitzen zuletzt zu behandeln.

→   →

b) **Erstfärbungen (Gold-, Rot- und Violettnuancen),**
c) **kurzem Nachwuchs (bis 3 cm) und**
d) **langem Nachwuchs (über 3 cm) aufgetragen?**

b) **Erstfärbungen (Gold-, Rot- und Violettnuancen):**
Zuerst werden die Längen, dann die Spitzen und zuletzt der Ansatz behandelt.
c) **Kurzer Nachwuchs (bis 3 cm):**
Zuerst wird der Ansatz behandelt und dann wird in die Längen und Spitzen gekämmt.
d) **Langer Nachwuchs (über 3 cm):**
Zuerst wird der Nachwuchs etwa 1–2 cm über der Kopfhaut behandelt, dann der Ansatz.

3.24 Sollen eine Färbung und eine Dauerwelle durchgeführt werden, so ist zu überlegen, in welcher Reihenfolge dies zu geschehen hat. Untersuchen Sie die beiden Möglichkeiten (1. Färbung, 2. Dauerwelle und 1. Dauerwelle, 2. Färbung) anhand folgender Kriterien:
a) **Einfluss auf das Farbergebnis**
b) **Einfluss auf die Wellung**
c) **Abhilfemaßnahmen**

Reihenfolge	1. Färbung 2. Dauerwelle	1. Dauerwelle 2. Färbung
a) **Einfluss auf das Farbergebnis**	Farbton wird heller und lebhafter	Farbe nimmt schneller an wird dunkler
b) **Einfluss auf die Wellung**	Wellung wird ausgeprägter (stärker)	Wellung wird abgeschwächt
c) **Abhilfemaßnahmen**	Verkürzung der Einwirkzeit des Wellmittels, ausgiebig fixieren, Mattierungsfestiger anwenden.	Verkürzung der Einwirkzeit des Farbbreis, helleren Farbton wählen, stärker dauerwellen.

3.25 Zur Durchführung einer Decoloration (Entfärbung) gibt es die Möglichkeiten des alkalischen und des sauren Abzugs. Untersuchen Sie diese Möglichkeiten anhand folgender Kriterien:
a) Wirkstoffe
b) Chemischer Vorgang
c) Entfärbungsgrad
d) Anwendung

Art (Möglichkeiten)	Alkalischer Abzug	Saurer Abzug
a) Wirkstoffe	Alkali und Oxidationsmittel	Säure und Reduktionsmittel
b) Chemischer Vorgang	Oxidation	Reduktion
c) Entfärbungsgrad	natürliche und künstliche Pigmente	nur künstliche Pigmente
d) Anwendung	stärkere Aufhellung gewünscht. Aufhellung älterer Farben (Färbungen)	leichte Farbkorrekturenn heller Blond- und Pastelltöne unmittelbar nach der Färbung

3.26 Nennen Sie fünf Färbefehler und jeweils die möglichen Ursachen dieser Fehler.

a) **Zu dunkles Färbeergebnis:**
 – zu dunkler Farbton gewählt
 – sehr feines Haar
 – strukturgeschädigtes Haar
 – zu geringe H_2O_2-Konzentration
 – zu lange Einwirkzeit

b) **Zu helles Färbeergebnis:**
 – zu heller Farbton gewählt
 – zu hohe H_2O_2-Konzentration
 – zu kurze Einwirkzeit

c) **Farbe deckt nicht:**
 – zu sparsamer Farbauftrag
 – falsche Auftragtechnik (Reihenfolge der Haarabschnitte)
 – sehr dickes Haar

▷ *Fortsetzung der Antwort* ▷

d) Zu lebhafter Farbton:
- falsche Nuance gewählt
- stark rot pigmentiertes Haar
- zu hohe H_2O_2-Konzentration

e) Scheckiges Haar:
- zu wenig Farbbrei aufgetragen
- Farbüberlagerungen
- zu unterschiedliche Haarqualität

3.27 Welche Korrekturmöglichkeiten gibt es für die in Aufgabe 3.26 genannten Färbefehler?

a) Zu dunkles Färbeergebnis:
- entfärben (Farbabzug)

b) Zu helles Färbeergebnis:
- nochmals färben
- Einwirkzeit genau überwachen, da das Haar porös ist und die Farbe somit schneller und intensiver aufgenommen wird

c) Farbe deckt nicht:
- Behandlung wie b)
- bei Folgebehandlungen ist die Farbe zügiger aufzutragen, eventuell bei stark fettigem Haar vorher leicht waschen

d) Zu lebhafter Farbton:
- Komplementärfarbe als Tönung oder Farbe, je nach Stärke der Korrektur
- bei Folgebehandlungen richtige Farbwahl treffen

e) Scheckiges Haar:
- bei zu dunklen Stellen entfärben
- bei zu hellen Stellen nachfärben
- bei Folgebehandlungen Farbe sehr sorgfältig auftragen

3.28 Welche besonderen Vorsichtsmaßnahmen sind beim Färben der Augenbrauen und Wimpern zu beachten?

a) Um die Unverträglichkeitsgefahr für die empfindliche Haut der Augenlider zu verringern, sind Wimpernfarben mit niedrigem H_2O_2-Gehalt anzusetzen.

→

▷ **Fortsetzung der Antwort** ▷

b) Die Färbemasse soll mit der Haut nicht in Berührung kommen. Sie darf keinesfalls in die Augen gelangen.

c) Da kleine Verletzungen der Haut beim Zupfen der Brauenhaare nicht ausgeschlossen werden können, darf die Form erst nach der Färbung korrigiert werden.

Grundlagen Haut
1 Aufbau und Funktion der Haut

1.1 Junge Menschen haben ein weniger stark ausgeprägtes Hautrelief als ältere Menschen. Wie ist diese Tatsache zu erklären?

Jugendliche Haut befindet sich in einem elastischeren Spannungszustand (= **Tonus**). Außerdem weist die jugendliche Haut einen hohen Wassergehalt auf (= **Turgor**).

1.2 a) Erklären Sie den Begriff „Spaltlinien".
b) Begründen Sie, warum Spaltlinien bei der Gesichtsmassage wichtig sind.

a) Das Hautrelief lässt eine unterschiedlich deutliche Felderung erkennen, bestehend aus stärker ausgeprägten **Längsfurchen** (= **Spaltlinien**) und weniger tiefen **Querfurchen**.

b) Spaltlinien ergeben sich aus der **Richtung der Bindegewebsfasern**, sie **bestimmen** die **Gesichtszüge** und damit die **Faltenbildung**. Spaltlinien sind somit bestimmend für die **Richtung** der Gesichtsmassage.

1.3 Nennen Sie fünf Faktoren, die die Hautfarbe bestimmen.

1. Rassenzugehörigkeit
2. Hautfarbstoff (Melanin)
3. Stärke der Durchblutung und Pigmentierung der Haut
4. Gesundheitszustand
5. Dicke und Fettgehalt der Haut

1.4 Nennen Sie die Gewebeschichten der Haut von außen nach innen.

a) Oberhaut (Epidermis)
b) Lederhaut (Cutis oder Corium)
c) Unterhautfettgewebe (Subcutis)

Grundlagen Haut

1.5 Obwohl die Oberhaut aus einer Zellenart (= Deck- oder Epithelzellen) besteht, ist sie nicht einheitlich, sondern hat fünf Schichten. Nennen Sie diese fünf Schichten von unten nach oben.

1. Basalzellenschicht
2. Stachelzellenschicht
3. Körnerzellenschicht
4. Leuchtschicht
5. Hornschicht

1.6 Die Basalzellenschicht und die Stachelzellenschicht bilden die Keimzone. Erklären Sie die Aufgaben dieser Schichten.

a) **Basalzellenschicht:**
   - Ständige Bildung von Keratin durch **Keratinozyten** (= Keratin bildende Zellen)
   - Bildung von Melanin, dem Farbstoff der Haut, durch **Melanozyten**.
b) **Stachelzellenschicht:**
   Sie ist wasserreich und bildet die Abwehrschranke gegen Fette und fettlösliche Stoffe.

1.7 Erklären Sie den Begriff „Verhornungszone".

Hornschicht, Leuchtschicht und Körnerzellenschicht werden zusammenfassend als Verhornungszone bezeichnet. In diesen Schichten findet die Verhornung der Zellen statt.

1.8 Welche Aufgaben haben die Oberhautschichten der Verhornungszone?

a) Körnerzellenschicht: Hier beginnt der Verhornungsprozess.
b) Leuchtschicht: Die Zellen sind durchscheinend und reflektieren Licht.
c) Hornschicht: flache, verhornte Zellreste, die bald als Schüppchen abgestoßen werden.

1.9 Woraus besteht die Lederhaut und welche Aufgaben haben ihre Bestandteile?

Die Lederhaut ist ein Bindegewebe, das aus **kollagenen und elastischen Fasern** sowie **Bindegewebszellen** besteht. Sie bilden zusammen ein netzartiges Geflecht, das die Lederhaut besonders **reißfest** macht. Feuchtigkeitsge-

→

▷ *Fortsetzung der Antwort* ▷

halt und Elastizität bestimmen zusammen das Aussehen der Haut. Die Bindegewebszellen bilden nach Verletzungen neue Fasern. Die Dicke der Lederhaut beträgt ungefähr 1 mm.

1.10 Die Elastizität des Fasergeflechts der Lederhaut ist entscheidend für den Spannungszustand und damit für das Aussehen der Haut. Wie erklären Sie sich diese Zusammenhänge? Warum nimmt der Spannungszustand der Haut mit zunehmendem Alter ab?

Das Eiweiß der Kollagenfasern, besonders der jugendlichen Haut, kann verhältnismäßig große Mengen Wasser binden. Mit zunehmendem Alter nimmt die Wasserbindefähigkeit der Lederhaut aber ab. Die elastischen Fasern verlieren an Elastizität. Damit hat ältere Haut einen geringeren Spannungszustand als junge Haut.

1.11 Warum wachsen an Narben oft keine Haare mehr?

Narbenhaut entsteht durch das Hochwuchern des Bindegewebes. Sie enthält keine Haarfollikel.

1.12 Wie erklären Sie sich die Entstehung von so genannten „Friseurhänden" (= Hände, die sich immer feucht anfühlen)?

Durch ständigen Umgang z. B. mit Wellmitteln kann die Hornschicht der Haut weitgehend abgelöst werden, sodass verstärkt Gewebsflüssigkeit aus unteren Hautschichten an die Hautoberfläche gelangen kann.

1.13 Woraus besteht das Unterhautfettgewebe (Subcutis) und welche Aufgaben hat es?

Unterhautfettgewebe (Subcutis):
Fettzellen sind traubenförmig angeordnet und werden von Bindegewebsfasern zusammengehalten. Man unterscheidet zwischen:
a) **Baufett** (es bildet Druckpolster) und
b) **Depotfett** (es dient als **Nahrungsreserve** und wird bei Nahrungsmangel abgebaut).
Das Unterhautfettgewebe **schützt** den Körper **gegen Stöße** und **Schläge** und **bildet** eine **Isolierschicht gegen Kälte**.

1.14 Welche Aufgaben haben
a) die Blutgefäße und
b) die Nerven der Lederhaut?

a) **Blutgefäße:**
Sie dienen dem **Stoffwechsel**. Gefäßsysteme der Haut bilden Gefäßschlingen, die bis in die Keimzone der Oberhaut hineinreichen. Außerdem **regulieren sie die Körpertemperatur.**

b) **Nerven:**
Zahlreiche Nerven durchziehen die Haut (Nervenfasern verzweigen sich immer mehr und enden schließlich als so genannte Endkörperchen).

1.15 Nennen Sie die beiden Hautdrüsenarten.

a) Schweißdrüsen
b) Talgdrüsen

1.16 Beschreiben Sie die Funktionsweise von Talgdrüsen.

Talgdrüsen sind Einstülpungen der Oberhaut. Sie treten als Anhanggebilde des Haarfollikels auf. Der Talg (Sebum) bildet sich aus Zellen der Talgdrüse. Vertalgte Zellen gelangen durch den Haarkanal an die Hautoberfläche und damit an das Haar. Auf der Hautoberfläche bilden Hauttalg und Schweiß einen sauer reagierenden Fett-Wasser-Film (Säureschutzmantel).

1.17 Welche Aufgaben hat der Hauttalg auf der Haut?

Hauttalg (Sebum)
- hält die Haut **geschmeidig**,
- wirkt **regulierend** auf den **Wasserhaushalt** und die **Wärmeabgabe** der Haut,
- gibt **Schutz** gegen mechanische und chemische Einwirkungen sowie gegen Witterungseinflüsse,
- wirkt bei der Abwehr von Krankheitserregern mit.

1.18 a) Wie reagiert Schweiß?

a) Schweiß reagiert schwach sauer.

Grundlagen Haut

b) Aus welchen Stoffen besteht Schweiß?

b) Schweiß besteht beim gesunden Menschen zu ca. 98 % aus Wasser. Die restlichen 2 % setzen sich hauptsächlich aus Kochsalz, Harnstoff, Milchsäure und verschiedenen Fettsäuren wie z. B. Buttersäure zusammen.

1.19 Beschreiben Sie die zwei unterschiedlichen Typen von Schweißdrüsen.

a) **Ekkrine Schweißdrüsen:** Sie sind die eigentlichen Schweißdrüsen. Der von ihnen direkt auf der Hautoberfläche abgesonderte Schweiß ist geruchslos.
b) **Apokrine Schweißdrüsen:** Werden auch Duftdrüsen genannt. Sie münden meist oberhalb der Talgdrüsen in den Haarfollikel und sondern neben Schweiß auch Zellreste ab. Die Duftdrüsen befinden sich hauptsächlich in den Achselhöhlen, an der Brust und im Genitalbereich.

1.20 Wie entsteht Körpergeruch?

Die zu den Schweißdrüsen zählenden Duftdrüsen bestimmen den typischen Eigengeruch jedes Menschen (= Hautgeruch). Bei mangelnder Körperpflege zeigen die Absonderungen der Duftdrüsen (im Gegensatz zu den Schweißdrüsen) eine alkalische Reaktion (= guter Nährboden für Hautbakterien). Durch chemische Umsetzung ergibt sich ein unangenehmer Körpergeruch.

1.21 Nennen Sie vier Funktionen der Haut und erklären Sie deren Aufgaben.

a) **Schutz:** z. B. gegen mechanische und chemische Einwirkungen, gegen schädliche Bakterien, gegen UV-Strahlen.

→

Grundlagen Haut

▷ *Fortsetzung der Antwort* ▷

b) **Wärmeausgleich:** durch Verringerung und Verstärkung der Wärmeabgabe zur Regulierung der Körpertemperatur.

c) **Stoffwechsel- und Speicherungsfunktionen:** Stoffausscheidung durch Schweißabsonderung, Anlagerung von Fett und Ansammlung von Wasser, Wirkstoffaufnahme z. B. aus Hautpflegemitteln und Medikamenten.

d) **Wahrnehmungs- und Ausdrucksfunktionen:** Vermittlung von Tastempfindungen, Widerspiegelung von seelischen Zuständen durch Blässe und Erröten.

1.22 Wie schützt sich die Haut gegen mechanische Einwirkungen? Beschreiben Sie drei dieser Schutzmaßnahmen.

a) Der von der Haut abgesonderte Fett-Wasser-Film mildert die Reibung, die Haut wird gleitfähiger.

b) Bei einer verstärkten, immer wiederkehrenden mechanischen Beanspruchung der gleichen Stelle (z. B. an Hand und Fuß) bildet die Haut eine stärkere Hornschicht in Form von Schwielen.

c) Bildung von Wasserblasen als Schutz bei ungewohnt hoher mechanischer Beanspruchung z. B. durch längeres, ständiges Scheuern eines neuen Schuhes an einer bestimmten Stelle des Fußes.

1.23 Erklären Sie wie die Haut sich gegen chemische Einwirkungen und schädliche Bakterien schützt.

Die Haut bildet aus Schweiß und Hauttalg einen sauren Schutzfilm (Säureschutzmantel). Dadurch können schädliche Chemikalien (Basen) bis zu einem bestimmten Grad neutralisiert werden. Gleiches gilt auch für schädliche Bakterien, Viren oder Pilze.

Grundlagen Haut

1.24 Zu den wichtigsten Hautfunktionen gehört der Schutz vor UV-Strahlen. Wie schützt die Haut sich vor diesen ultravioletten Strahlen?

Bei verstärkter Sonnenbestrahlung reagiert die Haut bei der Mehrzahl der Menschen zuerst mit einer Rötung (mehr oder weniger starker Sonnenbrand!) und anschließender Bräunung. Die Oberhaut erhält dadurch mehr Pigmente, die einen Lichtfilter darstellen.

1.25 Beschreiben Sie den Vorgang der Regulierung der Körpertemperatur durch die Haut.

Verstärkte Durchblutung der Haut (Hautrötung) und vermehrte Schweißabsonderung steigern die Wärmeabgabe des Körpers. Schwächere Durchblutung der Haut (Blässe) und eine verminderte Schweißabsonderung verringern die Wärmeabgabe.

2 Störungen der Hautfunktionen, Hautmängel, Hautkrankheiten

2.1 Erklären Sie den Unterschied zwischen Hautanomalien (Hautfehlern) und Hautkrankheiten. Nennen Sie die Aufgabe des Friseurs bei deren Behandlung.

a) **Hautanomalien** entstehen durch Störungen der Hautfunktionen. **Aufgabe des Friseurs** ist es, die normalen Funktionen der Haut zu erhalten bzw. wieder herzustellen.
b) **Hautkrankheiten** werden in den meisten Fällen durch Krankheitserreger hervorgerufen. Ihre Behandlung darf nur vom Facharzt (Hautarzt = Dermatologe) vorgenommen werden, niemals vom Friseur.

2.2 Erklären Sie die Begriffe:
a) Seborrhö und
b) Sebostase
und nennen Sie die Behandlungsmöglichkeiten.

a) **Seborrhö** (= Überfunktion der Talgdrüsen): Die Folge ist eine **fettige Haut.**
Die **Behandlung** erfolgt mit schwefel- und teerhaltigen Präparaten, mit Wirkstoffen wie z. B. Melisse, mit Gesichtswässern (30–40 % Alkoholgehalt).

→

Grundlagen Haut

▷ *Fortsetzung der Antwort* ▷

b) Sebostase (= Unterfunktion der Talgdrüsen): Die Folge ist eine **trockene Haut.**
Die **Behandlung** erfolgt mit vitaminhaltigen Präparaten, durch Gesichtswässer mit geringem Alkoholgehalt.

2.3 **Welche Nebenerscheinungen können bei Seborrhö bzw. bei Sebostase auftreten und wie werden sie behandelt?**

a) Nicht entzündliche Nebenerscheinungen: z. B. Mitesser (Komedonen).
Behandlung: Erweichung der Haut mit heißen Kompressen oder durch ein Dampfbad. Mitesser werden mit dem Komedonenheber ausgedrückt. Anschließend wird mit Gesichtswasser adstringiert.

b) Entzündliche Nebenerscheinungen: z. B. Pickel, Pusteln (Akne) = entzündete Talgdrüsen.
Behandlung:
- Schwefel- und teerhaltige Präparate,
- Wirkstoffe wie z. B. Melisse,
- spezielle Aknepräparate,
- Gesichtswässer mit 30–40 % Alkoholgehalt.

2.4 **Wie kann Akne entstehen? Nennen Sie vier mögliche Gründe.**

1. Vererbte Anlagen
2. Durch Störungen im Stoffwechselbereich (z. B. falsche Ernährung)
3. Durch die so genannte Jugendakne (= Einfluss der Geschlechtshormone während der Pubertät)
4. Durch mangelnde Hygiene

2.5 **Nennen Sie fünf Regeln, auf die Aknepatienten achten sollten.**

1. Zur Hautreinigung spezielle Aknepräparate verwenden.
2. Haut und Haare sorgfältig reinigen.
3. Beim Essen besonders auf eine vitamin- und abwechslungsreiche Kost achten.

→

▷ *Fortsetzung der Antwort* ▷

4. Mäßiger Umgang mit Nikotin und Alkohol (möglichst verzichten!), da diese die Hautdurchblutung verschlechtern.
5. UV-Licht (Sonne, Solarium) wirken meist hautverbessernd.

2.6 In die nebenstehenden Zeichnungen sind die seborrhöischen Bereiche eingezeichnet. Welche Bedeutung haben diese seborrhöischen Bereiche?

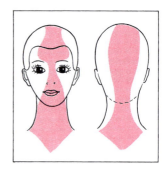

Die seborrhöischen Bereiche neigen besonders zur Bildung von Komedonen und von Akne.

2.7 Welche Verhornungsstörungen der Haut werden unterschieden?

a) Hautgrieß
b) Hühneraugen
c) Schwielen

2.8 Beschreiben Sie das Aussehen, die Ursache und die Behandlung von Hautgrieß.

Hautgrieß (Milien): Nicht entzündliche, stecknadelkopfgroße Körnchen aus Talg und verhorntem Zellenmaterial.
Ursache: Gestörte Verhornung der Oberhaut.
Behandlung: Entfernung des verhornten Körnchens durch Aufritzen der Haut mit einem Milienmesserchen.

2.9 Wodurch werden „Hühneraugen" verursacht?

Hühneraugen (Clavi) entstehen meistens durch drückende Schuhe.

Grundlagen Haut

2.10 Wie sehen Hühneraugen aus und wie werden sie behandelt?

Hühneraugen (Clavi): Eine übermäßige Verhornung der Haut mit tief in die Haut gehenden Hornzapfen.
Behandlung: Beseitigen der Ursache, Erweichen und Lösen der Hühneraugen, z. B. durch Hühneraugenpflaster oder durch eine operative Entfernung.

2.11 Wie entstehen Schwielen, wie sehen sie aus und wie werden sie behandelt?

Schwielen sind eine Verdickung der Oberhaut.
Ursache: Dauernde Überbeanspruchung bestimmter Körperstellen (z. B. Hände, Fußsohlen).
Behandlung: Erweichen und Abtragen (z. B. durch Hornhauthobel). Aus Fußschwielen können Hühneraugen entstehen.

**2.12 Bei den Pigmentstörungen der Haut unterscheidet man
a) Pigmentanhäufung und
b) Pigmentmangel.
Beschreiben Sie je ein Beispiel.**

a) **Pigmentanhäufung:** z. B. Sommersprossen = anlagebedingte gelbliche oder bräunliche Pigmentanhäufungen, besonders bei blonden oder rothaarigen Menschen mit pigmentarmer Haut.
b) **Pigmentmangel:** z. B. Albinismus = angeborener Pigmentmangel der gesamten Haut sowie der Augen. Albinos haben daher meist eine milchig weiße Haut, weiße Haare, eine blassrote Regenbogenhaut der Augen und tiefrote Pupillen.

2.13 Beschreiben Sie das Aussehen von Muttermalen (Leberflecken).

Muttermale sind angeborene, hellbraun bis dunkelbraun gefärbte Hautbezirke mit vermehrter Pigmenteinlagerung. Sie sind teilweise glatt, teilweise aber auch warzenförmig über die Haut gestülpt.

Grundlagen Haut

2.14 Warum sollten Veränderungen von Muttermalen unbedingt vom Arzt untersucht werden?

Beginnen Muttermale zu wachsen oder sich farblich zu verändern (Dunkelfärbung) könnte es sich um ein malignes Melanom, eine Hautkrebsform („Schwarzer Krebs") handeln. Bei einer Früherkennung sind die Chancen auf eine Heilung gut.

2.15 Nennen Sie drei Blutgefäßfehler der Haut.

1. Äderchenzeichnung (Teleangiektasien)
2. Feuermale
3. Blutschwamm

2.16 Eine Friseurin hat bei einem Kunden aus Unachtsamkeit auf dem Kopf einen Grützbeutel mit dem Kamm aufgerissen.
a) Was versteht man unter Grützbeuteln?
b) Wie hat sich der Friseur zu verhalten?

a) **Grützbeutel** sind gutartige, erbsen- bis hühnereigroße Hohlräume, die sich mit abgestorbenem Zellmaterial füllen.
b) **Behandlung:** sofort einstellen, mit keimfreier Mullbinde oder Ähnlichem abdecken und den Kunden sofort zum Arzt bringen.

2.17 Nennen Sie drei mögliche Formen von entzündlichen Hautveränderungen.

1. Ekzeme
2. Schuppenflechte
3. Bartflechte

2.18 Beschreiben Sie mögliche Erscheinungsbilder und Entstehungsgründe von:
a) Ekzemen und
b) Schuppenflechten.

a) **Ekzeme:** Hautentzündungen; sie äußern sich meist durch Erscheinungen wie Flecke, Juckreiz, Bläschen, Nässe und Schuppen. Sie treten als Folge einer Überempfindlichkeit gegen bestimmte Stoffe auf (= Allergie).

→

Grundlagen Haut

▷ *Fortsetzung der Antwort* ▷

b) **Schuppenflechte:** Weit verbreitete, entzündliche, aber nicht ansteckende Verhornungsstörung. Sie ist besonders ausgebildet in den Haaransatzbereichen. Es bilden sich rote Stellen, die mit hellen Schuppen bedeckt sind. Nach Entfernung der Schuppen erscheinen Blutpunkte.

2.19 **Beschreiben Sie die beiden Formen der Bartflechte.**

a) **Bartflechte, nässende Form:** Vereiterung der Haarfollikel, beginnend um den Mund. Um das Barthaar herum bilden sich Pusteln. Das Haar kann leicht und schmerzlos entfernt werden. **Ansteckungsgefahr: gering!**

b) **Bartflechte, tiefe Form:** wird durch Pilzbefall hervorgerufen. Bei dieser Form der Bartflechte handelt es sich um krustenartige Entzündungen, die auch auf die behaarte Kopfhaut übergreifen können. **Ansteckungsgefahr: groß!**

2.20 **Durch welche Stoffe können im Friseurbereich Ekzeme verursacht werden? Nennen Sie fünf Stoffe.**

1. Seifen- oder Waschmittellösungen
2. Dauerwellflüssigkeit
3. Blondierlösung
4. Haarfärbestoffe
5. Parfüms

Kosmetik
1 Nagelpflege und -modellage

1.1 In den folgenden zwei Skizzen sind die Bestandteile des Fingernagels durch Zahlen gekennzeichnet. Benennen Sie die mit den Zahlen ① bis ⑨ gekennzeichneten Bestandteile des Fingernagels.

① Nagelplatte
② Nagelfalz
③ Möndchen
④ Nagelhaut
⑤ Nagelwall
⑥ Nagelsaum
⑦ Nagelbett
⑧ Mutterschicht (Matrix)
⑨ Nagelwurzel

1.2 Erklären Sie den Vorgang des Nagelwachstums beim Fingernagel.

Am Ende des Nagelbetts befinden sich die **Mutterschicht** und die **Nagelwurzel**, aus der der Nagel herauswächst.
Das Wachstum (ca. 2 mm wöchentlich) wird durch **ständige Zellteilung** in der Mutterschicht hervorgerufen.

1.3 Welche Form haben die unter den Punkten ⓐ bis ⓔ abgebildeten Fingernägel?

→

Kosmetik

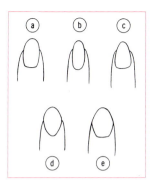

ⓐ normal gewölbt
ⓑ lang und schmal
ⓒ trapezförmig (hinten breit)
ⓓ trapezförmig (vorne breit)
ⓔ kurz und breit

1.4 Eine der häufigsten Nagelverfärbungen sind weiße Flecke auf der Nagelplatte. Worin sehen Sie die möglichen Ursachen für diese weißen Flecke?

Weiße Flecke auf der Nagelplatte entstehen durch Lufteinschlüsse zwischen den verhornten Zellen der Nagelplatte. **Ursachen: Beschädigung der Nagelplatte** beim Zurückschieben oder Entfernen des Nagelhäutchens mit scharfen Metallgegenständen (in seltenen Fällen sind weiße Flecke auf der Nagelplatte ein Zeichen für Leber- oder Nierenkrankheiten).

1.5 Viele Kunden beklagen sich über Brüchigkeit oder Erweichungen der Nagelplatte. Nennen Sie vier mögliche Gründe dafür.

a) **Falsche Ernährung** (Vitamin A- oder Eisenmangel)
b) **Stoffwechselstörungen**
e) **Auslaugung** durch stark entfettende oder Horn lösende Chemikalien (z. B. Wasch- und Putzmittel)
d) **Fingernagelkauen**

1.6 Eine Kundin ist besorgt über Querrillen in ihren Fingernägeln. Welche mögliche Gründe können Sie dieser Kundin für diese Erscheinung nennen?

Querrillen sind **Wachstumsstörungen** des Nagels, hervorgerufen durch
- **Schädigung der Nagelplatte** durch scharfe Gegenstände,
- **unsachgemäßen Umgang mit Nagelhautentferner** (wenn dieser bis zur Nagelwurzel vordringen kann),
- **gesundheitliche Störungen**.

1.7 Welche Ursachen können Längsrillen in der Nagelplatte haben?

Längsrillen können zurückgeführt werden auf
- eine unregelmäßige Papillarschicht des Nagelbetts
- normale Alterserscheinungen (bei stärker ausgeprägten Längsrillen).

1.8 Erklären Sie die Begriffe: a) Holznagel und b) Nagelmykose.

a) **Holznagel:** Er entsteht meist durch eine **Änderung der Wuchsrichtung** (Grund: meist Verletzungen). Der Holznagel **wächst nach oben und seitwärts** → **Verdickung des Nagels**. Die Struktur des Holznagels ist morsch.

b) **Nagelmykose: Pilzerkrankung** des Nagels, vor allem an den gefährdeten Stellen Nagelfalz und Nagelhäutchen (hier können sich bei Verletzung Pilze festsetzen). Es entstehen **gelbliche oder graugrünliche Verfärbungen** des Nagels, der Nagel **verdickt, fasert** und **blättert ab.**

1.9 Ein Kundin kommt mit einer Nagelmykose zu Ihnen zur Maniküre. Wie verhalten Sie sich?

Da die **Mykose einen Pilzbefall** darstellt, darf der Friseur wegen Übertragungsgefahr keine Handpflege durchführen.

1.10 a) Was versteht man unter einem malignen Melanom im Nagelbereich? b) Woran lässt sich dies erkennen?

a) Schwarzer Krebs im Bereich des Nagelbettes oder der Nagelmatrix.
b) Erkennbar an streifenförmigen Schwarzfärbungen in der Nagelplatte.

1.11 Nennen Sie die zur Nagelpflege notwendigen Geräte

a) Nagelhautschere
b) Nagelschere
c) Nagelzange
d) Hautzange
e) Nagelfeile
f) Sandblattfeile
g) Nagelreiniger
h) Hautmesserchen
i) „Pferdefüßchen"
j) Nagelhautschieber
k) Radierstäbchen
l) Nagelpolierer

Kosmetik

1.12 Welche Vorarbeiten sind nötig, ehe Sie mit der Durchführung einer Maniküre beginnen können?

a) **Nageldiagnose:**
   - Feststellung der Nagelqualität
   - Festlegung der Grundform des Nagels
   - Abstimmung der zu verwendenden Mittel
   - Abstimmung der durchzuführenden Maßnahmen
b) **Vorbereitung des Arbeitsmaterials** und der benötigten **Mittel**
c) **Schutzmaßnahmen**

1.13 In welcher Reihenfolge wird eine Maniküre durchgeführt?

a) Entfernung des Nagellacks
b) Formfeilen der Nägel (Beginn: linke Hand, kleiner Finger)
c) Auftragen und einmassieren von Nagelöl oder Nagelcreme auf die Nagelhaut
d) Eintauchen der Nägel der linken Hand in warmes Seifenwasser (während die Nägel der linken Hand in Seifenwasser aufweichen, werden die Arbeiten b) und c) an der rechten Hand durchgeführt)
e) Abtrocknen der Finger der linken Hand (rechte Hand ins Seifenwasserbad)
f) Auftragen des Nagelhautentferners
g) Zurückschieben der Nagelhaut
h) Ablösen loser Hautteilchen
i) Abknipsen eingerissener Nagelhautränder mit der Hautzange
j) Die Arbeitsgänge e) bis i) werden jetzt an der rechten Hand durchgeführt
k) Handmassage
l) Sorgfältiges Trockenreiben und Reinigen der Finger und Nägel (Fett!)
m) Auftragen (dünn) von Unterlack und Nagelhärter in T-Form
n) Auftragen des Nagellacks in zwei Schichten (1. Schicht dünn, 2. Schicht etwas dicker)
o) Kontrolle der Arbeit

1.14 Beschreiben Sie die Griffe zur Hand- und Fingermassage.

Die Hand sollte immer in Richtung vom Nagelglied zur Handwurzel massiert werden.
Friktionen (= kreisendes Massieren) mit dem Daumen an den einzelnen Fingern
Ausstreichen der Finger vom Nagelglied zum Handrücken
Friktieren des Handrückens mit dem Daumen
Massieren des Handrückens mit dem Daumenballen in kreisenden Bewegungen
Ausstreichen des Handrückens mit dem Daumen und Kneten der Handaußen- und -innenkanten zwischen Daumen und Zeigefinger
Kräftiges Ausstreichen der Handinnenflächen mit beiden Daumen
Friktieren der Handinnenflächen mit beiden Daumen
Friktieren zwischen den Grundgliedern der Finger mit dem Daumen
Ausstreichen von Fingern und Hand von den Fingerspitzen zum Unterarm mit der ganzen Hand.

1.15 Nennen Sie die Inhaltsstoffe von Nagelpflegemitteln und deren wichtigste Bestandteile.

a) Nagelhautentferner:
Natron- bzw. Kalilauge (Konzentrationen bis höchstens 5 %), Feuchthaltemittel z. B. Glycerin.

b) Nagellack:
- Pigmente und Farbstoffe sind die farbgebenden Inhaltsstoffe
- Weichmacher zur Verbesserung der Elastizität,
- Filmbildner gewährleisten als Grundlage des Lacks den überdeckenden Film auf dem Nagel,
- Lösungsmittel sind entscheidend für die Trocknungszeit,
- Rückfetter.

→

▷ *Fortsetzung der Antwort* ▷

c) Nagellackentferner:
Lösungsmittel wie z. B. Aceton, rückfettende Substanzen, z. B. pflanzliche Öle und Lanolin.

d) Nagelhärter:
Glycerin, Formaldehyd, Säuren.

e) Nagelcreme:
Emulsionen mit pflegenden Zusätzen, z. B. Proteinen.

1.16 Aus welchen Gründen würden Sie einer Kundin eine Nagelmodellage empfehlen?

Eine Nagelmodelllage ist zu empfehlen
- zur Verlängerung kurzer Fingernägel,
- zur Verstärkung dünner Fingernägel,
- zur Ausbesserung beschädigter Spitzen.

1.17 Beschreiben Sie die einzelnen Arbeitsschritte bei der Nagelverlängerung.

a) Entfernung des alten Nagellacks.
b) Nagel wird mit feiner Nagelfeile aufgeraut und mit Nagellackentferner gesäubert.
c) Schablone wird so gebogen und unter die Nagelspitze geschoben, dass sie leicht nach unten geneigt ist, damit keine Modelliermasse unter die Nagelspitze gelangen kann.
d) Die Modelliermasse (Gebrauchsanleitung beachten!) wird mit einem Pinsel zuerst auf die Spitze aufgetragen, dann auf Nagel und Schablone getupft (das Auftragen der Modelliermasse wird so lange wiederholt, bis die gewünschte Form und Länge erreicht sind).
e) Überschüssige Modelliermasse muss vor dem Aushärten von den Nagelrändern entfernt werden.
f) Zum Aushärten ist bei manchen Produkten ein spezielles UV-Licht notwendig.
g) Nach dem Aushärten wird die Schablone vorsichtig nach unten abgezogen.

→

Kosmetik

▷ *Fortsetzung der Antwort* ▷

h) Nagel wird nun mit einer Nagelfeile geglättet und geformt.
i) Reinigung mit Nagellackentferner.
j) Auftragen einer farbigen oder farblosen Lackierung.

1.18 Eine Kundin mit dünnen Nägeln möchte eine starke Nagelverlängerung.
a) Was können Sie ihr empfehlen?
b) Wie gehen Sie vor?

a) Kunststoffnägel (Nail-Tips)
b) – Zur Verstärkung der dünnen Nägel wird Modelliermasse in einer dünnen Schicht auf den vorbereiteten Nagel (siehe auch Aufgabe **1.17** !) aufgetragen
– Auftrag von Spezialkleber auf den Naturnagel
– Kunstnagel sofort auf den Naturnagel drücken und bis zum Erhärten des Klebstoffes festhalten (Aushärtezeit lt. Gebrauchsanleitung unbedingt beachten!).

1.19 Nennen Sie drei Möglichkeiten für ein Nageldesign.

1. Aufkleben von fertig dekorierten Kunstnägeln
2. Verwendung von aufklebbaren Bildern
3. Verwendung von Glitterpulver

2 Grundlagen kosmetischer Behandlung

2.1 Was versteht man unter Kosmetik?

Kosmetik = Schönheitspflege.

2.2 Zur Kosmetik gehört auch eine vernünftige Gesundheitspflege. Worauf ist bei der Gesundheitspflege besonders zu achten. Nennen Sie fünf Beispiele.

1. Richtige Ernährung
2. Ausreichender, regelmäßiger Schlaf
3. Kein Missbrauch von Genussgiften, z. B. Nikotin und Alkohol
4. Regelmäßige Körperreinigung
5. Seelische Ausgeglichenheit

2.3 Welche Grundaufgaben gehören zur Kosmetik?

a) Verbesserung des Aussehens
b) Pflege und Gesunderhaltung der Haut
c) Kosmetik hat positive Auswirkungen auf das Selbstbewusstsein und Wohlbefinden des Kunden.

2.4 Erklären Sie die Begriffe:
a) pflegende Kosmetik,
b) dekorative Kosmetik und
c) medizinische Kosmetik.

a) **Pflegende Kosmetik**
 - soll die Haut vor Schädigungen und äußeren Einflüssen (z. B. Austrocknung) bewahren,
 - soll vorzeitigen Alterserscheinungen (Faltenbildung) vorbeugen,
 - soll Hautfunktionsstörungen (fettige, trockene, schuppende Haut) beheben oder zumindest mildern.

b) **Dekorative Kosmetik**
 - soll durch färbende Mittel (Make-up, Lippenstift, Augen-Make-up) Hautmängel (z. B. Röte, Blässe, Blutgefäß- oder Pigmentstörungen) abdecken und ausgleichen,
 - soll eine Korrektur (Veränderung oder Betonung) von Mund-, Nasen-, Augen- und/oder Gesichtsform ermöglichen.

c) **Medizinische Kosmetik**
 - behandelt Hautschäden und Schönheitsfehler bis hin zu kosmetischen Operationen (z. B. Nasenkorrektur, Lifting, Abschleifen von entstellenden Narben).

2.5 Wer darf Maßnahmen der pflegenden, dekorativen und medizinischen Kosmetik durchführen?

Maßnahmen der
a) **pflegenden und dekorativen Kosmetik** können von der Friseurkosmetikerin durchgeführt werden.
b) **medizinischen Kosmetik** sind Aufgabe des Arztes.

2.6 Welche kosmetischen Tätigkeiten können in einem Friseursalon ohne Spezialausstattung durchgeführt werden? Nennen Sie fünf Beispiele.	1. Kosmetische Beratung 2. Verkauf kosmetischer Präparate 3. Handpflege 4. Gesichtsmassage 5. Make-up-Gestaltung
2.7 Welche Grundkenntnisse in welchen Wissensgebieten werden bei einer Kosmetikerin vorausgesetzt?	**Biologie:** – Stoffwechselvorgänge – Aufbau der Haut – Funktionen der Haut – Störungen der Hautfunktionen – Hautmängel – Hauttypen – Lage und Funktion der Gesichtsnerven – Aufbau und Funktion der Gesichts- und Halsmuskulatur **Chemie:** – Rohstoffe für Kosmetika – Zusammensetzung und Wirkung der Kosmetikpräparate **Physik:** – Bestallungen – Wirkungen von Hochfrequenzstrom – Umgang mit Elektrogeräten **Hygiene:** – Infektionsgefahren – Desinfektionsmittel und -maßnahmen **Psychologie:** – Umgang mit Kunden – Typberatung
2.8 Welche Aufgaben hat ein Vorgespräch (Diagnosegespräch) mit der Kundin bei einer kosmetischen Behandlung?	Das Diagnosegespräch dient – der Erkundung der kosmetischen Vorgeschichte (Anamnese). Wesentliche Angaben sollten in der Kundenkartei/-datei vermerkt werden. – der Kundin, denn sie erkennt dadurch, dass ihre Schönheitssorgen ernst genommen werden. – der Herstellung einer gegenseitigen Vertrauensbasis.

3 Hautdiagnose

3.1 Welche wichtigen Punkte sollten im Verlauf der Anamnese geklärt werden?

a) Die persönliche Hautpflege (z. B. verwendete Reinigungs-, Pflege- und Make-up-Präparate, Pflegegewohnheiten)
b) Die bisher gemachten persönlichen Erfahrungen mit Kosmetika (z. B. Empfindlichkeiten, Unverträglichkeiten)
c) Etwaige körperliche Leiden (z. B. Stoffwechsel- und Kreislaufstörungen)
d) Die berufliche Tätigkeit (z. B. Arbeitsplatz, Klimaanlage, Luftfeuchtigkeit)
e) Die Lebensgewohnheiten (z. B. Ernährung, körperliche Betätigung, Aufenthalt im Freien)
f) Das Alter

3.2 Warum ist eine genaue Hautdiagnose eine wichtige Voraussetzung für eine erfolgreiche Behandlung? Erklären Sie dies anhand eines Beispiels.

Wird z. B. eine Aknehaut mit einem falschen Präparat behandelt, weil dieser Hauttyp nicht richtig erkannt wurde, kann es zu einer Verstärkung der Probleme kommen.

3.3 Welche Hautmerkmale sind bei einer Hautdiagnose zu prüfen?

a) **Talg- und Schweißdrüsensekretion** (Kopfhaut und Haare, Glanz)
b) **Hautfarbe** (Eigenfarbe der Epidermis, Durchblutung, Transparenz, Pigmentierung)
c) **Elastizität** (Spannungszustand (Tonus), Wassergehalt (Turgor), Faltenbildung)
d) **Oberflächenbeschaffenheit** (Porengröße, Verhornung)
e) **Hautempfindlichkeit**
f) **Hautanomalien** (z. B. Warzen, Milien, Komedonen, Narben, Damenbart)

Kosmetik

4 Hauttypen

4.1 Normalerweise lässt sich die Haut einem Hauttyp zuordnen, wobei allerdings die Übergänge fließend sind. Nennen Sie die verschiedenen Hauttypen.

a) normale Haut
b) trockene Haut (Sebostase)
c) seborrhöische Haut, entweder fettige Haut (Seborrhö oleosa) oder großporige, schuppende Haut (Seborrhö sicca)
d) alternde Haut

4.2 Unterscheiden Sie das Erscheinungsbild der Seborrhö oleosa von dem Erscheinungsbild der Seborrhö sicca bei der Haut.

Seborrhö oleosa:
Sie hat einen auffallenden Fettglanz, die Haut produziert mehr Fett als sie braucht. Sie ist großporig, wirkt derb und dick und neigt zu Akne und Komedonen.
Seborrhö sicca (auch Mischhaut genannt):
Bei der Mischhaut sind die Talgdrüsen nicht gleichmäßig im Gesicht verteilt. Sie ist deshalb nur stellenweise fett, meist im Stirn-Nase-Kinnbereich, während die übrigen Partien eher trockene Symptome aufweisen. Sie reagiert empfindlich mit fleckförmigen Rötungen auf Druck. Meist wirkt die Haut stumpf und leicht schuppig.

4.3 Wie können
a) die Hautfarbe und
b) die Elastizität der Haut untersucht werden?

a) **Untersuchung der Hautfarbe:**
   - durch Betrachten der Augenschleimhaut (unterer, innerer Lidrand)
   - durch Diaskopie (leichter Druck z. B. auf einen auf die Stirn aufgelegten Objektträger lässt das Blut der Kapillaren in tiefer liegende Blutgefäße entweichen und macht somit die Eigenfarbe der Haut sichtbar)

→

▷ *Fortsetzung der Antwort* ▷

b) Untersuchung der Elastizität der Haut:
– durch die Röllchenprobe (Abheben und Verschieben der Haut unter den Augen in Richtung Nase). Sie gibt Aufschluss über Tonus und Turgor.

4.4 Woran erkennt man eine Altershaut?

a) Charakteristisch ist bei einer Altershaut die nachlassende Elastizität und ein trockenes Aussehen.
b) Es kommt zu einer Verdünnung der Epidermis und einer Verkümmerung des Bindegewebes der Haut, das an Wasserbindungsfähigkeit verliert.
c) Die Talg- und Schweißsekretion vermindert sich.
d) Häufig sind Pigmentstörungen (so genannte Altersflecken), Warzen und Gefäßveränderungen (z. B. Äderchenzeichnung).
e) Es kann auch zu einer Damenbartbildung an Kinn und Oberlippe kommen.

5 Hautreinigungsmittel

5.1 Welche Aufgaben haben kosmetische Hautreinigungsmittel der Gesichtshaut?

Kosmetische Reinigungsmittel sollen Schmutz und schädliche Keime entfernen und außerdem dem Wohlbefinden dienen.

5.2 Welche Arten von Hautreinigungsmittel können unterschieden werden?

a) Gesichtswässer
b) Reinigungsmilch (Lotionen)
c) Alkalifreie Seifen, Reinigungsschäume oder Waschlotionen
d) Reinigungscremes

Kosmetik

5.3 Wann würden Sie jeweils die Arten aus Aufgabe **5.2** anwenden? Begründen Sie.

a) **Gesichtswässer:**
Dienen zum Nachreinigen der Haut, auch zum Erfrischen. Für fettige Haut sind Gesichtswässer mit einem höheren Alkoholgehalt (bis zu 50%) zu empfehlen, für trockene und empfindliche Haut sollten Gesichtswässer mit geringem Alkoholgehalt oder gar alkoholfreie verwendet werden.

b) **Reinigungsmilch:**
Meist Ö/W-Emulsionen. Sie lösen (emulgieren) schonend Hauttalg und Rückstände von Make-up und Tagescreme und lassen sich gut abwaschen. Anwendung bei normaler bis trockener Haut.

c) **Alkalifreie Seife, Reinigungsschäume oder Waschlotionen:**
Sie enthalten Syndets (= synthetische waschaktive Substanzen) und reinigen sehr intensiv. Allerdings entziehen sie der Oberhaut Fett und Feuchtigkeit. Um dies auszugleichen, sollten sie Rückfettungsmittel enthalten.

d) **Reinigungscremes:**
Überwiegend vom W/Ö-Typ, z. B. Vaseline. Sie dienen zum Entfernen fettlöslicher Verschmutzungen. Verwendung z. B. beim Abschminken.

5.4 Warum soll nach der Verwendung einer Reinigungscreme Gesichtswasser eingesetzt werden?

Reinigungscremes bestehen vorwiegend aus mineralischen Fetten, die nur mit Gesichtswasser gründlich entfernt werden können. Andernfalls könnten Hautreizungen auftreten.

5.5 Seife ist das meistverwendete Hautreinigungsmittel.

Eine gute Seife muss:
a) duftbeständig sein,
b) fest sein,

Welche Eigenschaften werden von einer guten Seife erwartet?

c) gut schäumen,
d) mild sein.
Diese Eigenschaften müssen bis zum letzten Seifenrest vorhanden sein.

5.6 Welche Wirkungen sollen
a) **medizinische und**
b) **desodorierende Seifen zusätzlich erzielen?**

a) **Medizinische Seife** (u. a.):
– Entzündungslinderung (Hemmung)
– Desinfektion
– Einschränkung von Schuppenbildung

b) **Desodorierende Seife** (u. a.):
– Einschränkung von übermäßigem Körpergeruch

5.7 In einem Beratungsgespräch möchte eine Kundin wissen, warum Seife zur Hautreinigung weniger geeignet ist.

Nachteile beim Gebrauch von Seifen:
a) Seifen reagieren alkalisch (Laugen).
b) Sie bilden mit hartem Wasser Kalkseife.
c) Sie greifen den Säureschutzmantel der Haut an.

6 Gesichtsreinigung

6.1 Bei der Gesichtsreinigung werden drei Stufen unterschieden:
a) **die Vorreinigung,**
b) **die Hauptreinigung und**
c) **die Nachreinigung.**
Nennen Sie die verschiedenen Tätigkeiten die in den einzelnen Stufen jeweils durchgeführt werden.

a) **Vorreinigung:**
– Entfernung des Augen-Make-ups
– Abnehmen des Lippen-Make-ups

b) **Hauptreinigung:**
– Auftragen des Reinigungsmittels
– Unterstützung der Reinigung durch einige Streich- und Friktionsmassagegriffe
– Entfernung des Reinigungsmittels mittels feuchtwarmer Kompressen
– Auflegen von warmen Kompressen und ggf. Anwendung von Gesichtsdampfbädern

c) **Nachreinigung:**
– Wiederherstellung des Säureschutzmantels der Gesichtshaut (Adstringierung)

Kosmetik

6.2 Welche Aufgaben haben bei der Hauptreinigung warme Kompressen und Gesichtsdampfbäder?

Warme Kompressen und Gesichtsdampfbäder bewirken
– eine Erweiterung der Poren,
– eine erhöhte Talg- und Schweißdrüsensekretion.
Dadurch wird die Haut gereinigt und entschlackt.

6.3 Welche Arbeiten müssen bei der Nachreinigung durchgeführt werden und was sollen sie bewirken?

Die **Nachreinigung** dient der Vorbereitung der Haut für nachfolgende Behandlungen. Sie wird mit Wattepads und Gesichtswasser durchgeführt. Durch das auf den jeweiligen Hauttyp abgestimmte Gesichtswasser werden Reste des Reinigungsmittels entfernt, der Säureschutzmantel wiederhergestellt und die Haut wird für weitere Behandlungen aufnahmefähig gemacht.

6.4 Für unreine Haut ist eine Tiefenreingung empfehlenswert. Wie wird diese durchgeführt und worin liegt ihre Wirkung?

Bei einer **Tiefenreinigung** ist heute die Anwendung von heißem Wasserdampf üblich. Dazu eignen sich Gesichtssaunen und Ozongeräte.
Wirkung:
a) Der Wasserdampf regt die Hautfunktionen an, lässt die Haut aufquellen und fördert die Durchblutung.
b) Die Poren werden erweitert, die Haut gibt vermehrt Schweiß ab, der Schadstoffe ausschwemmt.
c) Durch die Erwärmung verflüssigen sich Talgreste, Komedonen (Mitesser) werden erweicht und können leichter entfernt werden.
d) Das Ozon (der Ozongeräte) hat desinfizierende Eigenschaften und wirkt sich besonders günstig auf unreine Haut aus.

Kosmetik

6.5 Erklären Sie den Begriff „Peeling".

Peeling: Auf die Haut aufgetragene biochemisch wirkende Substanzen lösen die Kittsubstanz zwischen den Hornzellen der Hornschicht, sodass die oberen Zelllagen nach einer Einwirkzeit von ca. 15 Minuten abgetragen werden können. Die Abtragung erfolgt bei empfindlicher Haut mit Kompressen, bei unempfindlicher Haut durch abrubbeln. Die Haut wirkt anschließend zarter und gleichmäßiger.

7 Kosmetische Gesichtsmassage

7.1 Welche Ziele werden mit einer kosmetischen Gesichtsmassage verfolgt?

Ziele einer kosmetischen Gesichtsmassage sind:
- die Förderung der Durchblutung und damit eine bessere Versorgung der Zellen mit Sauerstoff und Nährstoffen,
- schnellere Beseitigung der Stoffwechselschlacken,
- Steigerung bzw. Erhaltung der Elastizität der Bindegewebefasern der Haut,
- Straffung der Hautmuskulatur und Vorbeugung gegen Faltenbildung,
- Beruhigung und Entspannung.

7.2 a) Erklären Sie den Begriff „Spaltlinien".
b) Begründen Sie, warum Spaltlinien bei der Gesichtsmassage wichtig sind.

a) Das Hautrelief lässt eine unterschiedlich deutliche Felderung erkennen, bestehend aus stärker ausgeprägten **Längsfurchen** = **Spaltlinien** und weniger tiefen **Querfurchen.**
b) Spaltlinien ergeben sich aus der **Richtung der Bindegewebsfasern,** sie **bestimmen** die **Gesichtszüge** und damit die **Faltenbildung.** Spaltlinien sind somit bestimmend für die **Richtung** der Gesichtsmassage.

7.3 Nennen Sie die verschiedenen Massagearten (sechs Arten) und erklären Sie deren Ausführung und Wirkung (tabellarische Antwort möglich).

Massageart	Ausführung	Wirkung
1. Streichmassage	wird parallel zur Hautoberfläche ausgeführt. Hände schmiegen sich weich streichend den Hauptpartien an.	leichtes Ausstreichen: wirkt beruhigend und entspannend kräftigeres Ausstreichen: fördert die Durchblutung, besonders in den oberen Gefäßlagen
2. Klopfmassage	leichtes Trommeln mit den Fingerkuppen senkrecht auf die Haut	Anregung der Hautfunktionen und Hautnerven
3. Friktionsmassage	Reiben unter Druck in kleinen Kreisbewegungen entlang der Spaltlinien	erhält das Bindegewebe elastisch und beugt der Faltenbildung vor
4. Knet- und Walkmassage	Haut und Muskulatur werden angehoben und gegeneinander verschoben	Anregung des Stoffwechsels, günstige Beeinflussung des Tonus, vorteilhaft bei Doppelkinn, vollen Wangen sowie im Nacken und Schulterbereich
5. Nervenpunktmassage	an- und abschwellender Druck auf die Nevenäste des Trigeminus (über und unter dem Auge sowie am Kinn)	Reizung der Gesichtsnerven und dadurch Belebung der Hautfunktionen

Kosmetik

7.4 Bei einer Gesichtsmassage ist das nachfolgend skizzierte Grundsystem denkbar (es kann in der Praxis abgewandelt oder ergänzt werden – je nach Erfahrung und Gegebenheiten). Benennen Sie anhand der mit den Buchstaben a bis q bezeichneten Skizzen die einzelnen Massagegriffe.

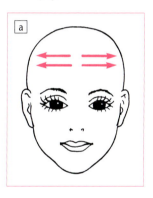

a Stirn ausstreichen

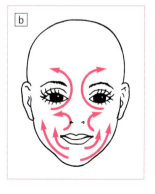

b Großer Gesichtsausstreichgriff

→

Kosmetik

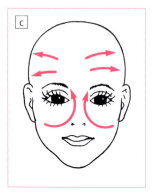

c Großer Augenkreis

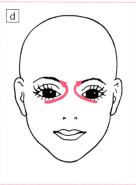

d Kleiner Augenkreis

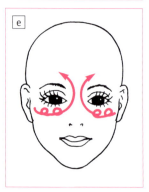

e Massage am Jochbogenrand von außen nach innen

Kosmetik

f Augen zuhalten

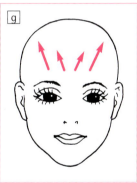

g Zornesfalte ausstreichen

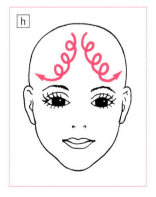

h Friktionen auf der Stirn

Kosmetik

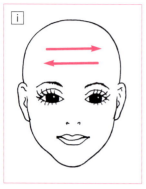

i Stirn ausstreichen – von Schläfe zu Schläfe

j Bindegewebsmassage – von der Nasolabialfalte zu den Schläfen

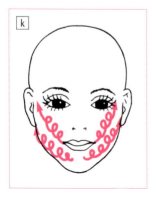

k Bindegewebsmassage – vom Kinn zu den Ohren

Kosmetik

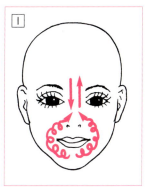

l Friktionen in der Kinnrille und an der Nase

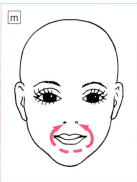

m Ausstreichen des Mundringwinkels

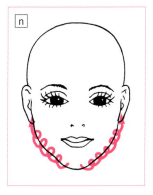

n Friktionen unterhalb des Kinns

→

Kosmetik

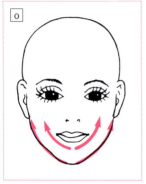

o Ausstreichen der Kinnpartie – von Ohr zu Ohr

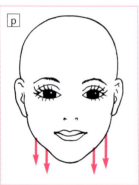

p Seitlich den Hals ausstreichen – von oben

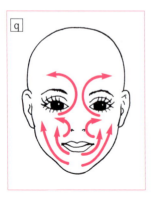

q Großer Gesichtsausstreichgriff

7.5 Wie muss die Abschlussbehandlung nach einer Gesichtsmassage durchgeführt werden und welche Wirkung hat sie?

Durchführung:
Adstringieren der Haut durch kalte Kompressen. Auch eine Eisbehandlung und kühlende Packungen entquellen die Haut.
Saure Gesichtswasser wirken kühlend, adstringierend und desinfizierend.
Wirkung:
Wiederherstellung des Säureschutzmantels der Haut.

7.6 Bei der kosmetischen Gesichtsbehandlung werden Vakuum-Sauggeräte eingesetzt. Eine Kundin möchte über
a) Funktionsweise und
b) Einsatzmöglichkeiten
informiert werden.

a) Funktionsweise:
Vakuum-Sauggeräte haben Saugglocken, die auf die Haut aufgesetzt werden. Diese sind über einen Schlauch mit einem Kompressor verbunden, mit dem sich die Saugwirkung (Entstehung eines Vakuums) steigern oder verringern lässt.

b) Einsatzmöglichkeiten:
- Absaugen von überschüssigem Hauttalg
- Lockerung fest sitzender Komedonen
- Lymphbahnenmassagen
- vorbeugende Faltenbehandlung
- Zupfmassage.

8 Hautpflegemittel und deren Anwendung

8.1 Packungen und Masken sind altbewährte, wertvolle Hautpflegemittel. Von welchen Faktoren hängt deren Wirkung ab?

Wirkung ist abhängig von:
- den enthaltenen oder zugesetzten Wirkstoffen,
- der aufgetragenen Schichtdicke,
- der Temperatur und
- der Einwirkzeit.

Kosmetik

8.2 Welche Unterschiede sind zwischen
a) der Wirkung einer Maske und
b) der Wirkung einer Packung festzustellen?

Zwischen einer Maske und einer Packung klar zu unterscheiden, ist heute sehr schwierig, da es bei entsprechenden Wirkstoffen zu Überschneidungen kommen kann.

a) Maske:
Sie schließt die Haut luftdicht ab. Die Haut wird zu Ausscheidungen angeregt und ihre Durchblutung wird gefördert. Die Haut wird heiß, es entsteht ein Hitzestau.

b) Packung:
Sie schließt die Haut nicht luftdicht ab. Wirkstoffe, die je nach Packungsart und Hautdiagnose eine wärmende oder kühlende Wirkung haben, werden an die Haut abgegeben.

8.3 Wann würden Sie eine Maske oder Packung
a) zu Beginn und
b) als Abschluss
einer kosmetischen Behandlung anwenden?

Masken oder Packungen werden bei einer kosmetischen Behandlung

a) zu Beginn angewandt, wenn der beabsichtigte Zweck hauptsächlich das Reinigen und Erweichen der Haut ist.

b) als Abschluss angewandt, wenn die pflegende Wirkung im Vordergrund steht. Maßgebend sind jeweils die Gebrauchsanweisungen der Hersteller.

8.4 Nennen Sie drei Packungsarten, deren mögliche Anwendungsbereiche, die beabsichtigte Wirkung und enthaltene Wirkstoffe (tabellarische Lösung möglich).

→

▷ *Antwort* ▷

Art	Anwendung	Wirkung	Wirkstoffe
a) Vitamin-packung	trockene, welke Haut	baut auf, regt an, strafft	Wollfett, Vitamin A, D, E, F
b) Schlamm-packung	unreine, gequollene Haut	beruhigt, entquellt	Heil- oder Tonerde, Mandelkleie, Stärke, oft mit Kräutern
c) Kräuter-packung	unreine Akne haut welke, blasse Haut unreine, blasse Haut	heilt, wirkt entzündungs-hemmend, belebt, erfrischt, fördert die Durchblutung	Kamille, Melisse, Hamamelis

8.5 Welche Wirkung haben
a) warme und
b) kalte Kompressen und wann werden diese Kompressen im Verlauf der kosmetischen Behandlung angewandt?

a) **Kalte Kompressen** (Temp. ca. 17 °C) wirken adstringierend und straffend. Sie werden deshalb zum Abschluss der Behandlung angewendet.

b) **Warme Kompressen** (Temp. ca. 47 °C) erweichen die Haut und lassen sie aufquellen. Sie steigern die Durchblutung und die Aufnahmefähigkeit der Haut für anschließend anzuwendende Pflegemittel. Zur Erweichung von Komedonen werden warme Kompressen erst nach der üblichen Reinigung angewandt (bei trockener Haut meist nicht geeignet).

8.6 Wann würden Sie Wechselkompressen anwenden und welche Wirkung haben diese?

Wechselkompressen (abwechselndes Auflegen von kalten und warmen Kompressen) wirken belebend bei alternder, welker und weniger widerstandsfähiger Haut. Die letzte Kompresse wird warm aufgelegt, wenn anschließend mit Pflegemitteln weiter behandelt werden soll. Bildet die Kompressenbehandlung den Abschluss, dann ist die letzte Kompresse immer eine kalte Kompresse.

Kosmetik

8.7 Nach der Anwendung werden verschiedene Arten von Hautcremes unterschieden. Nennen Sie sechs Arten.

1. Tagescreme
2. Nachtcreme
3. Reinigungscreme
4. Massagecreme
5. Sonnenschutzcreme
6. Make-up-Creme
7. Enthaarungscreme
8. Frisiercreme

8.8 Wie ist eine Tagescreme
a) zusammengesetzt und
b) welche Wirkung soll dadurch erzielt werden?

a) **Zusammensetzung einer Tagescreme:**
Tagescremes sind Ö/W-Emulsionen, also fettarm.
Weitere Wirkstoffe sind Lanolin, pflanzliche Öle, Glyzerin und Walrat.

b) **Wirkung einer Tagescreme:**
– schützt vor Witterungseinflüssen,
– deckt Hautunreinheiten ab,
– verhindert das Austrocknen der Haut durch einen dünnen Fettfilm,
– wirkt mattierend.

8.9 Wie ist eine Nachtcreme zusammengesetzt und welche Wirkung soll dadurch erzielt werden?

a) **Zusammensetzung einer Nachtcreme:**
Hauptbestandteil ist in der Regel eine W/Ö-Emulsion (Fettcreme) mit bis zu 80 % Fettanteil. Weitere Wirkstoffe sind Cholesterin, Kollagene, Vitamine, Lecithin, Kräuterextrakte u. a.

b) **Wirkung einer Nachtcreme:**
– Echtes Fett zieht tief in die Haut ein und erhöht deren Feuchtigkeitsgehalt.
– Sie vermindert bei trockener und alternder Haut die Faltenbildung.
– Sie fördert die Durchblutung. Durch das Aufquellen wirkt die Haut straffer.

8.10 Welche Besonderheit hinsichtlich der Zusammensetzung und Wirkung haben Aknecremes?

Aknecremes sind meist Ö/W-Emulsionen, die entzündungshemmende, desinfizierende Wirkstoffe enthalten, wie z. B. Schwefel, Salicylsäure, Teerderivate.

8.11 Bei den kosmetischen Präparaten lässt sich ein Trend hin zu natürlichen Wirkstoffen (Bio- oder Naturkosmetik) beobachten. Nennen Sie fünf pflanzliche Wirkstoffe und stellen Sie deren Wirkung dar.

Arnika: antiseptisch, entzündungshemmend
Gurkensaft: erfrischend, hautbleichend
Kamille: entzündungshemmend
Hamamelis: adstringierend, desinfizierend
Brennnessel: durchblutungsfördernd.

8.12 In der Kosmetikwerbung wird immer wieder auf die Bedeutung von Liposomen hingewiesen. Welche Funktion haben Liposome in kosmetischen Präparaten?

Bei **Liposomen** handelt es sich um winzige Kügelchen, deren Wandaufbau den menschlichen Zellwänden ähnlich ist. Durch eine mögliche Verschmelzung können somit in den Liposomen enthaltene Wirkstoffe in die menschlichen Zellen eingeschleust werden. Dadurch werden Liposome zu Medikamenten. In der Kosmetik ist dies gesetzlich verboten. Hier sollen Liposome dazu genutzt werden, den Feuchtigkeitsgehalt der Haut zu erhöhen um damit eine hautglättende Wirkung zu erzielen.

9 Apparative Kosmetik

9.1 Kosmetikapparate lassen sich in drei Anwendungsgruppen einteilen. Beschreiben Sie diese.

1. **Geräte, die eine manuelle Behandlung unterstützen oder gar ganz ersetzen:** z. B. Massagegeräte, Bürsten- und Schleifgeräte.
2. **Geräte, ohne deren Einsatz eine manuelle Behandlung nur unzureichende Wirkung erzielt:** z. B. Reizstromgeräte zur Anregung der Hautfunktionen.

→

Kosmetik

▷ *Fortsetzung der Antwort* ▷

9.2 Wenn es um die Straffung von Haut und Bindegewebe geht, wird bei der Kosmetik viel mit Strom gearbeitet. Ein Verfahren ist dabei die Iontophorese. Beschreiben Sie die Anwendung und beabsichtigte Wirkung der Iontophorese.

9.3 Erklären Sie Prinzip, Verfahren und Wirkungsweisen der Reizstrommassage.

3. Geräte, die neue Behandlungsmöglichkeiten bieten: z. B. Bestrahlungsgeräte, Bedampfungsgeräte, Geräte zur dauerhaften Haarentfernung.

Anwendung:
Bei der **Iontophorese** tragen elektrisch geladene Teilchen kosmetische Wirkstoffe mit Hilfe von Gleichstrom von der oberen Hautschicht bis ins Bindegewebe. Die Kosmetikerin streicht mit einer Elektrode über das Gesicht der Kundin, der Gegenpol zur Elektrode wird am Arm der Kundin befestigt. Der Strom fließt nun zwischen Arm und Gesicht und zieht dabei die Wirkstoffe immer ein kleines Stückchen tiefer.
Kleine Partien werden mit der **Pinzettenelektrode,** größere Partien an Hals und **Dekolletee** mit einer **Rollenelektrode** bearbeitet.
Wirkung:
Mit Hilfe der Iontophorese werden Substanzen wie Elastin, Kollagen und Vitamine in die Tiefe der Haut geschleust.

Prinzip:
Als Ergänzung der manuellen Massage werden Geräte verwendet, die mittels Reizstrom die Muskelbewegungen aktivieren. Eine weitere Wirkung kann die Beschleunigung des Stoffwechsels sein.
Verfahren:
1. Impulsstromverfahren:
Beim Impulsstromgerät fließt zwischen zwei Elektroden ein Gleichstrom, der in regelmäßigem Rhythmus unterbrochen wird. Die Elektroden müssen vor dem Auflegen auf die Haut gut angefeuchtet werden, damit der Strom zwischen den Elektroden und der Haut fließen kann.

→

Kosmetik

▷ *Fortsetzung der Antwort* ▷

2. Interferenzstromverfahren:
Beim Interferenzstrom werden zwei Stromkreise mittels jeweils zwei Elektroden an den Körper angelegt und ein Wechselstrom geschaltet. Im Überlagerungsbereich der Ströme entsteht der als **Reizstrom** wirksame Interferenzstrom. Höhere Frequenzen wirken eher entspannend und beruhigend, niedrige Frequenzen reizen die Muskeln stärker. Dadurch sollen erschlaffte Muskeln gekräftigt und faltige Haut gestrafft werden.

|9.4| **Welche kosmetische Wirkungen lassen sich mit Bedampfungsgeräten (Vapozonen) erzielen?**

a) Bedampfungsgeräte lassen sich gut zur Hautreinigung anwenden. Die durch den Dampf hervorgerufene verstärkte Schweißsekretion erweitert die Poren.
b) Durch den Wasserdampf werden die Hautfunktionen angeregt, die Stoffwechselvorgänge und die Durchblutung gesteigert.

|9.5| **Würden Sie einer Kundin**
a) **mit trockener, empfindlicher Haut**
b) **mit Kreislaufbeschwerden**
ein Gesichtsdampfbad empfehlen? Begründen Sie Ihre Aussagen.

a) **Kundin mit trockener, empfindlicher Haut:**
Nicht zu empfehlen, da Haut noch mehr austrocknen würde.
b) **Kundin mit Kreislaufbeschwerden:**
Nicht zu empfehlen, da Gesichtsdampfbad Stoffwechsel anregt, und es z. B. zu Herzrasen kommen könnte.

|9.6| **Im Rahmen der apparativen Kosmetik werden Behandlungsgeräte mit drei verschiedenen Lichtarten eingesetzt.**

1. **UV-Strahlen** (Ultraviolettlicht) z. B. Heimsonne, Solarium:
   – regen die Pigmentbildung an (Sonnenbräune),

→

Nennen Sie diese drei Lichtarten und erklären Sie für jede Lichtart deren Anwendungsmöglichkeiten.

- erhöhen die Gesunderhaltung der Haut und stärken die Widerstandskraft gegen Krankheiten,
- ihre austrocknende Wirkung ist günstig bei Jugendakne und Seborrhö.

2. **Rotlicht** (Infrarotlicht) in speziellen Rotlichtlampen:
   - wärmt die Haut,
   - belebt blasse und welke Haut,
   - verbessert das Eindringvermögen von Wirkstoffen in die Haut.
3. **Blaulicht** in besonderen Blaulichtlampen:
   - hat gegenteilige Wirkung von Rotlicht,
   - beruhigt die Haut und vermindert ihre Durchblutung. Daher wird es gerne bei Hautrötungen und Hautentzündungen eingesetzt.

9.7 Erklären Sie Arten und Wirkungen von UV-Strahlen.

Ultraviolette Strahlen sind ein unsichtbarer Bestandteil des Sonnenlichts. In UV-Lampen werden sie künstlich erzeugt. Sie lassen sich nach Wellenlänge und Wirkung in drei Bereiche unterteilen:

UV-A-Strahlen (langwellige UV-Strahlen)
wirken auf die Haut trocknend und direkt pigmentierend.

UV-B-Strahlen
bewirken durch ein mehr oder weniger starkes Röten eine indirekte Pigmentierung, die zwar dauerhafter bräunt, aber auch die Gefahr eines Sonnenbrandes in sich birgt.

UV-C-Strahlen (kurzwellige UV-Strahlen)
sind ein stark schädigender Anteil des Sonnenlichts, der normalerweise von der Ozonschicht der Erdatmosphäre absorbiert wird.

Kosmetik

9.8 Welche Regeln sind bei der Anwendung von UV-Strahlen zu beachten?

Regeln bei der Anwendung von UV-Strahlen:
- Bestrahlungsabstand mindestens 50 cm.
- Vor einer Bestrahlung ist die Haut leicht einzucremen.
- Die Augen sind durch eine Schutzbrille zu schützen.
- Es wird mit kurzen Bestrahlungszeiten begonnen und auf höchstens 10 Minuten gesteigert.
- Bei Herz-, Leber- und Asthmakranken ist auf eine UV-Bestrahlung zu verzichten.

9.9 Laserstrahlen werden inzwischen auch zu kosmetischen Behandlungen genutzt. Für welche Behandlungen eignet sich ein so genannter Softlaser und was gilt es bei der Anwendung zu beachten?

Anwendungsmöglichkeiten von Softlasern bei kosmetischen Behandlungen:
- gegen Hautalterung (Falten),
- zur Behandlung von Hautunreinheiten (Akne),
- Förderung der Rückbildung von Narben,
- zur Behandlung von kreisrundem Haarausfall.

Zu beachten:
Anwendung von Softlasern ist ungefährlich, sofern darauf geachtet wird, dass bei Anwendungen im Gesicht die Kundin eine Schutzbrille trägt.

10 Haarentfernung

10.1 Erklären Sie den Unterschied zwischen Depilation und Epilation.

a) Depilation = alle Enthaarungsmethoden, bei denen die Haare wieder nachwachsen (Haarentfernung auf Zeit).

b) Epilation = endgültige Haarentfernung mittels Hochfrequenzgeräten, wobei die Haarpapille zerstört (verkocht) wird.

Kosmetik

10.2 Nennen Sie die verschiedenen Depilationsverfahren.

a) Zupfen
b) Rasieren
c) Chemische Depilation (Enthaarungscreme oder -schaum)
d) Wachsenthaarung (kalt oder warm)

10.3 Warum darf in den Achselhöhlen keine Wachsenthaarung vorgenommen werden?

In den Achselhöhlen ist die Gefahr der Entstehung von Schweißdrüsenabszessen sehr groß.

10.4 Eine Kundin möchte den Unterschied zwischen einer Enthaarungscreme und einem Enthaarungswachs wissen. Erklären Sie den Unterschied.

Enthaarungscremes sind stark alkalisch reagierende Emulsionen mit keratolytischer (haarauflösender) Wirkung außerhalb der Haut. Die Haare lassen sich leicht entfernen, ohne dass die Haarpapille dabei geschädigt wird.
Enthaarungswachse werden je nach Produkt kalt oder warm auf die zu enthaarenden Stellen aufgetragen. Beim Abziehen der erstarrten Wachsschicht werden die Haare ausgerissen.

10.5 Wie wird eine Epilation durchgeführt?

Epilation = Zerstörung der Haarpapille. Dies geschieht mit Hilfe einer Epilotnadel, die unter Schwachstrom gestellt, das Gewebe der Haarpapille zerkocht.

11 Grundlagen Dekorative Kosmetik

11.1 Welche Grundaufgaben hat die dekorative Kosmetik?

Die **dekorative Kosmetik** soll **Vorzüge hervorheben** und **Mängel ausgleichen**.

11.2 Welche wichtigen Regeln sind bei der Gestaltung eines Make-ups zu beachten?

a) Es gibt kein Make-up für alle Fälle und Gelegenheiten.
b) Jedes Make-up ist an eine bestimmte Beleuchtung gebunden.
c) Jedes Make-up muss auf den Typ seiner Trägerin abgestimmt sein.

→

Kosmetik

▷ *Fortsetzung der Antwort* ▷

d) Starke Farbkontraste wirken zwar auffallend, aber auch maskenhaft und erfordern einen gewissen Mut der Trägerin.
e) Für die Konturen von Gesichtsformen gelten folgende Faustregeln:
   – was dunkel ist, tritt zurück,
   – was hell ist, wird hervorgehoben.
f) Jedes Make-up muss an dem Tag entfernt werden, an dem es entstanden ist.

11.3 Nennen Sie die zu einer Make-up-Gestaltung notwendigen Werkzeuge.

a) Schwämmchen (Viskose- oder Naturschwämmchen)
b) Watte, Wattepads
c) Puderpinsel in verschiedenen Stärken
d) Zellstofftücher
e) Lidschatten- und Lidstrichpinsel in verschiedenen Stärken
f) Schaumstoffapplikatoren
g) Lippenpinsel
h) Spatel aus Plexiglas
i) Augenbrauen- und Wimpernbürstchen sowie -kämmchen
j) (Automatik-)Pinzette
k) Wimpernformer (Wimpernzange)

11.4 Welche vorbereitenden Arbeiten müssen vor der Gestaltung eines Make-ups durchgeführt werden?

a) **Reinigung der Haut.** Make-up-Präparate dürfen niemals auf die ungereinigte Haut aufgetragen werden. Gefahr von Entzündungen.
b) Nach der Reinigung wird die Gesichtshaut normalerweise mit einer **Make-up-Unterlage** (Grundierung) versehen (Feuchtigkeitscreme Ö/W-Typ). Bei fettiger Haut kann darauf verzichtet werden.

11.5 Was ist bei der Grundierung zu beachten?

1. Grundierungen gibt es zu jedem Hauttyp passend in verschiedenen Farben.

→

Kosmetik

▷ *Fortsetzung der Antwort* ▷

2. Produkte sind mit unterschiedlicher Deckkraft, auch mit Lichtschutzfaktor, erhältlich.
3. Grundierung soll störende Hautmängel kaschieren.
4. Für Problemfälle (z. B. Feuermale, Leberflecken) gibt es spezielle, auch wasserfeste, Make-up-Präparate, die vor der Grundierung auf die entsprechenden Stellen aufgetragen werden.
5. Die Grundierung ist sorgfältig einzuarbeiten. Das Make-up sollte unter der Kinn-Linie und im Haaransatz verlaufen, damit keine maskenhafte Wirkung entsteht.
6. Puder fixiert das Make-up.

11.6 Worauf muss bei der Kontrolle einer Make-up-Gestaltung besonders geachtet werden?

a) Auf die Übergänge der Grundierung zum Hals, des Lidschattens und des Rouges zur umgebenden Haut.
b) Auf die Harmonie der Farben, insbesondere bei Lippenstift, Rouge und Nagellack.
c) Auf eine Abstimmung des Gesamt-Make-ups entsprechend dem Alter und Typ der Kundin.

11.7 Welche Präparate eignen sich zur Entfernung des Make-ups und welche Make-up-Bestandteile werden damit entfernt?

a) **Gesichtslotion** (Ö/W-Emulsion) oder **Abschminke** (Mineralfett) zum Lösen der fettigen Bestandteile des Make-ups.
b) **Wasser und Seife** zum Lösen der nicht fetthaltigen Bestandteile des Make-ups.
c) Abschließende **Reinigung** mit einem **alkoholhaltigen Gesichtswasser,** um letzte Make-up-Reste aus den Poren zu entfernen.

11.8 Erklären Sie einer Kundin die unterschiedliche optische Wirkung
a) eines Tages-Make-ups und
b) eines Abend-Make-ups.

Die **Unterscheidung zwischen Tages- und Abend-Make-up** ergibt sich aus den unterschiedlichen Lichtverhältnissen. Die Art des Lichtes (der Beleuchtung) lässt Make-up-Farben stärker oder schwächer erscheinen.

a) **Tages-Make-up** sollte durch die Auswahl der Farben stets dezent und natürlich wirken. Auf grelle Farbkombinationen sowie stark deckende Grundierungen und glänzende Puder- und Rougeprodukte sollte verzichtet werden.

b) **Abend-Make-up** kann farbintensiver gestaltet werden, da künstliche Lichtquellen viel Farbe „verschlucken".
Eine deckkräftige Grundierung sowie Puder- und Rougetöne mit Glanzeffekt kommen bei künstlichem Licht besser zur Geltung.

12 Puder, Rouge

12.1 Nennen Sie die Hauptbestandteile der Puder.

a) Puderkörper
b) Farbstoffe
c) Duftstoffe.

12.2 Nennen Sie die Inhaltsstoffe des Puderkörpers und deren Aufgaben.

Hauptbestandteile sind:
- **Kaolin:** mittelmäßige Wasser- und Ölaufnahmefähigkeit
- **Talkum:** mäßiges Wasseraufnahmevermögen, aber kein Ölaufnahmevermögen
- **Kieselgur:** sehr gutes Wasseraufnahmevermögen, aber nur mäßige Ölaufnahmefähigkeit
- **Magnesiumcarbonat:** sehr leicht, nimmt viel Wasser, aber kein Öl auf
- **Zinkoxid:** wasser- und ölaufnahmefähig

→

Kosmetik

▷ *Fortsetzung der Antwort* ▷

- **Magnesiumsalze:** mattieren und glätten die Haut (gleiche Wirkung haben auch Zink- und Aluminiumsalze!)
- **Stärken** (z. B. Reis-, Weizen- oder Kartoffelstärke): weich, griffig, von mattierender und kühlender Wirkung

12.3 Wofür wird Gesichtspuder verwendet?

a) Zum Abdecken von Hautmängeln
b) Für die Teintfärbung
c) Zum Mattieren (beseitigt den Glanzeffekt der Haut)
d) Zum Entfetten

12.4 Welche Grundsätze gelten bei einem Make-up für die Anwendung von Rouge?

Mit Rouge kann dem Gesicht ein frisch und natürlich wirkendes oder auch modisches Aussehen gegeben werden.
- **Mattes, dunkles Rouge korrigiert.**
- **Helles Rouge hebt vor.**

12.5 In welchen Formen wird Rouge verkauft?

Rouge wird verkauft als
- Fettschminke,
- Emulsion,
- loser Puder,
- Kompaktpuder.

12.6 Rougefarben eignen sich hervorragend zur Gesichtsmodellierung. Wie können die nachfolgend genannten bzw. skizzierten Gesichtsformen durch Rougeauftrag vorteilhaft verändert werden?

→

Kosmetik

a) Breites Gesicht

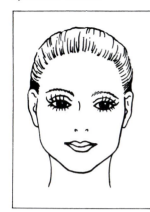

a) Breites Gesicht

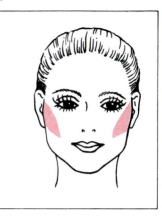

b) Schmales Gesicht

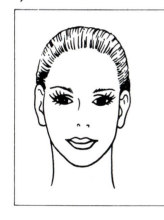

b) Schmales Gesicht

Kosmetik

c) Rundes Gesicht   **c) Rundes Gesicht**

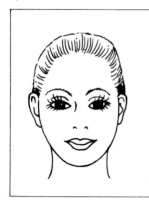 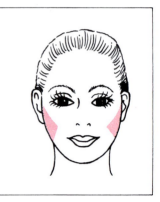

d) Breites Kinn   **d) Breites Kinn**

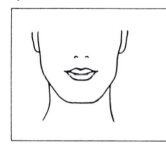 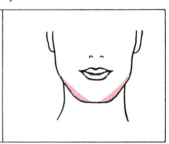

e) Spitzes Kinn   **e) Spitzes Kinn**

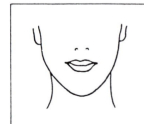 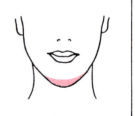

13 Augen-Make-Up

13.1 Welche Möglichkeiten gibt es in der modernen Kosmetik, um Augen und Augenpartien zu betonen?

a) Die **Formung** der Augenbrauen
b) Das **Färben** von Augenbrauen und Wimpern
c) Die **Formgebung und Ergänzung** von Wimpern
d) Die **farbige Hervorhebung** der Umgebung der Augen

13.2 a) Welchen Zweck soll ein Augen-Make-up meist erfüllen?
b) Welche Präparate (Hilfsmittel) lassen sich dabei verwenden?

a) **Zweck eines Augen-Make-Ups** ist es meist, die Augen strahlender und größer erscheinen zu lassen.
b) **Präparate** bzw. Hilfsmittel wie:
– Lidschatten
– Wimperntusche
– Kajalstifte
– Augenbrauenstift

13.3 Durch welches Augen-Make-up können die Mängel der nachfolgend genannten Augenpartien ausgeglichen werden?
a) hervortretende Augen,
b) tief liegende Augen,
c) zu kleine Augen,
d) eng stehende Augen,
e) weit auseinander stehende Augen.

a) **Hervortretende Augen:** Durch Aufhellen und Abdunkeln sollte ein Gleichgewicht erzielt werden, z. B.

b) **Tief liegende Augen** sollten mit Lidschatten aufgehellt werden. Die Wimpern sind kräftig zu tuschen, z. B.:

→

c) **Zu kleine Augen** werden mit pastellfarbigen Lidschatten und einer dunklen Lidfalte optisch vergrößert, z. B.:

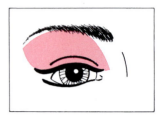

d) **Eng stehende Augen** werden durch eine Betonung der äußeren Augenpartie optisch ausgeglichen, z. B.:

e) **Weit auseinander stehende Augen** werden durch eine Betonung der inneren Augenpartie optisch ausgeglichen, z. B.:

Kosmetik

13.4 Welche allgemeinen Aussagen lassen sich über die Wirkung des Linienverlaufs der Augenbrauen machen?

1. Ein **waagerechter Linienverlauf** wirkt auseinander strebend.
2. Ein **steigender Linienverlauf** öffnet, streckt.
3. Ein **fallender Linienverlauf** schließt, verengt, wirkt drückend.
4. Ein **gerundeter Linienverlauf** wirkt weich.
5. Ein **gerader, gewinkelter Linienverlauf** wirkt hart und kantig.

In der Regel wird die ideale Augenbrauenform angestrebt. Sie schließt im inneren Augenwinkel ab und zieht sich leicht geschwungen etwas über den äußeren Augenwinkel hinaus.

13.5 Was ist bei der Behandlung von Wimpern zu beachten?

1. Ein spärlicher Wimpernwuchs erscheint voller durch am äußeren Wimpernrand aufgetragenes Kajal.
2. Die Wimpern müssen bis in die Spitze sorgfältig mit Mascara getuscht werden.
3. Bei einem dezenten Make-up sollten harte Farbkontraste vermieden werden.
4. Nach dem Auftragen von Mascara sollten die Wimpern gebürstet werden, um ein Zusammenkleben (Fliegenbeine) zu verhindern.

13.6 Unvorteilhafte Gesichtsformen können durch die Form der Augenbrauen korrigiert werden. Wie würden Sie die Augenbrauen bei
a) einer runden Gesichtsform,
b) einer länglichen Gesichtsform,

→

a) **runde Gesichtsform:**
Kräftige, hoch gewölbte Augenbrauen strecken die Gesichtsform und lassen sie dadurch schmaler erscheinen.
b) **längliche Gesichtsform:**
Kräftige Augenbrauen, die die Gesichtslänge unterbrechen verbreitern die Gesichtsform optisch.

→

Kosmetik

c) einer dreieckigen Gesichtsform korrigieren?

c) **dreieckige Gesichtsform:**
Durch schmale, leicht geschwungene Augenbrauen wirkt die breite Stirnzone optisch schmaler.

13.7 **Erklären Sie die einzelnen Arbeitsschritte bei der Gestaltung eines Augen-Make-ups.**

1. Die Augenbrauen werden mit einem gefetteten Spezialbürstchen in Form gebracht. Mangelnder Haarwuchs lässt sich mit einem Augenbrauenstift kaschieren.
2. Nach Augenfarbe oder passend zur Garderobe ausgewählter Lidschatten wird auf das geschlossene Augenlid aufgetragen.
3. Zum Wimperntuschen wird das geschlossene Augenlid mit Zellstoff abgedeckt und ein- bis zweimal getuscht und danach gebürstet.

14 Lippen-Make-up

14.1 **Welche Arbeiten müssen bei der Gestaltung eines Lippen-Make-ups durchgeführt werden?**

a) Nachziehen der Lippenkontur (Konturenstift darf eine Nuance dunkler sein).
b) Ausfüllen der Lippen mit Lippenschminke (aus hygienischen Gründen sollte sie vom Spatel weg mittels Lippenpinsel aufgetragen werden!).

14.2 **a) Welche Mängel sind an den nachfolgenden fünf Lippenformen festzustellen?**
b) Wie können diese Lippenformen korrigiert werden?
c) Welche Wirkung haben die Korrekturmaßnahmen?

→

Kosmetik

① a) Zu starke Lippen.

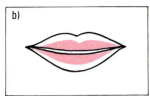

c) Starke Lippen wirken zierlicher, wenn die natürlichen Konturen nicht ganz ausgefüllt werden.

② a) Zu stark ausgeprägte Oberlippe.

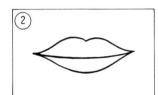
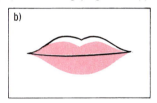

c) Diese Spitze des Lippenherzens wird leicht untermalt. Dadurch wird die stark ausgeprägte Oberlippe abgeflacht.

③ a) Zu stark ausgeprägte Unterlippe.

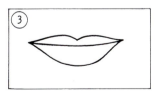

c) Diese Lippe lässt sich verkleinern, wenn der untere Rand beim Auftragen der Farbe ausgespart wird.

→

④ a) Zu schmale Lippen.

b)

c) Zu schmale Lippen wirken voller, wenn die Farbe ein wenig über die natürlichen Konturen hinaus aufgetragen wird.

⑤ a) Zu kleiner Mund.

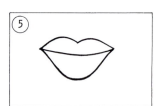

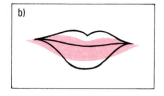

b)

c) Der Mund erhält eine breitere Form, wenn der Lippenstift bis in die Mundwinkel hinein aufgetragen wird.

14.3 Was ist beim Auftragen von Lippenstift zu beachten?

1. Lippen bis in die Konturlinie hinein mit Lippenstift ausmalen.
2. Zur Verbesserung der Haltbarkeit der Lippenschminke Lippen leicht auf ein Lippenpapier pressen.
3. Anschließend nochmals Lippenstift auftragen.

14.4 Nennen Sie Kaufargumente für Lippenstifte.

a) Korrektur von Lippenformen
b) Spröde und rissige Lippen werden gepflegt
c) Verdecken von Alterserscheinungen
d) Modische Lippenfärbung

Kosmetik

14.5 Welche Anforderungen sollte ein guter Lippenstift erfüllen?

Ein guter Lippenstift sollte
- haltbar sein und nicht schmieren,
- nicht hautreizend sein,
- kussecht sein,
- gut decken,
- Kälte und Wärme widerstehen,
- nicht ranzig werden,
- ungiftig sein.

14.6 Inhaltsstoffe von Lippenstiften sind z. B.
a) Bienenwachs,
b) Silikonöle,
c) Lanolin,
d) Farbstoffe,
e) Kamillenöl,
f) Parfüme,
g) Konservierungsmittel.
Erklären Sie Aufgaben und Wirkungen dieser Inhaltsstoffe.

a) **Bienenwachs** ist verantwortlich für die Bruchfestigkeit des Stiftes und begünstigt die Haftfestigkeit der Pigmente.
b) **Silikonöle** dienen als Glanz- und Gleitmittel.
c) **Lanolin** bewirkt eine gute Haftung und pflegt die Lippen.
d) **Farbstoffe** färben die Lippenhaut haltbar und „kussecht".
e) **Kamillenöl** hat pflegende Wirkung.
f) **Parfüme** sollen fettigen Geruch überlagern und angenehm duften.
g) **Konservierungsstoffe** sollen ein Ranzigwerden verhindern.

14.7 Wann empfehlen Sie einer Kundin
a) Lipgloss,
b) Lippenlack?

a) **Lipgloss** ist zu empfehlen, wenn Kundin stark glänzende Lippen wünscht. Dabei wird der Lipgloss auf den Lippenstift aufgetragen. Farbloser oder farbiger Lipgloss lässt sich auch ohne Lippenstift auftragen, wenn die Kundin nur eine dezente Betonung der Lippen wünscht.
b) **Lippenlack** gewährleistet eine besonders haltbare Färbung der Lippen. Allerdings hat der auf den Lippen liegende haltbare Film den Nachteil, dass die Lippen schnell ausgetrocknet werden. Der Vorteil ist, dass sich sehr klare Konturen zeichnen lassen.

Kosmetik

15 Das besondere Make-up

15.1 Nennen Sie drei besondere Make-ups.

1. Braut-Make-up
2. Faschings-Make-up
3. Camouflage-Make-up

15.2 Was bedeutet „Camouflage"?

Französisch für Tarnung, Maske, Verkleidung

15.3 Erklären Sie den Zweck der Camouflage.

Camouflage = besondere Make-up-Technik, um entstellende Hautanomalien für die Mitmenschen unsichtbar zu machen. Es werden spezielle Teint-Make-up-Grundierungen verwendet, die wasserfest, schweiß-, abrieb- sowie wärmebeständig sein sollen und die Haut nicht reizen dürfen.

15.4 Nennen Sie drei Anwendungsbeispiele der Camouflage.

Anwendung zur Abdeckung von Hautanomalien wie z. B.
– störenden Narben,
– Pigmentflecken,
– Akneerscheinungen.

15.5 Nennen Sie Gründe, warum mit der Camouflagetechnik heute auch Faschings- oder Bühnen-Make-ups gestaltet werden.

a) Camouflage-Präparate sind wisch- und wasserfest, somit können Konturen selbst bei Schweiß nicht verlaufen.
b) Präparate sind gut deckend und dauerhaft.

15.6 Welche vier Schritte haben sich bei der Erstellung eines Camouflage-Make-ups bewährt? Beschreiben Sie diese Schritte.

1. **Vorbehandlung:** Nach der Reinigung der Haut wird eine Tagescreme als Make-up-Grundlage aufgetragen.
2. **Auflegen:** Nun wird die farblich passende Camouflagecreme auf die Haut aufgetragen und mittels eines angefeuchteten Schwamms mit drehenden Bewegungen in die Haut eingearbeitet.

→

▷ *Fortsetzung der Antwort* ▷

3. Schattieren: Um einen natürlichen Gesichtsausdruck zu erreichen, wird das schattenlose Gesicht mittels verschiedener Beige-, Braun- und Rottöne entsprechend modelliert.

4. Fixieren: Mit einer Puderquaste wird reichlich spezieller Fixierpuder aufgetragen. Nach der in der Gebrauchsanweisung vorgeschriebenen Einwirkzeit wird der überschüssige Puder mit einer Bürste vorsichtig entfernt.

|15.7| **Permanente Make-ups werden immer beliebter. Was versteht man darunter?**

Permanente Make-ups sind Tätowierungen, z. B. tätowierte Lidstriche oder Lippenumrandungen.

|15.8| **Was versteht man unter „Piercing"?**

Ohren, Augenbrauen, Nasenflügel, Lippe, Zunge, Bauchnabel werden mit Ringen oder Steckern aller Art versehen. Dazu muss zuvor ein Loch gestochen werden, wobei auf sachgemäße Ausführung unter einwandfreien hygienischen Bedingungen zu achten ist.

|15.9| **Bei einer an der Nase gepiercten Kundin stellen Sie eine Entzündung um den Stecker fest. Was raten Sie der Kundin?**

Die Kundin sollte zum Arzt gehen.

16 Lichtschutz- und Bräunungsmittel

|16.1| **Immer mehr Menschen wünschen sich eine sonnengebräunte Haut.**
a) Welche Gründe sprechen dafür?

a) **Sonnengebräunte Haut** wird heute gleichgesetzt mit Jugendlichkeit, Sportlichkeit, Gesundheit und Wohlstand.

→

Kosmetik

b) Welche Gefahren können damit verbunden sein?

b) Gefahren:
- Schmerzhafte Hautrötungen oder Hautverbrennungen (Sonnenbrand).
- Zu lange und zu häufige intensive Sonnenbestrahlung oder unkontrollierte Nutzung von Solarien werden als Hauptursache für Hautkrebs (z. B. Melanome) angesehen.
- Zunahme von Hauterkrankungen, z. B. Verhornungsstörungen.
- Schnelle Alterung der Haut (Faltenbildung).

16.2 Welche Tips können Sie einer Kundin fürs Sonnenbaden geben?

1. Mit kurzen Bestrahlungszeiten beginnen und die Dauer je nach Hauttyp allmählich verlängern.
2. Je nach Intensität der Sonneneinstrahlung Lichtschutzmittel mit entsprechendem Lichtschutzfaktor verwenden.
3. Nicht in der Mittagszeit Sonnenbaden, denn dort ist der Sonnenstand am höchsten und damit das Sonnenlicht am stärksten.
4. Sich nicht in der Sonne „braten" lassen, sondern viel bewegen. Dies fördert eine gleichmäßige Bräunung der Haut.
5. Nach einem Bad Sonnenschutzmittel erneut auftragen.
6. Besonders empfindliche Hautpartien, z. B. Nase, Augenlider, Lippen mit einem Mittel mit sehr hohem Lichtschutzfaktor zusätzlich schützen.

Kosmetik

16.3 Eine Kundin möchte sich vor einer Urlaubsreise über die Bedeutung des Lichtschutzfaktors informieren. Erklären Sie ihr diese.

Es gibt **Lichtschutzfaktoren** 2 bis 10 (Mittel mit einem Lichtschutzfaktor über 10 sind Spezialpräparate, z. B. für das Hochgebirge).
Eine Haut, die mit einem Präparat behandelt wird, das z. B. den Lichtschutzfaktor 4 hat, kann viermal länger der Sonneneinstrahlung ausgesetzt werden, als eine unbehandelte Haut, bis sich eine Rötung zeigt. Bei Spezialpräparaten, so genannten Sun-Blockern (können über LSF 20 liegen) soll ein vollständiger UV-Schutz geboten werden, der allerdings auch eine Bräunung verhindert.

16.4 In welchen Formen werden Sonnenschutzpräparate im Handel angeboten?

Sonnenschutzmittel werden angeboten als
- Emulsionen
- Öle
- Schaumcremes
- Gele
- Sprays
- Fettstifte

16.5 Wie wirken Sonnenschutzmittel?

Sonnenschutzmittel enthalten **echte Öle, teils Mineralöle.** Die echten Öle ziehen in die Haut ein. Die Mineralöle bilden einen **Schutzfilm,** sie schützen die Haut vor Austrocknung und schwächen die UV-Strahlen ab.

16.6 Wovon ist die Schutzwirkung von Lichtschutzmitteln abhängig?

Schutzwirkung ist abhängig von der
- Art der Trägersubstanz,
- Art des Lichtfilters,
- Konzentration des Lichtfilters,
- aufgetragenen Schichtdicke des Präparats.

Ö/W-Emulsionen haben eine bessere Lichtschutzwirkung als W/Ö-Emulsionen, da der Lichtschutzfaktor mit steigendem Wassergehalt zunimmt.

Kosmetik

16.7 **a) Wie und wodurch erfolgt die Bräunung der Haut?**
b) Wirkt sich dies auf die Wahl des Lichtschutzmittels aus?

a) Die Bräunung wird hautsächlich hervorgerufen durch UV-B-Strahlen. Sie veranlassen die Haut, als Strahlenschutz eine Pigmentvermehrung (Bräunung) vorzunehmen.

b) Die unterschiedliche Pigmentierungsfähigkeit der Haut bedingt eine unterschiedliche Lichtempfindlichkeit, d. h., es werden Lichtschutzmittel mit verschiedenen Lichtschutzfaktoren benötigt.

16.8 **Welche Wirkung sollen Bräunungsmittel erzielen?**

Bräunungsmittel sollen die Bräunung der Haut auch ohne Sonne erreichen bzw. die Bräunung durch die Sonne erhöhen. Dies erfolgt durch Zusätze wie:
– Carotin,
– Dihydroxyaceton,
– Nussschalenextrakt.

16.9 **Was versteht man unter After-sun-Präparaten?**

After-sun-Präparate werden überwiegend als Ö/W-Emulsionen oder Gele angeboten.
Sie sollen
– die Haut nach dem Sonnenbad pflegen,
– bei sonnengeröteter Haut kühlend und reizlindernd wirken,
– durch zugesetzte Wirkstoffe wie z. B. Kamille entzündungshemmend wirken,
– durch Zusätze wie Vitamine oder Kollagen die Hautregeneration unterstützen.

17 Duftstoffe, Parfums und Deodorantien

17.1 Welche Herkunftsbereiche können bei Duftstoffen unterschieden werden?

Man unterscheidet
- pflanzliche Duftstoffe
- tierische Duftstoffe und
- synthetische Duftstoffe.

17.2 Die pflanzlichen Duftstoffe nennt man auch ätherische Öle. Nennen Sie fünf Pflanzen, aus denen ätherische Öle gewonnen werden und geben Sie jeweils den Pflanzenteil an, der dabei verwendet wird.

Pflanze	Pflanzenteil
a) Rosen	Blütenblätter
b) Sandelbaum	Holz
c) Bergamotte	Früchte
d) Zimtbaum	Rinde
e) Eukalyptus	Blätter
f) Maiglöckchen	Blüten

17.3 Durch welche Techniken werden pflanzliche Duftstoffe gewonnen?

a) Auspressen
b) Destillation
c) Extraktion (= Herausziehen mit Lösungsmitteln)
d) Enfleurage (= Herausziehen mit Fett)

17.4 Nennen Sie drei tierische Duftstoffe und die Tiere, von denen diese Duftstoffe jeweils stammen.

Duftstoff	Tier
a) Ambra	Ausscheidung des Pottwals
b) Zibet	Drüsensekret der Zibetkatze
c) Bibergeil	Ausscheidungsprodukt des Bibers
d) Moschus	Drüsensekret des Moschusbocks

17.5 Welche besondere Aufgabe haben tierische Duftstoffe?

Tierische Duftstoffe dienen als **Fixateure** der **pflanzlichen Duftstoffe**, d. h. sie festigen den Eigengeruch der ätherischen Öle.

Kosmetik

17.6 Erklären Sie den Begriff „synthetische Duftstoffe".

Synthetische Duftstoffe sind künstlich hergestellte Kopien von natürlichen Duftstoffen. Auf diese Weise können aber auch immer neue Phantasiedüfte hergestellt werden.

17.7 Welche Eigenschaften soll ein gutes Parfum aufweisen?

Eigenschaften guter Parfums:
- angenehme Duftnote
- gute Hautverträglichkeit
- möglichst nur geringfügige Fleckenbildung
- es soll gut haften

17.8 Wie sind Parfums zusammengesetzt?

Parfums enthalten
- Duftstoffe (teilweise bis zu 500 verschiedene!),
- Äthylalkohol als Lösungsmittel,
- Fixateure,
- Farbstoffe.

17.9 Wie wird Parfum wahrgenommen?

Ein Parfum entfaltet sich in drei Stufen:
1. **Kopfnote (auch Spitze oder Angeruch genannt):** leicht flüchtige Duftstoffe, werden beim Aufbringen auf die Haut zuerst wahrgenommen.
2. **Herznote (Bouquet):** lang anhaltende Duftstoffe, stabilisiert durch Fixateure.
3. **Basisnote (Nachgeruch):** schwer flüchtige Duftstoffe, die am längsten duften.

17.10 Duftkompositionen von Parfums lassen sich in Duftnoten einteilen. Nennen Sie drei Duftnoten mit entsprechenden Beispielen.

1. **Blumige Noten:** Jasmin, Rosen, Flieder, Veilchen, Nelken, Maiglöckchen.
2. **Holz-Leder-Noten:** Phantasiedüfte, die dem Geruch exotischer Hölzer, Lederwaren oder Tabac nachempfunden sind. Anwendung vorwiegend bei Herrenparfums.

→

▷ *Fortsetzung der Antwort* ▷

3. Orientalische Noten: Zeichnen sich durch schwere Süße aus, die durch Harze und tierische Duftstoffe erzielt werden. Die Duftnoten reichen von würzig-süß bis zu Parfums mit Ambra-Moschus-Charakter.

17.11 **Welche Grundregeln sind beim Verkauf von Duftwässern zu beachten?**

1. Der Kunde muss die Wirkung des Duftes auf seiner eigenen, unparfümierten Haut erleben.
2. Verschiedene Düfte sollten an voneinander entfernten Hautstellen aufgetragen werden.
3. Kunde sollte nicht mehr als drei verschiedene Düfte gleichzeitig probieren.
4. Die Duftproben sollten an gut durchbluteten Stellen der Haut (z. B. Innenseite Handgelenke) aufgetragen werden, damit der Duft schnell erkennbar ist.
5. Der Kunde sollte sich Zeit lassen, bis sich der volle Duft der Duftkomposition entfaltet hat.

17.12 **Welche Anforderungen sollen gute Deodorantien erfüllen?**

Gute Deodorantien sollen
– unangenehme Gerüche verhindern, die durch die bakterielle Zersetzung des Schweißes entstehen,
– geruchsabdeckend wirken,
– angenehm duften,
– gut verträglich sein,
– gut haften,
– lang anhaltend wirken und
– die Schweißabsonderung verringern.

17.13 **Welche wichtigen Wirkstoffe enthalten Deodorantien und welche Wirkung sollen diese Stoffe erzielen? Nennen Sie drei Wirkstoffe.**

1. **Bakterizide Mittel:** Sollen die Mikroorganismen unschädlich machen, die für die Zersetzung des Schweißes und der damit verbundenen Körpergeruchsbildung verantwortlich sind.

→

Kosmetik

▷ *Fortsetzung der Antwort* ▷

2. Bakteriostatische Mittel: Hemmen die für die Schweißzersetzung verantwortlichen Bakterienkulturen in ihrem Wachstum.

3. Geruchsüberdeckende Mittel: z. B. Parfüme binden den Körpergeruch und überdecken ihn damit.

|17.14| **Welche Aufgabe haben Antitranspirantien und wie wirken sie?**

Aufgabe: Verminderung der Schweißabsonderung.
Wirkung: In ihnen enthaltene Mittel bewirken ein Zusammenziehen der Schweißdrüsen.

|17.15| **Worauf muss bei der Anwendung von Deodorantien geachtet werden?**

a) Vor Anwendung die Haut reinigen.
b) Bei trockener und empfindlicher Haut sind Hautreizungen möglich.
c) Nicht vor dem Sonnenbaden anwenden.

Frisuren- und Berufsgeschichte (Stilkunde)

1 Nachfolgend sind die mit den Zahlen ① bis ⑬ bezeichneten Personen abgebildet.
a) Welche Stilepoche repräsentiert jede Abbildung?
b) Zu welchen Zeiträumen gehören diese Stilepochen?
c) Welche wichtigen Frisurenmerkmale sind bei Damen kennzeichnend für diese Stilepochen?
d) Welche wichtigen Frisurenmerkmale sind bei Herren kennzeichnend für diese Stilepochen?
e) Nennen Sie zu jeder Stilepoche die wichtigsten Merkmale der Körperpflege.

a) **Stilepoche:** *Biedermeier*
b) **Zeitraum:** ca. 1820–1848
c) **Frisurenmerkmale der Damen:** *Frühbiedermeier* (1820–1835) Mittel-, Schräg-, Dreiecks- bzw. Querscheitel, hohe, oft asymmetrische Frisuren mit pomadisierten „Schlupfen", seitliche Lockentuffs, Federschmuck, Schutenhut oder Häubchen. *Spätbiedermeier* (bis 1848): flachere Frisuren, längere Mittelscheitel, flacher Knoten am Hinter-

→

Frisuren- und Berufsgeschichte (Stilkunde)

kopf, Schnecken oder Korkenzieherlocken, Haarersatzteile.
d) Frisurenmerkmale der Herren:
Halblanges, mit Eisen gelocktes pomadisiertes Haar, Koteletten – später Scheitel, Bärtchen.
e) Merkmale der Körperpflege:
Pflege der Haut auf natürliche Weise, Ablehnung von Schminke oder farbigem Puder, Parfum – bevorzugte Duftnoten: Lavendel, Rosmarin, Rosenduft.

a) Stilepoche: Barock
b) Zeitraum: ca. 1600–1720
c) Frisurenmerkmale der Damen:
Frühbarock: Garcette- oder Stirnfransenfrisur mit Quer- oder Rundscheitel.
Spätbarock: Frisur à la Fontange – hochfrisiert.
d) Frisurenmerkmale der Herren:
Frühbarock: flache – später hohe Allongeperücken auf häufig kahl geschorenem Kopf, löwenbraun oder gelb, später weiß gepudert, Spitz- und Schnurrbart neben dünnem Oberlippenbart.
e) Merkmale der Körperpflege:
Schönheitsideal: blühende, üppig geformte Frau und der kraftvolle, korpulente Mann. Abscheu vor Wasser zur Reinigung, reichlicher Gebrauch von Parfum und Puder, Schönheitspflästerchen, Riechäpfel.

Frisuren- und Berufsgeschichte (Stilkunde)

a) **Stilepoche:** *Germanen*
b) **Zeitraum:**
ca. 1600 vor bis 800 nach Chr.
c) **Frisurenmerkmale der Damen:**
langes blondes oder rotblondes Haar, lose oder geflochten, Mittelscheitel, Wollnetz im Nacken.
d) **Frisurenmerkmale der Herren:**
loses Haar bis auf die Schulter oder Stammesfrisuren (z. B. Swebenknoten), Vollbart.
e) **Merkmale der Körperpflege:**
Baden im Meerwasser oder in Flüssen, auch Warmbad in Badehütten, Hautreinigung mit Seife, Pflege mit Lanolin.

a) **Stilepoche:** *Romantik*
b) **Zeitraum:** ca. 800 bis 1250
c) **Frisurenmerkmale der Damen:**
unverheiratet: offenes Haar, verheiratet: 2 Zöpfe.
Seit ca. 1100 verdecktes Haar (Gebende, Tücher, Schleier, Schapel)
d) **Frisurenmerkmale der Herren:**
Kurzer Pagenkopf für Bauern, Handwerker und Knappen; papillotiertes, längeres Haupthaar, leicht gewellt oder gelockt bei Edelleuten. Spitz oder rund geformter Kinnbart.
e) **Merkmale der Körperpflege:**
Warmbad beim Bader. Kirchliches Verbot von Schminke.

→

Frisuren- und Berufsgeschichte (Stilkunde)

a) **Stilepoche:**
   Gründerzeit und Jugendstil
b) **Zeitraum:** 1870 bis ca. 1910
c) **Frisurenmerkmale der Damen:**
   Frisuren mit hochliegendem Chignon* und Stirnlocken, toupierte, eingeschlagene und streng wirkende Frisur (= Reformfrisur).
d) **Frisurenmerkmale der Herren:**
   pomadisiertes Haar, oft durchgehender Scheitel, Kurzhaarschnitt (Erfindung der Haarschneidemaschine). Blüte der Bartmode in vielfältiger Form (Vollbart, Kaiser-Wilhelm-Bart, Menjoubärtchen**).
e) **Merkmale der Körperpflege:**
   Licht, Luft und Sonne für den Körper. Mann und Frau in getrennten Badeanstalten – gründliche Körperreinigung.

a) **Stilepoche:** *Gotik*
b) **Zeitraum:** ca. 1250 bis 1500
c) **Frisurenmerkmale der Damen:**
   unverheiratet: geflochtenes Haar.
   verheiratet: durch Haube, Hennin, Hörnerhaube verdecktes Haar, Stirn und Schläfenhaare rasiert, beliebte Haarfarben: schwarz und blond, rotes Haar war verpönt.
d) **Frisurenmerkmale der Herren:**
   langes oder halblanges, gelocktes oder gewelltes Haar, überwiegend glatt rasiert.
e) **Merkmale der Körperpflege:**
   Öffentliches Warmbad in Badehäusern artete in freizügige Festgelage aus, Badestuben kamen in Verruf, Barbier ohne Badestube.

---

*) Chignon – im Nacken getragener, geflochtener oder geschlungener Haarknoten
**) Menjoubärtchen – schmaler, gestutzter Schurrbart

Frisuren- und Berufsgeschichte (Stilkunde)

(7)

a) **Stilepoche:** Ägypter
b) **Zeitraum:** ca. 2800 bis 700 v. Chr.
c) **Frisurenmerkmale der Damen:**
   Pagenkopfähnliche Frisur, Wollperücke, später langes Haar, zu Zöpfen geflochtene Perücke, erhitzte Tonwickel, Balsamkegel, Stirnband mit Lotusblüten, Kopftuch als Sonnenschutz, Haarfarbe blauschwarz, später Hennafärbung.
d) **Frisurenmerkmale der Herren:**
   glatt rasiert und kahl geschoren, kurze Perücke, Lederkappe, Königshaube und Kinnbart bei Königinnen und Königen.
e) **Merkmale der Körperpflege:**
   Tägliches Bad mit anschließendem Salben, Massage, reichlich Schminke (gelbliche Gesichtsfarbe, grüne Augenlider, schwarze Lidränder), Henna für Handflächen und Nägel.

(8)

a) **Stilepoche:** Römer
b) **Zeitraum:** ca. 500 vor bis 500 n. Chr.
c) **Frisurenmerkmale der Damen:**
   Mittelscheitel und Knotenfrisur bis um 300 v. Chr., danach „griechische Frisur" mit Mittelscheitel und Knoten am Hinterkopf, Wellenfrisur mit Nackenknoten, Lockenfrisur mit Locken um den ganzen Kopf („Tituskopf"), geflochtene Frisur mit angesteckten Flechten und Zopfteilen.
d) **Frisurenmerkmale der Herren:**
   Zu Beginn gestutzter Vollbart, lange Frisur. Danach glatt rasiert, scheitelloses Kurzhaar, leicht gelockte Stirnsträhnen. In der Spätzeit gekräuseltes, längeres Haupthaar mit gekräuseltem Vollbart.

→

e) **Merkmale der Körperpflege:**
Schwitzbad, Massage und Salbungen. Auszupfen lästiger Körperhaare, Gesichtspflege mit Kleie, Früchten etc. Puder, Schminke und Lippenstift anfänglich spärlich, später reichlich.

a) **Stilepoche:** Renaissance
b) **Zeitraum:** ca. 1500 bis 1600
c) **Frisurenmerkmale der Damen:**
Frührenaissance: Frisuren nach antikem Vorbild mit Knoten, Flechten und Schmuck, ausrasierte Stirn.
Hochrenaissance: kleine Frisuren mit Flechten und Knoten, reich verziert mit Netzen und „Baretten".
Spätrenaissance: gelockte und geflochtene Frisuren mit Schmuck, Halskrause.
d) **Frisurenmerkmale der Herren:**
Kolbe mit Vollbart, Spätrenaissance kurze Frisur mit Spitz- oder Schnurrbart, Halskrause.
e) **Merkmale der Körperpflege:**
Reinlichkeit ließ zu wünschen übrig, weiße Schminke, reichlich Duftwässer, Flohpelz.

a) **Stilepoche:** Rokoko
b) **Zeitraum:** ca. 1720 bis 1770
c) **Frisurenmerkmale der Damen:**
Frührokoko: kleine weiße Puderfrisuren à la Pompadour.
Hochrokoko: hohe Puderfrisuren mit kunstvollen Aufbauten à la Marie-Antoinette.
Spätrokoko: breite Puderfrisuren à la Lamballe.
d) **Frisurenmerkmale der Herren:**
Frührokoko: ungepuderte Zopffrisur, meist Eigenhaar, später weiß gepuderte Zopf- oder Beutelperücke.

→

Frisuren- und Berufsgeschichte (Stilkunde)

e) Merkmale der Körperpflege:
Fehlende Hygiene wurde ersetzt durch stärkeren Gebrauch von Schminke und Puder sowie Parfum. Schönheitspflästerchen, Grattoir, Flohfalle.

a) Stilepoche: *Griechen*
b) Zeitraum: ca. 1500 bis 150 v. Chr.
c) Frisurenmerkmale der Damen:
In archaischer Zeit: Mittelscheitel, gewelltes Haar, Korkenzieherlocken.
In klassischer Zeit: Mittelscheitel, klassisch betonter Hinterkopf mit Bändern.
In hellenistischer Zeit: Mittelscheitel und Wirbelknoten.
d) Frisurenmerkmale der Herren:
Ältere Bürger Vollbart und langes Haar, Sportler und Soldaten bartlos und kurz gelockt. Gelockte Frisuren der städtischen Modejünglinge.
e) Merkmale der Körperpflege:
Körper- und Schönheitspflege erstreckte sich auf den ganzen Körper (Gymnastik, Massage, Diät), giftige Bleiweiß-Schminke und Menningrot für Lippen.

a) Stilepoche: *Zweites Empire (2. Rokoko)*
b) Zeitraum: 1848 bis 1870
c) Frisurenmerkmale der Damen:
Mittelscheitel, aufgebauschte Seiten und Nackenchignon mit Hängelocken, gewelltes Haar, Haarersatzteile, Haarnetze und Haarschmuck, H_2O_2 und Salmiakgeist als Bleichmittel.
d) Frisurenmerkmale der Herren:
Lockige Seiten- und Nackenhaare mit langen Koteletten; teils bartlos, teils Voll-, Spitz- oder Schnurrbart.

Frisuren- und Berufsgeschichte (Stilkunde)

e) Merkmale der Körperpflege:
Bleicher Teint galt als modern, Schutz vor Sonne und damit vor Bräune, noch Scheu vor wirklichem Ganzbad.

a) Stilepoche:

Klassizismus (Direktorium, Konsulatszeit, Empire, Restauration)

b) Zeitraum: ca. 1770 bis 1820

c) Frisurenmerkmale der Damen:
Nach antiken Vorbildern, Tituskopf oder griechische Frisuren, zusätzlich Haarersatz. Im Empire verschiedenste Haarlocken, Schmuckelemente wie Diademe, Perlen, Bänder etc. Perücken in vielerlei Farbtönen. Blondes Haar besonders begehrt, Kopfbedeckungen wie Turbane oder Federputz (Reiher).

d) Frisurenmerkmale der Herren:
Tituskopf oder gewellte, kurze scheitellose Frisuren, „Windstoßfrisur", Koteletten, ab 1813 „Protestfrisuren".

e) Merkmale der Körperpflege:
Anfangs wurde Schminke abgelehnt, sorgsame Hautreinigung, später Gebrauch von Parfum und Toilettewässern.

Frisuren- und Berufsgeschichte (Stilkunde)

2 Nachfolgende Abbildungen zeigen die Frisurenmode in unserem Jahrhundert.

a) Ordnen Sie die Abbildungen ①–⑧ jeweils dem richtigen Jahrzehnt (Zwanzigerjahre bis Neunzigerjahre) zu.

b) Welche wichtigen Frisurenmerkmale sind bei Damen kennzeichnend für dieses Jahrzehnt?

c) Welche wichtigen Frisurenmerkmale sind bei Herren kennzeichnend für dieses Jahrzehnt?

d) Nennen Sie zu jedem Jahrzehnt die wichtigsten Merkmale der Körperpflege.

①

a) _Achtzigerjahre_ *(1980–1989)*

b) Frisurenmerkmale der Damen:
Abb. zeigt Young-Fashion-Frisur als „gesellschaftsfähige" Nachfolgefrisur des Punklooks. Modische Frisuren zeigten eine gewisse „Wildheit" durch stufiges Schneiden, Ausfransen; Farbeffekte durch bunte Strähnen oder auffällige Blondierungen sowie einem Frisuren-Finish mittels Wetgel und Wachs. Außerdem kamen künstliche Haarteile in Mode, die auffällig einfrisiert wurden.

c) Frisurenmerkmale der Herren:
Durch den Punk der Siebzigerjahre inspirierte Kurzhaarschnitte, Langhaar- und Zopffrisuren wurden sehr beliebt. Der „Dreitagebart" kam besonders bei jungen Männern in Mode und vervollständigte das männlich rauhe Aussehen.

→

d) Merkmale der Körperpflege:
Ein ausgeprägter Körperkult verfolgte den Wunsch nach einer schlanken, athletischen Figur und einer ausgeprägten Körperbräune (Aerobic, Fitness-Studio, Solarbank). Die Schönheitschirurgie half nach, wenn natürliche Maßnahmen versagten. In der Haarkosmetik stieg die Nachfrage nach biologischen Produkten.

a) *Fünfzigerjahre (1950–1959)*
b) Frisurenmerkmale der Damen:
Seit dem New Look der Vierzigerjahre trugen die Damen kurzes, schlichtes, gewelltes oder leicht gelocktes Haar. Teenager trugen zu ihrem Petticoat lieber langes, zu einem Pferdeschwanz frisiertes Haar. Die Verwendung von Haarteilen für mehr Volumen sowie von Perücken als Zweitfrisuren kam in Mode.
c) Frisurenmerkmale der Herren:
Konservative Männer trugen das Haar mäßig kurz mit oder ohne Seitenscheitel. Der Messerhaarschnitt (George Hardy) erlangte ab 1950 immer größere Beliebtheit. Diese Technik ermöglichte einen exakteren Formschnitt im nassen Haar. Die männliche Jugend (sog. „Halbstarke") trugen Frisuren wie ihre Idole Elvis Presley und James Dean mit pomadisierter Stirnlocke und hoch gekämmter Bombagefrisur. Die Koteletten wurden etwas länger, das Seitenhaar nach hinten zu einer „Ente" frisiert. Weiterhin war die Bürstenfrisur beliebt.
d) Merkmale der Körperpflege:
Im Trend waren sehr weibliche Schauspielerinnen wie Marilyn Monroe, Gina Lollobrigida oder Sophia Loren. Es galt

Frisuren- und Berufsgeschichte (Stilkunde)

angezogen sehr schlank zu wirken, ausgezogen konnte man dagegen vollschlank sein. Trendsetterin Farah Diba (Kaiserin von Persien) brachte ein besonderes Make-up in Mode, die balkenartigen, dunkel nachgezogenen Augenbrauen mit seitlichem, schräg nach oben verlängertem Lidrand (mandelförmige Augen). Die Lippen wurden nur mäßig geschminkt.

③

a) *Zwanzigerjahre (1920–1929)*
b) Frisurenmerkmale der Damen:
Die praktische, kurzhaarige, männlich wirkende Frisur wurde von Asta Nielsen (Stummfilmschauspielerin) als Bubikopf in Mode gebracht. Nach anfänglichen Protesten der Männer, der konservativen Gesellschaft und der Kirche verhalfen Persönlichkeiten wie Coco Chanel und der Starfriseur Antoine dem Bubikopf in allen möglichen Variationen zum endgültigen Durchbruch.
c) Frisurenmerkmale der Herren:
Der Mann trug eng anliegendes, pomadisiertes Haar, wobei das längere Deckhaar nach hinten gekämmt oder gescheitelt wurde. Als Bart wurde ein kleiner englischer Bürstenbart getragen. Bei der älteren Generation waren die Bürstenfrisur und der Schnauzer Hindenburgs beliebt.
d) Merkmale der Körperpflege:
Bei den Frauen setzte sich ein neues Schönheitsideal durch: statt üppiger Rundungen war eine knabenhaft schlanke Figur mit flacher Brust und breiten Schultern gefragt. Das Make-up war genau so wichtig geworden wie die Kleidung.
Ein blasses Make-up mit wenig Rouge, kräftig geschminkte Lippen, dünn ge-

→

Frisuren- und Berufsgeschichte (Stilkunde)

zupfte Augenbrauen und ein überbetontes Augen-Make-up bewirkten ein vampartiges Aussehen.

④

a) *Sechzigerjahre (1960–1969)*
b) Frisurenmerkmale der Damen:
Abbildung zeigt den ZDF-Frisurenvorschlag „Schmetterling" (1965). Kaum eine Frau hatte keine Zweitperücke im Schrank. Dieser Trend hielt bis Mitte der Sechzigerjahre an. Unter dem Einfluss der Weltraumforschung und der Kunst entwickelte sich in der Mode ein Hang zu abstrakt nüchternen Formen, so veränderte Vidal Sassoon (1963) mit einem Schlag die Haarmode. Er entwarf geometrisch klare, schlichte Frisuren, die mit einer speziellen Schnitttechnik modelliert und anschließend geföhnt wurden. Dieser glatte Bubikopf („Five-point-Geometrie") mit bis über die Augen reichendem Pony und schräg geschnittenem Seitenhaar harmonierte mit dem Astronautenlook. Als Gegenbewegung zu Sachlichkeit und Zukunft entstand um 1968 ein Romantiklook, bei dem die Frauen ihr langes Haar zur „Löwenmähne" frisierten.
c) Frisurenmerkmale der Herren:
Entsetzen riefen die „Pilzköpfe" der Beatles bei der älteren Generation hervor. Das lange Haar der Hippiebewegung wurde zum Symbol einer friedlichen (pazifistischen) Einstellung. Davon beeinflusst, trugen viele Männer das Haar mäßig lang: Gescheitelte Rundschnitte zu längeren Koteletten.
d) Merkmale der Körperpflege:
Als neues Schönheitsideal verkörperte Leslie Homby alias „Twiggy" den „Bohnenstangenlook". Eine knabenhaft schlanke Figur mit mädchenhaft langen

→

Frisuren- und Berufsgeschichte (Stilkunde)

Beinen war erforderlich, um den Minirock gut zur Geltung zu bringen und den „Transparentlook" mit überzeugender Unschuld tragen zu können.
Das Make-up wurde sehr aufwendig und auffällig. Es sollte mit dem Kleidungsstil und mit der Frisur harmonieren. Um 1965 wurden farbige, auf die Kleidung abgestimmte Lidschatten modern. Die Lidfalte wurde dunkel betont. Oberhalb der Lidfalte trugen die Frauen hellen, unterhalb farbigen Lidschatten auf. Die Augenbrauen wurden schmal gezupft, die Wimpern kräftig getuscht. Für besondere Anlässe klebten falsche Wimpern an den Lidern. Auch das Aufmalen von „Wimpern" auf das Unterlid und seitlich am Oberlid war üblich.
Die Herrenkosmetik erlebte einen Aufschwung mit Aftershaves, Pflegeserien und Parfums.

⑤

a) <u>Dreißigerjahre</u> *(1930–1939)*
b) Frisurenmerkmale der Damen:
Von der lockigen Kurzhaar bis zur halblangen Wellenfrisur, mit gerolltem oder eingelegtem Nackenhaar, ergaben sich durch eine technisch verbesserte Dauerwelle viele individuelle Gestaltungsmöglichkeiten der Frisur. 1936 wird die im Nacken auswärts über eine Einlage gedrehte Olympiarolle zur Modefrisur.
c) Frisurenmerkmale der Herren:
Das pomadisierte längere Deckhaar wurde zurückgekämmt. der Scheitel wurde ziemlich hoch oder gar als Mittelscheitel getragen. Ein schmaler Oberlippenbart gehörte zum „Verführertyp". Zu Zeiten des Nationalsozialismus (1933–1945) wurde das Haar sorgsam gescheitelt, seitlich und im Nacken

→

hoch geschnitten und streichholzlang getragen.
d) Merkmale der Körperpflege:
Im Sinne des Nationalsozialismus sollte die deutsche Frau möglichst ungeschminkt, fraulich und blond sein. Bei modischen Frauen galt Greta Garbo als Idol mit dunkelrot geschminkten Lippen, dunklem Lidschatten, schwarzer Wimperntusche und schmal gezupften Augenbrauen.

⑥

a) _Neunzigerjahre (1990–1999)_
b) Frisurenmerkmale der Damen:
Noch dem etwas schmuddeligen „Grungelock" folgte der gepflegte „Glamourlook". Dauerbrenner der Neunzigerjahre aber blieben Frisurenthemen der „Sixties" und „Seventies". Die Technomode ist wohl am stärksten auf das kommende „Millennium" ausgerichtet.
c) Frisurenmerkmale der Herren:
Auch bei den Herren sind Modethemen der Sechziger und Siebziger „in". Die „Raver" der Technoszene tragen gern auffallende Frisuren. Gepflegte Kurzhaarschnitte und nur Millimeter langes Haar gefallen vielen Männern, ebenso ist eine Glatze gesellschaftsfähig.
d) Merkmale der Körperpflege:
Noch waren Sportlichkeit und Fitness „in", wurden aber bezüglich der Körperformen lockerer. Dicke Frauen und Männer zeigten sich selbstbewusst, der weibliche Busen wurde mit Silikon in Form gebracht oder mittels Push-up-BH optisch betont. Modedesigner haben sich Ende der Neunziger wieder für extrem schlanke Models entschieden, die zum Teil provokativ ungeschminkt fotografiert wurden.

Frisuren- und Berufsgeschichte (Stilkunde)

⑦

a) <u>Vierzigerjahre</u> *(1940–1949)*

b) Frisurenmerkmale der Damen:
Während der Kriegsjahre (1939–1945) trug die Frau eine Art Hochfrisur mit seitlich aufgestecktem und am Oberkopf als Locke oder Rolle befestigtem Haar. 1945 wurde die nebenstehende Entwarnungsfrisur mit oben eingeschlagenem Nackenhaar und zum Lockentuff frisierte Vorderkopfpartie kreiert. 1947 konnte bei der Dauerwelle das neu entwickelte haarschonende Kaltwellverfahren angewandt werden. Ab 1948 wurden kurze, fransig geschnittene Frisuren mit wenig Volumen als „New Look" getragen.

c) Frisurenmerkmale der Herren:
In den Kriegsjahren wurde weiterhin der Militärschnitt getragen, das Gesicht war meist glatt rasiert. Nach 1945 kam der kleine schmale Oberlippenbart Hitlers ganz aus der Mode. Das Haar wurde immer noch mäßig kurz geschnitten und scheitellos nach hinten gekämmt. Die jungen Männer bevorzugten den amerikanischen Bürstenhaarschnitt (Meckifrisur), den sie mit Haaröl pflegten. Das Gesicht blieb bartlos.

d) Merkmale der Körperpflege:
Da Seidenstrümpfe in den Kriegsjahren nicht mehr hergestellt wurden, bot die Kosmetikindustrie Enthaarungscreme und Make-up für die Beine an. Mit dem Augenbrauenstift vollendeten dann die Frauen die „Nahtstrümpfe".
In den Nachkriegsjahren benutzten die meisten Frauen wieder mehr Kosmetika. Insbesondere die Augen wurden stark betont und die Lippen herzförmig geschminkt.

→

Frisuren- und Berufsgeschichte (Stilkunde)

a) <u>Siebzigerjahre</u> *(1970–1979)*
b) Frisurenmerkmale der Damen:
Der „Afrolook" kam durch die Hippiebewegung und das Erfolgsmusical „Hair" in Mode. Aus einer als „Popper" (abgeleitet von „Pop") bekannten Jugendszene entstanden gestylt wirkende Frisuren, die als Gegenbewegung zur „Punkerszene" (Punk = mies, hässlich) zu verstehen waren.
c) Frisurenmerkmale der Herren:
Während viele Hippieanhänger noch immer schulterlanges Haar und Bärte trugen, lebte die Discokultur auf. Star des Films „Saturday Night Fever" war John Travolta. Für den Discoauftritt wurde das Haar mit Pomade oder Brillantine sorgfältig gestylt.
d) Merkmale der Körperpflege:
Das große Interesse an der Sexualität rief einen besonderen Boom der Körperpflegemittelindustrie hervor. Deodorants und andere Präparate für die Intimpflege waren sehr gefragt. Die Männer begannen ihren diesbezüglichen „Rückstand" aufzuholen. Das grelle Make-up der Sechziger wurde allmählich unmodern. Es gab den Frauen ein zu puppenhaftes Aussehen und passte nicht zu der neuen Frauenbewegung, die gegen den Abtreibungsparagraphen demonstrierte. Viele jugendliche und ältere Frauen verzichteten ganz auf das Make-up. Mit der Nostalgiewelle wurde das Make-up der Dreißigerjahre wieder modern.

Frisuren- und Berufsgeschichte (Stilkunde)

3 Ordnen Sie von den nachfolgend genannten 40 Begriffen jeweils 5 Begriffe den in Aufgabe **2** genannten Zwanziger- bis Neunzigerjahren zu.

- Elvis Presley
- Mauerbau (DDR)
- Bubikopf
- Topfhut
- Minirock
- Frisur Olympiarolle
- Partnerlook
- Beginn der Aerobic-Welle
- Besatzungszonen
- Rock´n´Roll
- New Look von Dior
- Silikon-Busen
- Dreitagebart
- Schauspielerin Marlene Dietrich
- Trümmerfrauen
- Tschernobyl
- Ende des Zweiten Weltkriegs
- Hippiebewegung
- Fall der Berliner Mauer
- Messerhaarschnitt
- Twiggy
- Knickerbockerhosen
- Petticoat
- Popper
- natürliches Frauenideal
- Marilyn Monroe
- Push-up-BH
- Technoszene
- Machtergreifung Hitlers
- Vietnamkrieg
- Skinheads
- Währungsreform
- Afrolook
- Hotpants
- Charleston
- Weimarer Republik
- Love-Parade
- Monokel
- John Travolta
- Bodies

a) Zwanzigerjahre:
– Bubikopf, – Topfhut, – Charleston, – Weimarer Republik, – Monokel.
b) Dreißigerjahre:
– Machtergreifung Hitlers, – Frisur Olympiarolle, – Knickerbockerhosen, – natürliches Frauenideal, – Schauspielerin Marlene Dietrich.
c) Vierzigerjahre:
– Trümmerfrauen, – Ende des Zweiten Weltkriegs, – Währungsreform, – Besatzungszonen, – New Look von Dior.
d) Fünfzigerjahre:
– Elvis Presley, – Messerhaarschnitt, – Petticoat, – Rock´n´Roll, – Marilyn Monroe.
e) Sechzigerjahre:
– Mauerbau (DDR), – Vietnamkrieg, – Hippiebewegung, – Minirock, – Twiggy.
f) Siebzigerjahre:
– Afrolook, – Partnerlook, – Hotpants, – Popper, – John Travolta.
g) Achtzigerjahre:
– Tschernobyl, – Skinheads, – Fall der Berliner Mauer, – Beginn der Aerobic-Welle, – Dreitagebart.
h) Neunzigerjahre:
– Technoszene, – Love-Parade, – Silikon-Busen, – Push-up-BH, – Bodies.

Frisuren- und Berufsgeschichte (Stilkunde)

4 **Welchen Stilepochen sind die in den nachfolgenden 16 Abbildungen dargestellten Frisuren zuzuordnen?**

① Renaissance
② Germanen
③ Gründerzeit
④ Römer
⑤ Gotik
⑥ Rokoko
⑦ Barock
⑧ Biedermeier
⑨ Renaissance
⑩ Romanik
⑪ Griechen
⑫ Rokoko
⑬ Biedermeier
⑭ 2. Empire
⑮ Ägypter
⑯ Barock

Frisuren- und Berufsgeschichte (Stilkunde)

Frisuren- und Berufsgeschichte (Stilkunde)

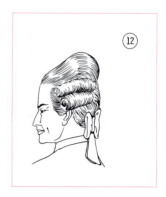

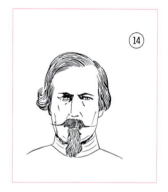

© Holland + Josenhans

Frisuren- und Berufsgeschichte (Stilkunde)

5 Ordnen Sie die folgenden 26 Begriffe den in Aufgabe **1** genannten 13 Stilepochen zu. (2 Begriffe je Stilepoche.)
- **Hörnerhaube**
- **Cäsar**
- **Pyramiden**
- **Schutenhut**
- **Beutelperücke**
- **Windstoßfrisur**
- **Chignon**
- **Akropolis**
- **Swebenknoten**
- **Rundbogen**
- **Kolbe**
- **Versailles**
- **Onduliereisen**
- **Kalasiris**
- **Limes**
- **Stirnfransenfrisur**
- **Bleiweißschminke**
- **Stewartkragen**
- **Rotes Haar war verpönt**
- **Bader**
- **Weit ausgeschnittenes Hemdkleid (Chemisenkleid)**
- **Flohfalle**
- **Eieruhrform der weiblichen Kleidung**
- **Kapotthut**
- **Bartbinde**
- **Scheitelnagel**

a) **Ägypter:**
  – Pyramiden
  – Kalasiris
b) **Griechen:**
  – Akropolis
  – Bleiweißschminke
c) **Römer:**
  – Cäsar
  – Limes
d) **Germanen:**
  – Scheitelnagel
  – Swebenknoten
e) **Romanik:**
  – Rundbogen
  – Bader
f) **Gotik:**
  – Hörnerhaube
  – Rotes Haar war verpönt
g) **Renaissance:**
  – Kolbe
  – Stewartkragen
h) **Barock:**
  – Stirnfransenfrisur
  – Versailles
i) **Rokoko:**
  – Beutelperücke
  – Flohfalle
j) **Klassizismus:**
  – Windstoßfrisur
  – Weit ausgeschnittenes Hemdkleid (Chemisen-kleid)
k) **Biedermeier:**
  – Schutenhut
  – Eieruhrform der weiblichen Kleidung
l) **2. Empire:**
  – Chignon
  – Kapotthut
m) **Gründerzeit:**
  – Onduliereisen
  – Bartbinde

6 Die unter a) bis c) aufgeführten Begriffe gehören jeweils zur gleichen Stilepoche. Um welche Stilepochen handelt es sich?

a) – Modejüngling
– Chiton
– Kosmetik
– Blondierung mit Safran

b) – Kreuzzüge
– Gebende
– Ehefrauen tragen zwei dicke Zöpfe
– Burgdamen

c) – Wiedergeburt
– hohe gewölbte Stirn als Schönheitsideal
– Albrecht Dürer
– hoch gekämmte Nackenhaare

a) Griechen
b) Romanik
c) Renaissance

7 Ordnen Sie die folgenden Begriffe dem Barock oder Rokoko zu.
– Absolutismus
– Allongeperücke
– Rosenkranzfrisur
– Wespentaille
– Lockenholz
– Reifrock
– Frisur à la Fontange
– Marquise de Pompadour

a) **Barock:**
– Absolutismus
– Allongeperücke
– Frisur a la Fontange
– Lockenholz

b) **Rokoko:**
– Marquise de Pompadour
– Rosenkranzfrisur
– Reifrock
– Wespentaille

Frisuren- und Berufsgeschichte (Stilkunde)

8 **Welche Begriffe gehören zu den Stilepochen**
a) **Gotik**,
b) **Gründerzeit**,
c) **Römer** und
d) **Biedermeier**?
Nennen Sie zu jeder Stilepoche sechs Begriffe.

a) **Gotik:**
  – Hennin
  – Schnabelschuhe
  – Spitzbogen
  – Barbier
  – Färben der Haare mit Metallfarben
  – Enge farbige Strumpfhosen der Männer

b) **Gründerzeit:**
  – Kolonien
  – Pariser Steiß
  – Jugendstil
  – Bismarck
  – Haarschneidemaschine
  – falscher Wilhelm

c) **Römer:**
  – Tunika
  – Toga
  – Tonsur
  – Nero
  – Senator
  – Aquädukt

d) **Biedermeier:**
  – Schlupfen
  – Dreiecksscheitel, Schrägscheitel, Querscheitel
  – Karl Spitzweg
  – Stehkragen (Vatermörder)
  – Pomadisiertes, glatt gebürstetes Haar
  – Schlafrock

9 **Zu welchen Stilepochen gehören die nachfolgend abgebildeten acht Gebäude?**

① Modernes Produktionsgebäude – **Gründerzeit/Neuzeit**
② Bürgerliches Haus – **Renaissance**
③ Kolosseum – **Römer**
④ Langhaus – **Germanen**
⑤ Akropolis – **Griechen**
⑥ Kirche – **Romanik**
⑦ Pyramiden – **Ägypter**
⑧ Gebäudeportal – **Klassizismus**

→

Frisuren- und Berufsgeschichte (Stilkunde)

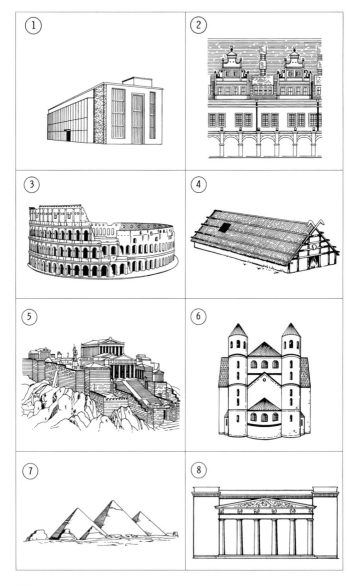

Frisuren- und Berufsgeschichte (Stilkunde)

10 **Zu welchen Stilepochen gehören die nachfolgend abgebildeten neun Gegenstände bzw. Personen?**

① Reifrock – **Rokoko**
② Ornament – **Jugendstil**
③ Soldatenkleidung – **Renaissance**
④ Onduliereisen – **Gründerzeit**
⑤ Ritterkleidung – **Gotik**
⑥ Mädchenkleidung – **Biedermeier**
⑦ Rundbogenfenster – **Romanik**
⑧ Leuchter – **Barock**
⑨ Fenster – **Gotik**

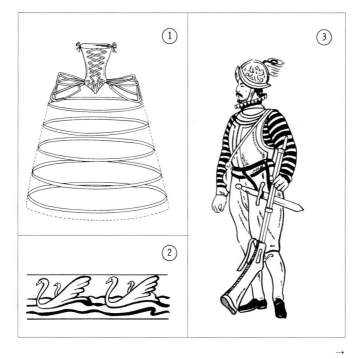

→

Frisuren- und Berufsgeschichte (Stilkunde)

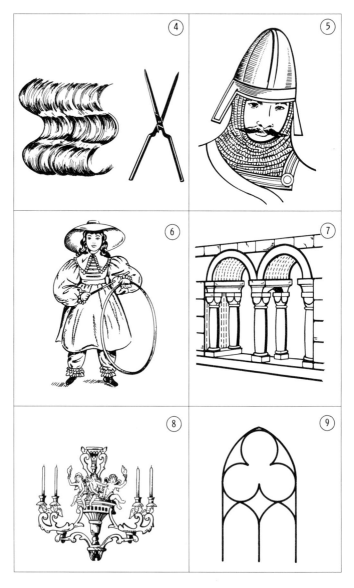

Frisuren- und Berufsgeschichte (Stilkunde)

11 Bei einem Kostümfest müssen die mit **A1** bis **A8** gekennzeichneten Herren ihre in der gleichen Stilepoche gekleideten Partnerinnen (gekennzeichnet mit **B1** bis **B11**) suchen. Leider herrscht dabei ein Frauenüberschuss.

a) Welche Herren und Damen passen in ihrer Kostümierung zeitgeschichtlich zusammen?

b) In welchen Stilepochen sind die übrig gebliebenen Damen gekleidet?

a) **A1** / **B4**
   A2 / **B9**
   A3 / **B3**
   A4 / **B8**
   A5 / **B2**
   A6 / **B6**
   A7 / **B11**
   A8 / **B5**

b) B1 = **Romanik** (Byzantinische Frauenkleidung mit Stola)
   B7 = **Renaissance** (wohlhabende Florentinerin)
   B10 = **Renaissance** (Bürgersfrau)

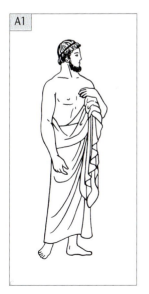

→

Frisuren- und Berufsgeschichte (Stilkunde)

Frisuren- und Berufsgeschichte (Stilkunde)

→

Frisuren- und Berufsgeschichte (Stilkunde)

12 Bei einer Ausstellung über die Barockzeit werden die folgenden zehn Ausstellungstücke gezeigt. Leider haben sich bei der Zusammenstellung dieser Ausstellungsstücke einige Fehler eingeschlichen.
a) Welche der abgebildeten Ausstellungsstücke gehören nicht in die Barockzeit?
b) Welchen Stilepochen sind die „falschen" Ausstellungsstücke zuzuordnen?

a) ②, ③, ④, ⑥, ⑦, ⑨
b) ② = Romanik
③ = Klassizismus
④ = Rokoko
⑥ = Rokoko
⑦ = Gotik
⑨ = Gotik

Frisuren- und Berufsgeschichte (Stilkunde)

13 a) Wie kann die nachfolgend abgebildete Karikatur gedeutet werden?
b) Welche Stilepoche wird in dieser Karikatur angesprochen?

a) Die Kleidung scheint die einer eitlen Person zu sein. Die Frisur ist anscheinend nicht angebracht. Kirchliche Vorschriften verbieten die Eitelkeit, denn Eitelkeit ist gleichbedeutend mit Sünde. Dies wird durch die Teufel symbolisiert.
b) Romanik

Frisuren- und Berufsgeschichte (Stilkunde)

|14| **Ordnen Sie die zwölf Abbildungen auf der folgenden Seite den verschiedenen Jahrzehnten (Zwanziger- bis Neunzigerjahre) des 20. Jahrhunderts zu.**

→

① **Anfang Siebzigerjahre:**
Maxi-Mode
② **Fünfzigerjahre:**
Sacklinie
③ **Zwanzigerjahre:**
Charlestonkleid
④ **Fünfzigerjahre:**
V-Linie
⑤ **Dreißigerjahre:**
schmales, körperbetontes Kleid
⑥ **Sechzigerjahre:**
Minimode
⑦ **Dreißigerjahre:**
Hut mit Schleier
⑧ **Dreißigerjahre:**
Trenchcoat
⑨ **Fünfzigerjahre:**
Pferdeschwanz
⑩ **Achtzigerjahre:**
Pumps
⑪ **Dreißigerjahre:**
Herrenhut Homburg, Hut mit nach oben gebogener Krempe
⑫ **Siebzigerjahre:**
männliche Langhaarfrisur/Partnerlook

Frisuren- und Berufsgeschichte (Stilkunde)

Fachmathematik
Runden von Zahlen

1 Erläutern Sie die Vorgehensweise beim Runden von Zahlen.

⇒ **Von 0 bis 4 wird abgerundet**, d. h. wenn die nächste Ziffer eine 0, 1, 2, 3 oder 4 ist.

Beispiel: 2,392 € abgerundet   ≈   2,39 €
              43,594 € abgerundet ≈   43,59 €

⇒ **Ab 5 wird aufgerundet**, d. h. wenn die nächste Ziffer eine 5, 6, 7, 8 oder 9 ist.

Beispiel: 18,768 € aufgerundet ≈   18,77 €
              35,995 € aufgerundet ≈   6,00 €

---

2 Auf wie viele Stellen werden die Ergebnisse in der Praxis gerundet?

⇒ **€ auf 2 Dezimalstellen**,   denn 1 Cent = 0,01 €
⇒ **m auf 2 Dezimalstellen**,   denn 1 cm   = 0,01 m
⇒ **kg auf 3 Dezimalstellen**,   denn 1 g   = 0,001 kg

3 Runden Sie die folgenden Zahlen praxisgerecht:
a) **123,5678 €**,   a) 123,57 €
b) **234,44423 €**,   b) 234,44 €
c) **12,456 m**,   c) 12,46 m
d) **2,2345656 kg**.   d) 2,235 kg

© Holland + Josenhans

Wiederholung des Bruchrechnens

1 Erläutern Sie, was man unter einem Bruch versteht.

Ein Bruch ist ein Teil eines Ganzen.

Statt des Bruchstrichs kann genau so gut ein Teilungszeichen stehen, denn ein Bruch ist die besondere Form einer Teilungsaufgabe (Division).

2 Man unterscheidet verschiedene Arten von Brüchen. Erläutem Sie die einzelnen Arten und geben Sie jeweils ein Beispiel dazu an.

Brüche			
Echte Brüche	**Unechte Brüche**	**Gleichnamige Brüche**	**Ungleichnamige Brüche**
Die Zähler sind kleiner als die Nenner.	Die Zähler sind größer als die Nenner.	Die Nenner sind gleich.	Die Nenner sind ungleich.
Beispiele:	**Beispiele:**	**Belspiele:**	**Belspiele:**
$\frac{2}{3}, \frac{1}{5}, \frac{7}{8}, \frac{1}{2}$	$\frac{5}{3}, \frac{7}{6}, \frac{12}{10}, \frac{8}{6}$	$\frac{1}{9}, \frac{2}{9}, \frac{4}{9}, \frac{7}{9}$	$\frac{2}{7}, \frac{5}{8}, \frac{7}{12}, \frac{2}{9}$

3 Woraus besteht eine gemischte Zahl?

Eine **gemischte Zahl** ist die Summe aus einer ganzen Zahl und einem echten Bruch.

Beispiel: $3\frac{3}{4} = 3 + \frac{3}{4}$

4 Unterteilen Sie die folgenden Beispiele in echte Brüche, unechte Brüche und gemischte Zahlen:

$\dfrac{1}{2}, \dfrac{2}{5}, \dfrac{8}{7}, \dfrac{6}{7}, \dfrac{5}{5}, 3\dfrac{1}{2}, \dfrac{19}{15}, 1\dfrac{2}{3}$

- Echte Brüche: $\dfrac{1}{2}, \dfrac{2}{5}, \dfrac{6}{7}$

- Unechte Brüche: $\dfrac{8}{7}, \dfrac{5}{5}, \dfrac{19}{15}$

- Gemischte Zahlen: $3\dfrac{1}{2}, 1\dfrac{2}{3}$

5 Unterteilen Sie die folgenden Beispiele in gleichnamige und ungleichnamige Brüche:

$\dfrac{5}{3}, \dfrac{2}{7}, \dfrac{4}{5}, \dfrac{3}{7}, \dfrac{1}{8}, \dfrac{1}{7}, \dfrac{4}{9}$

- Gleichnamige Brüche: $\dfrac{2}{7}, \dfrac{3}{7}, \dfrac{1}{7}$

- Ungleichnamige Brüche: $\dfrac{5}{3}, \dfrac{4}{5}, \dfrac{1}{8}, \dfrac{4}{9}$

6 Wie wird ein Bruch erweitert?

Ein Bruch wird **erweitert**, indem Zähler und Nenner mit der gleichen Zahl multipliziert werden. Der Wert des Bruches ändert sich dadurch nicht.

Beispiel: Erweitern Sie $\dfrac{3}{5}$ mit 4.

Lösung: $\dfrac{3}{5} = \dfrac{3 \cdot 4}{5 \cdot 4} = \underline{\underline{\dfrac{12}{20}}}$

7 Erweitern Sie mit 8.

a) $\dfrac{6}{7}$

b) $\dfrac{2}{3}$

c) $3\dfrac{2}{5}$

a) $\dfrac{6 \cdot 8}{7 \cdot 8} = \underline{\underline{\dfrac{48}{56}}}$

b) $\dfrac{2 \cdot 8}{3 \cdot 8} = \underline{\underline{\dfrac{16}{24}}}$

c) $3\dfrac{2 \cdot 8}{5 \cdot 8} = 3\underline{\underline{\dfrac{16}{40}}}$

Wiederholung des Bruchrechnens

8 **Wie wird ein Bruch gekürzt?**

> Ein Bruch wird **gekürzt**, indem Zähler und Nenner durch dieselbe Zahl dividiert werden. Der Wert des Bruches ändert sich dadurch nicht.
>
> **Beispiel:** Kürzen Sie $\frac{8}{12}$ mit 4.
>
> **Lösung:** $\frac{8}{12} = \frac{8:4}{12:4} = \underline{\underline{\frac{2}{3}}}$

9 **Kürzen Sie die folgenden Brüche.**

a) $\frac{2}{4}$ b) $\frac{16}{136}$ c) $4\frac{15}{75}$

a) $\frac{2:2}{4:2} = \underline{\underline{\frac{1}{2}}}$

b) $\frac{16:8}{136:8} = \underline{\underline{\frac{2}{17}}}$

c) $4\frac{15:15}{75:15} = 4\underline{\underline{\frac{1}{5}}}$

10 **Wie werden gleichnamige Brüche addiert oder subtrahiert?**

> **Gleichnamige Brüche** (Brüche mit gleichen Nennern) werden addiert oder subtrahiert, indem man die Zähler addiert bzw. subtrahiert.
>
> **Beispiel 1:** $\frac{2}{9} + \frac{4}{9} + \frac{5}{9} + \frac{7}{9} + \frac{8}{9} = \frac{2+4+5+7+8}{9} = \frac{26}{9} = 2\underline{\underline{\frac{8}{9}}}$
>
> **Beispiel 2:** $\frac{12}{13} - \frac{5}{13} - \frac{3}{13} - \frac{1}{13} = \frac{12-5-3-1}{13} = \underline{\underline{\frac{3}{13}}}$

11 **Addieren Sie:**

a) $\frac{1}{7} + \frac{3}{7} + \frac{4}{7} + \frac{5}{7} + \frac{6}{7}$

b) $\frac{2}{11} + \frac{4}{11} + \frac{6}{11} + \frac{9}{11} + \frac{10}{11}$

c) $5\frac{2}{5} + 2\frac{1}{5} + 4\frac{4}{5} + 1\frac{3}{5}$

a) $\frac{1+3+4+5+6}{7} = \frac{19}{7} = 2\underline{\underline{\frac{5}{7}}}$

b) $\frac{2+4+6+9+10}{11} = \frac{31}{11} = 2\underline{\underline{\frac{9}{11}}}$

c) $12\frac{2+1+4+3}{5} = 12\frac{10}{5} = \underline{\underline{14}}$

Wiederholung des Bruchrechnens

12 **Subtrahieren Sie:**

a) $\dfrac{8}{9} - \dfrac{3}{9} - \dfrac{2}{9} - \dfrac{1}{9}$

b) $\dfrac{23}{24} - \dfrac{7}{24} - \dfrac{5}{24} - \dfrac{3}{24}$

c) $2\dfrac{11}{12} - \dfrac{9}{12} - \dfrac{5}{12} - \dfrac{3}{12}$

a) $\dfrac{8-3-2-1}{9} = \underline{\underline{\dfrac{2}{9}}}$

b) $\dfrac{23-7-5-3}{24} = \dfrac{8}{24} = \underline{\underline{\dfrac{1}{3}}}$

c) $2\dfrac{11-9-5-3}{12} = 1\dfrac{6}{12} = \underline{\underline{1\dfrac{1}{2}}}$

13 **Wie werden ungleichnamige Brüche addiert oder subtrahiert?**

Ungleichnamlge Brüche (Brüche mit verschiedenen Nennern) müssen vor dem Addieren gleichnamig gemacht werden. Dazu muss der Hauptnenner ermittelt werden. Der Hauptnenner ist die kleinste gemeinsame Zahl, die durch alle vorhandenen Nenner geteilt werden kann.

Beispiel: $\dfrac{2}{5} + \dfrac{1}{6} + \dfrac{5}{12} - \dfrac{7}{15} = ?$

Lösung: ① $\dfrac{2}{5} + \dfrac{1}{6} + \dfrac{5}{12} - \dfrac{7}{15}$

②
Primzahlen	Nenner			
			12	15
:	2		6	15
:	2		3	15
:	3		1	5
:	5			1

③ $2 \cdot 2 \cdot 3 \cdot 5 = \underline{\underline{60}}$ ← Hauptnenner

④ Erweiterungsfaktor

$\dfrac{2 \cdot 12}{60} + \dfrac{1 \cdot 10}{60} + \dfrac{5 \cdot 5}{60} - \dfrac{7 \cdot 4}{60}$

$= \dfrac{24 + 10 + 25 - 28}{60} = \underline{\underline{\dfrac{31}{60}}}$

Wiederholung des Bruchrechnens

▷ *Fortsetzung der Antwort* ▷

Rechenweg: ① Alle Nenner, die in einem anderen enthalten sind, werden **weggelassen.**

② Alle übrigen Nenner werden so lange **durch Primzahlen dividiert**, bis man die Zahl 1 erhält. Primzahlen sind nur **durch 1** und **durch sich selbst** teilbar. (Beispiele: 1, 2, 3, 5, 7, 11, 13)

③ Die **Teiler** werden miteinander **multipliziert.**
⇒ Das Produkt ergibt den kleinsten **Hauptnenner.**

④ Die Brüche werden auf den Hauptnenner erweitert. Der **Erweiterungsfaktor** ergibt sich, wenn man den Hauptnenner durch den jeweiligen Nenner teilt. In unserem Beispiel:
⇒ 60 : 5 = 12, 60 : 6 = 10, 60 : 12 = 5, 60 : 15 = 4

---

14 **Addieren Sie:**

a) $\dfrac{1}{2} + \dfrac{2}{3} + \dfrac{1}{4}$ b) $\dfrac{3}{5} + \dfrac{1}{4} + \dfrac{2}{5} + \dfrac{1}{2}$ c) $\dfrac{3}{12} + \dfrac{5}{12} + \dfrac{3}{8} + \dfrac{1}{6}$

---

a) Hauptnenner: 12

⇒ $\dfrac{1 \cdot 6}{12} + \dfrac{2 \cdot 4}{12} + \dfrac{1 \cdot 3}{12} = \dfrac{6+8+3}{12} = \dfrac{17}{12} = 1\dfrac{5}{12}$

b) Hauptnenner: 20

⇒ $\dfrac{3 \cdot 4}{20} + \dfrac{1 \cdot 5}{20} + \dfrac{2 \cdot 4}{20} + \dfrac{1 \cdot 10}{20} = \dfrac{12+5+8+10}{20} = \dfrac{35}{20} = 1\dfrac{3}{4}$

c) Hauptnenner: 24

⇒ $\dfrac{3 \cdot 2}{24} + \dfrac{5 \cdot 2}{24} + \dfrac{3 \cdot 3}{24} + \dfrac{1 \cdot 4}{24} = \dfrac{6+10+9+4}{24} = \dfrac{29}{24} = 1\dfrac{5}{24}$

15 Wie werden Brüche multipliziert?

Brüche werden multipliziert, indem man **Zähler mit Zähler** und **Nenner mit Nenner** multiplizieren. Sofern möglich, wird vor dem Multiplizieren gekürzt.

Beispiel: $\dfrac{7}{9} \cdot \dfrac{2}{7} \cdot \dfrac{3}{4} = \dfrac{7 \cdot 2 \cdot 3}{9 \cdot 7 \cdot 4} = \dfrac{1}{6}$

Ganze Zahlen und gemischte Zahlen werden vor der Multiplikation in Brüche umgewandelt.

Beispiel 1: $\dfrac{2}{3} \cdot 4 = \dfrac{2 \cdot 4}{3 \cdot 1} = \dfrac{8}{3} = 2\dfrac{2}{3}$

Beispiel 2: $3\dfrac{1}{5} \cdot \dfrac{1}{8} = \dfrac{16 \cdot 1}{5 \cdot 8} = \dfrac{2}{5}$

16 Multiplizieren Sie:

a) $\dfrac{3}{5} \cdot \dfrac{2}{9}$

b) $\dfrac{2}{4} \cdot \dfrac{21}{36} \cdot \dfrac{4}{7}$

c) $6 \cdot \dfrac{4}{5}$

a) $\dfrac{3 \cdot 2}{5 \cdot 9} = \dfrac{3 \cdot 2}{5 \cdot 9} = \dfrac{2}{15}$

b) $\dfrac{2 \cdot 21 \cdot 4}{4 \cdot 36 \cdot 7} = \dfrac{2 \cdot 21 \cdot 4}{4 \cdot 36 \cdot 7} = \dfrac{1}{6}$

c) $\dfrac{6 \cdot 4}{1 \cdot 5} = \dfrac{24}{5} = 4\dfrac{4}{5}$

17 Wie werden Brüche dividiert?

Ein Bruch wird durch einen Bruch dividiert, indem man den ersten Bruch mit dem **Kehrwert** des zweiten Bruchs multipliziert.

Beispiel: $\frac{1}{5} : \frac{1}{3} = ? \rightarrow \frac{1}{5} : \boxed{\frac{1}{3}} = \frac{1 \cdot \boxed{3}}{5 \cdot \boxed{1}} = \underline{\underline{\frac{3}{5}}}$

$\frac{1}{3} \rightleftarrows \frac{3}{1}$

Kehrwert

Ganze Zahlen und gemischte Zahlen werden in Brüche umgewandelt.

Beispiel 1: $\frac{3}{4} : 3 = \frac{3}{4} : \frac{3}{1} = \frac{\overset{1}{\cancel{3}} \cdot 1}{4 \cdot \underset{1}{\cancel{3}}} = \underline{\underline{\frac{1}{4}}}$

Beispiel 2: $5\frac{5}{7} : \frac{10}{21} = \frac{40}{7} : \frac{10}{21} = \frac{\overset{4}{\cancel{40}} \cdot \overset{3}{\cancel{21}}}{\underset{1}{\cancel{7}} \cdot \underset{1}{\cancel{10}}} = \underline{\underline{12}}$

18 Dividieren Sie:

a) $\frac{7}{8} : \frac{3}{4}$

b) $15 : \frac{5}{8}$

c) $16\frac{1}{4} : 3\frac{1}{3}$

a) $\frac{7 \cdot 4}{8 \cdot 3} = \frac{7 \cdot \overset{1}{\cancel{4}}}{\underset{2}{\cancel{8}} \cdot 3} = \frac{7}{6} = 1\underline{\underline{\frac{1}{6}}}$

b) $\frac{15 \cdot 8}{1 \cdot 5} = \frac{\overset{3}{\cancel{15}} \cdot 8}{1 \cdot \underset{1}{\cancel{5}}} = \underline{\underline{24}}$

c) $\frac{65 \cdot 3}{4 \cdot 10} = \frac{\overset{13}{\cancel{65}} \cdot 3}{4 \cdot \underset{2}{\cancel{10}}} = \frac{39}{8} = 4\underline{\underline{\frac{7}{8}}}$

Wiederholung des Bruchrechnens

19 **Wie wird ein Bruch in eine Dezimalzahl umgewandelt?**

Ein Bruch wird in eine Dezimalzahl umgewandelt, indem man den Zähler durch den Nenner dividiert.

Beispiel: $\frac{3}{5} = 3 : 5 = \underline{\underline{0{,}6}}$

20 Wandeln Sie in Dezimalstellen um. Runden Sie, sofern notwendig, nach der dritten Dezimalstelle.

a) $\frac{4}{5}$ b) $\frac{14}{35}$ c) $21\frac{3}{7}$

a) $4 : 5 = \underline{\underline{0{,}8}}$

b) $14 : 35 = \underline{\underline{0{,}4}}$

c) $21 + 3 : 7 = \underline{\underline{\text{rd. } 21{,}429}}$

21 **Wie wird eine Dezimalzahl in einen Bruch umgewandelt?**

Eine Dezimalzahl wird in einen Bruch umgewandelt, indem die Zahl nach dem Komma zum Zähler wird. In den Nenner übernimmt man die Zahl 10 oder 100 oder 1000 usw. Der Anzahl der Stellen hinter dem Komma entspricht die Anzahl der Nullen im Nenner. Sofern möglich, wird gekürzt.

Beispiele:

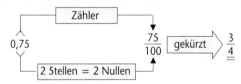

22 Wandeln Sie in Brüche oder gemischte Zahlen um.
a) 0,125
b) 15,12
c) 0,625

a) $\frac{125}{1000} = \underline{\underline{\frac{1}{8}}}$

b) $15\frac{12}{100} = 15\underline{\underline{\frac{3}{25}}}$

c) $\frac{625}{1000} = \underline{\underline{\frac{5}{8}}}$

Größen und Einheiten

Größen und Einheiten

1 Wie könnn die dezimalen Maßeinheiten eingeteilt werden?

Dezimale Maßeinheiten			
Längenmaße	**Flächenmaße**	**Gewichtsmaße**	**Volumenmaße**
z. B.	z. B.	z. B.	z. B.
km, m, dm, cm, mm	m^2, dm^2, cm^2, mm^2	t, kg, g, mg	hl, l, dl, cl, ml

2 Erläutern Sie den allgemeinen Aufbau der dezimalen Maßeinheiten.

> Die **Basis** der dezimalen Maßeinheiten ist 10. Die kleineren Einheiten sind deshalb immer $\frac{1}{10}$, $\frac{1}{100}$, $\frac{1}{1000}$ usw. der größeren Einheiten.
> Die größeren Einheiten betragen immer ein 10faches, 100faches, 1000faches usw. der kleineren Einheiten.
> **Beispiele:** 1 hl = 100 l, 1 l = 10 dl

Längeneinheiten

3 Rechnen Sie folgende Längen in die gesuchte Einheit um.
a) 1.200 cm = ? m   c)   70 cm = ? mm   e) 6 km = ? cm
b)   800 cm = ? dm   d) 1.300 m = ? km

> a) 12 m
> b) 80 dm
> c) 700 mm
> d) 1,3 km
> e) 600.000 cm

4 Das menschliche Haar wächst durchschnittlich 0,3 mm pro Tag.
a) Wie viel cm wächst ein Haar in 2 Monaten?
b) Ein Stammkunde sagt, dass sein Haar seit dem letzten Haarschnitt rund 1,5 cm gewachsen sei.
   Wie viele Tage liegt der Haarschnitt des Kunden zurück?

→

Größen und Einheiten

▷ **Antwort** ▷

a) **Wachstum in 2 Monaten** = 0,3 mm/Tag · 60 Tage = 18 mm
= <u>1,8 cm</u>

b) 1,5 cm : 0,03 cm = <u>50 Tage</u>

5 Ein Beutel enthält 50 m Watteschnur. Wie viele Behandlungen zu je 40 cm können damit durchgeführt werden?

Anzahl der Behandlungen = 50 m : 0,4 m/Behandlung
= <u>125 Behandlungen</u>

Flächeneinheiten

6 Wandeln Sie die angegebenen Flächen in die gesuchte Einheit um.
a) 5 m² = ? cm²   d) 3 m² = ? mm²
b) 7.000 cm² = ? m²   e) 90.000 mm² = ? cm²
c) 150 dm² = ? m²

a) 50.000 cm²   d) 3.000.000 mm²
b) 0,7 m²   e) 900 cm²
c) 1,5 m²

7 Ein Pausenraum, der 3,20 m breit und 3,85 m lang ist, soll erneuert werden.
Ermitteln Sie die anfallenden Kosten (ohne Verschnitt), wenn für 1 m² Teppichboden 48 € einschließlich Arbeitslohn anfallen.

Berechnung der zu verlegenden Fläche:	**Berechnung der Renovierungskosten:**
Fläche = Länge · Breite	1 m² kostet 48,00 €
= 3,85 m · 3,20 m	12,32 m² kosten (12,32 · 48,00 €)
= <u>12,32 m²</u>	= <u>591,36 €</u>

© Holland + Josenhans

Größen und Einheiten

8 **Für ein Haarteil wird ein Stück Tüll (14 x 20 cm) benötigt. Ein Meter Tüll kostet bei einer Breite von 60 cm 36,00 €. Berechnen Sie den Preis für das Teilstück.**

Fläche des benötigten Tüllstücks: 14 cm · 20 cm = **280 cm²**

Fläche des Tüllstücks von dem der Preis bekannt ist:
100 cm · 60 cm = **6.000 cm²**

Die Ermittlung des Preises für das Teilstück Tüll erfolgt mit Hilfe des Dreisatzes.

$$6.000 \text{ cm}^2 \text{ kosten } \mathbf{36,00 \text{ €}}$$
$$280 \text{ cm}^2 \text{ kosten } x \text{ €}$$

$$x = \frac{36 \cdot 280}{6.000} = \underline{\underline{1,68 \text{ €}}}$$

Das benötigte Teilstück Tüll kostet **1,68 €**.

9 **Ein Friseursalon soll eine neue Wandverkleidung erhalten. Der Salon ist 2,55 m hoch, zwei Wände sind je 5,20 m lang; die beiden anderen Wände haben eine Länge von je 6,50 m. Die abwaschbare Wandverkleidung wird in Platten (Format 60 x 60 cm) geliefert. Eine Platte kostet 16,00 €.**
a) Wie viele Platten werden für die Wandverkleidung benötigt? Berücksichtigen Sie dabei, dass von der Wandfläche 13,78 m² für Türen und Fenster abzuziehen sind.
b) Berechnen Sie den Preis für die gesamte Wandverkleidung (ohne Verschnitt).

a) Berechnung der zu verkleidenden Wandfläche:
```
 1 Wand 5,20 m · 2,55 m = 13,26 m²
 2 Wände 13,26 m² · 2                      = 26,52 m²
 1 Wand 6,50 m · 2,55 m = 16,575 m²
 2 Wände 16,575 m² · 2                     = 33,15 m²
   Gesamtfläche (26,52 m² + 33,15 m²)      = 59,67 m²
   − Abzug für Türen und Fenster           = 13,78 m²
 = zu verkleidende Wandfläche                45,89 m²
```

→

▷ *Fortsetzung der Antwort* ▷

Berechnung der Plattenfläche:
0,6 m · 0,6 m = 0,36 m²

Berechnung der benötigten Plattenmenge:
zu verkleidende
Wandfläche : Plattenfläche = Plattenmenge
45,89 m² : 0,36 m² = <u>127,47</u>

Für die Wandverkleidung werden 127,47 (= 128) Platten benötigt.

b) Berechnung des Preises:
1 Platte kostet 16,00 €
128 Platten kosten (128 · 16,00 €) = <u>2.048,00 €</u>

Die gesamte Wandverkleidung kostet 2.048,00 €.

---

10 Eine Toilette Ihres Betriebes soll an allen Flächen neue Fliesen erhalten.
Es sind folgende Angaben zu berücksichtigen: Höhe 2,50 m, Länge 2,15 m, Breite 1,85 m, Abzug für Tür und Fenster 1,95 m². Mit dem Fliesenleger wurde eine Lohnkostenpauschale von 800,00 € vereinbart.
Berechnen Sie die Renovierungskosten (ohne Verschnitt), wenn 1 Fliese (15 x 20 cm) 4,30 € kostet.

Berechnung der zu verkleidenden Fläche:		
Boden 2,15 m · 1,85 m	= 3,9775 m²	
Decke = Boden	= 3,9775 m²	
Decke + Boden		= 7,955 m²
1 Wand 2,15 m · 2,50 m	= 5,375 m²	
2 Wände 5,375 m² · 2		= 10,75 m²
1 Wand 1,85 m · 2,50 m	= 4,625 m²	
2 Wände 4,625 m² · 2		= 9,25 m²
Gesamtfläche		27,955 m²
– Abzug für Tür und Fenster		1,95 m²
= zu verkleidende Gesamtfläche		26,005 m²

→

▷ *Fortsetzung der Antwort* ▷

Berechnung der Fliesenfläche:
0,15 m · 0,20 m = 0,03 m²

Berechnung der benötigten Fliesenmenge:

$$\frac{\text{zu verkleidende Gesamtfläche}}{\text{Fliesenfläche}} = \text{Fliesenmenge}$$

$$\frac{26{,}005 \text{ m}^2}{0{,}03 \text{ m}} = 866{,}83 \ (= 867 \text{ Fliesen})$$

Berechnung der Renovierungskosten:
1 Fliese kostet 4,30 €
867 Fliesen kosten (867 · 4,30 €)   = 3.728,10 €
+ Lohnkostenpauschale   800,00 €

= Renovierungskosten   4.528,10 €

Die Renovierung der Toilette kostet 4.528,10 €.

Volumeneinheiten (Raummaße)

11 Wandeln Sie die folgenden Raummaße in die gesuchte Einheit um.
a) 3 m³   = ? dm³   d) 3 hl   = ? l   g) 1.200 ml = ? cm³
b) 6 dm³   = ? cm³   e) 1,3 l   = ? ml
c) 73 cm³ = ? mm³   f) 8.300 m³ = ? l

---

a) 3.000 dm³   d) 300 l   g) 1.200 cm³
b) 6.000 cm³   e) 1.300 ml
c) 73.000 mm³   f) 8.300.000 l

---

12 Ein Reinigungsmittel wird aus einem durchsichtigen rechteckigen Kanister abgefüllt.
Ermitteln Sie den Inhalt in l, indem Sie folgende Maße zugrunde legen: Länge 25 cm, Breite 12,5 cm, Flüssigkeitsstand 16 cm.

→

▷ *Antwort* ▷

> **Volumen** = Länge · Breite · Höhe
> = 25 cm · 12,5 cm · 16 cm = 5.000 cm³ = 5 l

13 Zur Desinfektion von Arbeitsgeräten wird eine Schale mit folgenden Maßen verwendet: Länge 30 cm, Breite 25 cm, Höhe 12 cm.
Damit die Arbeitsgeräte genügend Platz finden, wird die Schale nur zur Hälfte mit Desinfektionslösung gefüllt.
Berechnen Sie die benötigte Menge der Desinfektionslösung.

> **Berechnung der Rauminhalts:**
>
> **Volumen** = Länge · Breite · Höhe
> = (30 cm · 25 cm) · 12 cm
> = 750 cm² · 12 cm
> = **9.000 cm³** ($\triangleq$ 9.000 ml)
>
> **Berechnung der benötigten Menge:**
> 9.000 ml : 2 = 4.500 ml
> = 4,5 l
>
> Es werden 4,5 l Desinfektionslösung benötigt.

14 Vor Dauerwellbehandlungen wird am Haaransatz eine Schutzcreme aufgetragen. Geliefert wird die Creme in einem 3.000 cm³ fassenden Behälter. Für die tägliche Verwendung wird die Creme in eine kleine Dose umgefüllt. Diese ist 4 cm hoch und hat einen Innendurchmesser von 9 cm.
a) Ermitteln Sie, welches Fassungsvermögen die Dose hat.
b) Berechnen Sie, wie oft die Dose aus dem größeren Behälter gefüllt werden kann.

> a) **Volumen** = $\pi \cdot r^2 \cdot h$
> **Volumen** = 3,14 · 4,5 cm · 4,5 cm · 4 cm = 254,34 cm³
>
> b) Anzahl der Füllungen = 3.000 cm³ : 254,34 = 11,8 = 12 Füllungen

Größen und Einheiten

Masseneinheiten (Gewichte)

15 Wandeln Sie die folgenden Gewichte in die gesuchten Einheiten um.
a) 1,345 kg = ? t   c) 0,3 g = ? mg   e) 22,5 g = ? kg
b) 0,25 kg = ? g   d) 18 g = ? kg

a) 1,345 t	c) 300 mg	e) 0,0225 kg
b) 250 g	d) 0,018 kg	

16 Ein Pkw hat eine Zuladung von 0,445 t.
Wie viel kg Reisegepäck können eingeladen werden, wenn die Fahrgäste 68 kg, 76 kg und 84,5 kg wiegen?

Zuladung	445,0 kg
– Fahrgast 1	68,0 kg
– Fahrgast 2	76,0 kg
– Fahrgast 3	84,5 kg
= mögliche Gepäckzuladung	216,5 kg

17 Ein Salon erhält eine 47,3 kg schwere Sendung.
Die Tara beträgt 3,8 kg.
Berechnen Sie das Nettogewicht

Bruttogewicht	(Gewicht der Ware einschließlich Verpackung)
– Tara	(Gewicht der Verpackung)
= **Nettogewicht**	(Reingewicht der Ware ohne Verpackung)

47,3 kg	Bruttogewicht
– 3,8 kg	Tara
= 43,5 kg	Nettogewicht

| 18 | Welches Bruttogewicht hatte eine Lieferung, wenn die Tara 250 g und das Nettogewicht 13,25 kg betrug?

> **Nettogewicht** (Gewicht der Ware ohne Verpackung)
> \+ **Tara** (Gewicht der Verpackung)
> = **Bruttogewicht** (Gewicht der Ware einschließlich Verpackung)
>
>   13,25 kg Nettogewicht
> \+ 0,25 kg Tara
> = 13,50 kg Bruttogewicht

Dreisatz

| 1 | Bei der einfachen Dreisatzrechnung unterscheidet man den Dreisatz mit geradem Verhältnis sowie den Dreisatz mit ungeradem Verhältnis. Erklären Sie den Unterschied anhand von zwei selbst gewählten Beispielen.

Einfacher Dreisatz	
gerades Verhältnis	**ungerades Verhältnis**
Ansatz: 50 Stück kosten 41,25 € 6 Stück kosten x €	**Ansatz:** 2 Friseurinnen benötigen 16 Std. 4 Friseurinnen benötigen x Std.
Bruchsatz: $x = \dfrac{41{,}25 \cdot 6}{50} = \underline{\underline{4{,}95\ €}}$	**Bruchsatz:** $x = \dfrac{16 \cdot 2}{4} = \underline{\underline{8\ \text{Std.}}}$
Die linke Seite des Ansatzes verändert sich in der gleichen Richtung wie die rechte Seite.	Die linke Seite des Ansatzes verändert sich in der entgegengesetzten Richtung wie die rechte Seite.
↑ **mehr** Stück kosten **mehr** ↑ Geld	↑ **mehr** Friseurinnen benötigen **weniger** Zeit

© Holland + Josenhans

Dreisatz

2 Ein Friseurmeister bestellt 6 l Pflegeshampoo zu je 9,00 €.
a) Wie viel l erhält er für den gleichen Betrag, wenn der Lieferant mitteilt, dass infolge einer Preiserhöhung der Literpreis nunmehr 10,80 € beträgt?
b) Geben SIe die entsprechende Dreisatzart an.

---

a) 6 l à 9,00 € = 54,00 €
   6 l à 10,80 € = 64,80 €

   64,80 € = 6 l
   54,00 € = x l

   $x = \dfrac{6 \cdot 54}{64,8} = \underline{\underline{5 \text{ l}}}$

b) Es handelt sich um
   – einen **einfachen Dreisatz**
   – ein **gerades Verhältnis** (je *weniger* €, desto *weniger* l)

---

3 Für die Renovierung eines Salons sind 8 Handwerker mit 6 Arbeitstagen vorgesehen. Auf Drängen der Inhaberin stellt die Renovierungsfirma 4 weitere Handwerker für diesen Auftrag ab.
a) Wie viele Tage werden nun benötigt?
b) Welche Dreisatzart liegt vor?

---

a) 8 Handwerker = 6 Tage
   12 Handwerker = x Tage

   $x = \dfrac{6 \cdot 8}{12} = \underline{\underline{4 \text{ Tage}}}$

b) Es handelt sich um
   – einen **einfachen Dreisatz**
   – ein **ungerades Verhältnis** (je *mehr* Arbeiter, desto *weniger* Tage)

---

4 Gebrauchsfertige Dauerwell-Lotion wird in Literflaschen zu 8,75 € angeboten.
a) Wie hoch sind die Kosten für eine Dauerwelle, wenn laut Gebrauchsanweisung dafür 75 ml abgefüllt werden müssen?
b) Geben Sie die entsprechende Dreisatzart an.

→

▷ **Antwort** ▷

> a) 1.000 ml = 8,75 €
>   75 ml = x €
>
> $x = \dfrac{8{,}75 \cdot 75}{1.000} = \underline{\underline{0{,}66 \,€}}$
>
> b) Es handelt sich um
> - einen **einfachen Dreisatz**
> - ein **gerades Verhältnis** (je *weniger* Dauerwell-Lotion, desto *weniger* €)

5 **50 Kissen mit Kurshampoo kosten 16,00 €.**
a) Wie teuer sind 20 Kissen?
b) Welche Dreisatzart liegt vor?

> a) 50 Kissen = 16,00 €
>   20 Kissen = x €
>
> $x = \dfrac{16 \cdot 20}{50} = \underline{\underline{6{,}4 \,€}}$
>
> b) Es handelt sich um
> - einen **einfachen Dreisatz**
> - ein **gerades Verhältnis** (je *weniger* Kissen, desto *weniger* €)

6 **Wenn am Tag durchschnittlich 600 ml verbraucht werden, dann reicht ein Vorrat von 9 %igem Wasserstoffperoxid 40 Tage. Durch eine Werbeaktion steigt der Verbrauch auf 800 ml am Tag.**
a) Nach wie vielen Tagen muss jetzt nachbestellt werden, wenn der gleiche Vorrat zugrunde gelegt wird?
b) Geben Sie an, welche Dreisatzart vorliegt.

> a) 600 ml = 40 Tage
>   800 ml = x Tage
>
> $x = \dfrac{40 \cdot 600}{800} = \underline{\underline{30 \text{ Tage}}}$
>
> b) Es handelt sich um
> - einen **einfachen Dreisatz**
> - ein **ungerades Verhältnis** (je *mehr* Wasserstoffperoxid, desto *weniger* Tage)

Dreisatz

7 Ein Karton mit 25 Portionsflaschen Farbfestiger kostet 16,25 €.
a) Wie viel muss eine Kundin bezahlen, die 4 Portionsflaschen möchte?
b) Welche Dreisatzart liegt vor?

a) 25 Portionsflaschen = 16,25 €
   4 Portionsflaschen =   x €

$$x = \frac{16{,}25 \cdot 4}{25} = \underline{\underline{2{,}6 \;€}}$$

b) Es handelt sich um
   – einen **einfachen Dreisatz**
   – ein **gerades Verhältnis** (je *weniger* Portionsflaschen, desto *weniger* €)

8 In einem Friseurgeschäft reicht ein Vorrat von 1.400 Halsschutzkrausen 30 Tage lang.
Nach wie vielen Tagen ist der Vorrat erschöpft, wenn noch 112 Halsschutzkrausen vorhanden sind und wenn wegen des Betriebsurlaubs eines anderen Salons 20 % mehr Kunden bedient werden müssen?

1.400 Halsschutzkrausen – 100 % Kunden = 30 Tage
 112 Halsschutzkrausen – 120 % Kunden = x Tage

$$x = \frac{30 \cdot 112 \cdot 100}{1.400 \cdot 120} = \underline{\underline{2 \text{ Tage}}}$$

9 Bei einer Modenschau bereiten 4 Friseure 16 Modelle in 80 Minuten für den Auftritt vor.
Wie lange dauert die Vorbereitung, wenn ein Friseur wegen Krankheit ausfällt und der Veranstalter noch zwei zusätzliche Modelle engagiert hat?

4 Friseure – 16 Modelle = 80 Minuten
3 Friseure – 18 Modelle = x Minuten

$$x = \frac{80 \cdot 4 \cdot 18}{3 \cdot 16} = \underline{\underline{120 \text{ Minuten}}}$$

10 Anlässlich ihres 20-jährigen Geschäftsjubiläums entschließt sich Frau Burger eine Werbeaktion durchzuführen. Hierzu sollen 2 Auszubildende 3.600 Handzettel mit folgendem Inhalt verteilen: „Salon Burger wird 20 Jahre alt. Feiern Sie mit uns, bei Preisen wie vor 20 Jahren." Für die 3.600 Handzettel benötigen die 2 Auszubildenden 9 Stunden. Da die Handzettel nicht ausreichen, wird die Auflage auf 6.300 Stück erhöht.
Wie lange dauert die Verteilung insgesamt, wenn ein weiterer Auszubildender dafür eingesetzt wird?

---

2 Auszubildende – 3.600 Handzettel = 9 Stunden
3 Auszubildende – 6.300 Handzettel = x Stunden

$x = \dfrac{9 \cdot 2 \cdot 6.300}{3 \cdot 3.600} = \underline{10{,}5 \text{ Stunden}}$

Rechnen mit dem Euro

1 Seit dem 1. Januar 1999 gilt in den Ländern der Europäischen Währungsunion ein gemeinsames gesetzliches Zahlungsmittel, der Euro (€). Derzeit kann über den Euro nur als Buchgeld verfügt werden. Wann steht er als Bargeld zur Verfügung?

Ab dem 1. Januar 2002 wird €-Bargeld ausgegeben und die DM verschwindet als Zahlungsmittel.

2 Wie viel DM entsprechen einem €?

---

1 € entspricht 1,95583 DM
Bei der Umrechnung von DM in € muss mit diesem Kurs gerechnet werden. Nach der Umrechnung wird das Ergebnis auf zwei Stellen nach dem Komma gerundet, denn:
1 € hat 100 Cent

Rechnen mit dem Euro

3 Martina erhält derzeit einen Nettolohn von 1.735,24 DM.
Wie viel macht dies in €?

> 1 € = 1,95583 DM
> 1.735,24 DM : 1,95583 = <u>887,21 €</u>

4 Daniela hat eine neue Wohnung gemietet. Der Vermieter will, dass sie die Monatsmiete von 335,00 € und die Nebenkostenvorauszahlung von 75 € zusammen jeden Monat in € auf sein Konto überweist.
Wie viel macht dies insgesamt jeden Monat in DM?

Miete	335,00 €
+ Nebenkostenvorauszahlung	75,00 €
Überweisungsbetrag	410,00 €

1 € = 1,95583 DM
410 € · 1,95583 = <u>801,89 DM</u>

5 Sven will einen tragbaren Farbfernseher kaufen. Er soll entweder 429,00 DM oder 221,50 € kosten.
Überprüfen Sie, ob der €-Betrag dem vorgeschriebenen Umrechnungskurs entspricht.

> 1 € = 1,95583 DM
> 429,00 DM : 1,95583 = <u>219,34 €</u>
>
> Es wurde nicht der vorgeschriebene Umrechnungskurs angewendet. Das Fernsehgerat dürfte nur 219,34 € kosten.

6 Eine Friseurin möchte ihren Urlaub in Südfrankrekh verbringen. Dafür benötigt sie französische Francs (FRF) im Wert von 1.500,00 DM.
a) Wie werden die Währungen der Teilnehmerstaaten der Währungsunion bis 2002 umgerechnet?
   Erläutern Sie Ihre Vorgehensweise anhand der nachfolgenden Kurstabelle, die in der Bank aushängt.
b) Wie viel französischen Francs (FRF) entsprechen die 1.500,00 DM?
c) Wie viel DM muss sie für ihre Francs (FRF) bezahlen, wenn die Bank eine Provision von 3%, mindestens aber 20,00 DM verlangt?

→

Rechnen mit dem Euro

Euro	EUR	1 =	Euro	EUR	1 =
Belgische Francs	**BEF**	**40,3399**	Luxemburgische Francs	**LUF**	**40,3399**
Deutsche Mark	**DEM**	**1,95583**	Niederländische Gulden	**NLG**	**2,20371**
Finnmark	**FIM**	**5,94573**	Österreichische Schilling	**ATS**	**13,7603**
Französische Francs	**FRF**	**6,55957**	Portugiesische Escudos	**PTE**	**200,482**
Irische Pfund	**IEP**	**0,787564**	Spanische Peseten	**ESP**	**166,386**
Italienische Lire	**ITL**	**1.936,27**			

a) Die Währungen sind über den € umzurechnen, und zwar wie folgt:
  ⇒ **1. Schritt:** Landeswährung 1 in € umrechnen.
  ⇒ **2. Schritt:** Ergebnis auf nicht weniger als 3 Stellen runden
  ⇒ **3. Schritt:** in Landeswährung 2 umrechnen.

b) 1 € = 1,95583 DM
  1 € = 6,55967 FRF
  1. Schritt: DM in € = 1.500 DM : 1,95583 = 766,93782 €
  2. Schritt: Runden = 766,938 €
  3. Schritt: in FRF = 766,938 € · 6,55957 = 5.030,78 FRF

c) 1.500,00 DM + 45,00 DM Provision = 1.545,00 DM

---

7 **Toni hat von seinem Italienurlaub noch 285.000 italienische Lire (ITL) übrig.**
a) Wie viel DM sind dies?
b) Wie viel DM erhält er, wenn die Bank eine Provision von 3 %, mindestens jedoch 15,00 DM verlangt?

a) 1 € = 1,95583 DM
  1 € = 1.936,27 ITL
  1. Schritt: ITL in € = 285.000 ITL : 1.936,27 = 147,19021 €
  2. Schritt: Runden = 147,190 €
  3. Schritt: € in DM = 147,190 € · 1,95583 = 287,88 DM

b) 287,88 DM − 15,00 DM Provision = 272,88 DM

Prozentrechnen

8 Meister Fuchs möchte für den Besuch einer Fachmesse in Wien bei seiner Bank 400,00 DM in österreichische Schilling (ATS) umtauschen.
Wie viel Schilling (ATS) erhält er, wenn die Bank eine Provision von 2,5 % berechnet, mindestens jedoch 20,00 DM?

400,00 DM − 20,00 DM Mindestprovision = 380,00 DM
1 € = 1,95583 DM
1 € = 13,7603 ATS
1. Schritt: DM in € = 380,00 DM : 1,95583 = 194,29091 €
2. Schritt: Runden = 194,291 €
3. Schritt: € in ATS = 194,291 € · 13,7603 = 2.673,50 ATS

Prozentrechnen

1 In einer Berufsschule nahmen 350 Auszubildende an einer schulzahnärztlichen Untersuchung teil. 112 davon, also 32 % hatten ein gesundes Gebiss.
Ordnen Sie den einzelnen Angaben die drei Grundbegriffe der Prozentrechnung zu.

Die Grundbegriffe der Prozentrechnung		
Der Prozentsatz	**Der Grundwert**	**Der Prozentwert**
Er gibt die Anzahl der Teile von 100 an.	Er entspricht 100 Hundertstel oder dem Ganzen, also 100 %.	Er ist ein Teil des Ganzen, also des Grundwertes.
z. B.	z. B.	z. B.
32 %	von 350 Auszubildenden	= 112 Auszubildende

Prozentrechnen

2 Ein Friseurmeister erhält eine Rechnung über 1.956,00 €. Bei Zahlung innerhalb von 14 Tagen erhält er 3 % Skonto.
a) Wie viel € kann der Meister sparen, wenn er innerhalb der Skontofrist bezahlt?
b) Geben Sie an, ob Grundwert, Prozentwert oder Prozentsatz errechnet werden müssen.

a) 100 % = 1.956,00 €
   3 % = x €

$$x = \frac{1.956 \cdot 3}{100} = \underline{\underline{58,68\ €}}$$

b) Es musste der Prozentwert berechnet werden.

3 Ein tragbares Farbfernsehgerät, das vor einem Jahr 449,00 € gekostet hatte, wird jetzt für 328,00 € angeboten. Berechnen Sie, um wie viel Prozent der Preis gesenkt wurde.

Berechnung der Preissenkung in €:
alter Preis   449,00 €
− neuer Preis   328,00 €
= Preissenkung   121,00 €

Berechnung der Preissenkung in Prozent:
449,00 € = 100 %
121,00 € = x %

$$x = \frac{100 \cdot 121}{449} = \underline{\underline{26,95\ \%}}$$

4 Herr Gruber verhandelt mit einem Vertreter über die Anschaffung einer neuen Saloneinrichtung. Sie soll 19.489,50 € kosten. Im Verlauf des Gesprächs bedauert der Vertreter, dass erst vor 14 Tagen die Preise um 6,5 % erhöht wurden.
Wie viel hätte Herr Gruber gespart, wenn er die Einrichtung bereits vor 3 Wochen gekauft hätte?

Berechnung der Preissenkung in €:
alter Preis   100,0 %
+ Preiserhöhung   6,5 %
= neuer Preis   106,5 %

106,5 % = 19.489,50 €
100,0 % =   x   €

$$x = \frac{19.489,50 \cdot 100}{106,5} = \underline{\underline{18.300,00\ €}}$$

neuer Preis   19.489,50 €
− alter Preis   18.300,00 €
= Ersparnis   1.189,50 €

© Holland + Josenhans

Prozentrechnen

5 Beschreiben Sie anhand der vorigen Aufgabe (**4**) den Rechenweg bei der <u>Prozentrechnung mit vermehrtem Grundwert</u>.

Prozentrechnung mit vermehrtem Grundwert		
Grundwert	← alter Preis →	= 100,0 %
+		
Prozentwert	← + Preiserhöhung →	= 6,5 %
=		
vermehrter Grundwert	← = neuer Preis →	= 106,5 %

6 Sie verhandeln mit einem Vertreter über die Anschaffung einer neuen Trockenhaube. Sie soll 828,24 € kosten. Im Verlauf des Gesprächs bedauert der Vertreter, dass erst vor einer Woche die Preise um 5 % erhöht wurden.
Wie viel € hätten Sie gespart, wenn Sie die Trockenhaube bereits vor zwei Wochen gekauft hätten?

```
  alter Preis        100 %
+ Preiserhöhung        5 %
= neuer Preis        105 %
```

Die Ermittlung des alten Preises erfolgt mit Hilfe eines Dreisatzes.

$105 \% = 828,24\ €$
$100 \% = x\ €$

$x = \dfrac{828,24 \cdot 100}{105} = \underline{788,80\ €}$

```
  neuer Preis           828,24 €
− alter Preis           788,80 €
= versäumte Ersparnis    39,44 €
```

7 Der Preis für eine elektronische Kasse wurde zweimal erhöht. Zuerst um 8 % und danach nochmals um 6 %. Die Ware kostet jetzt 799,07 €.
Welchen Preis hatte die Kasse vor der ersten Preiserhöhung?

→

Prozentrechnen

```
  ursprünglicher Preis      100 %
+ 1. Preiserhöhung            8 %
─────────────────────────────────
= neuer Preis            108 % / 100 %
+ 2. Preiserhöhung            6 %
─────────────────────────────────
= jetziger Preis            106 %
```

106 % = 799,07 €	108 % = 753,84 €
100 % = x €	100 % = x €
$x = \dfrac{799,07 \cdot 100}{106} = 753,84\ €$	$x = \dfrac{753,84 \cdot 100}{108} = \underline{\underline{698,00\ €}}$

Vor der ersten Preiserhöhung kostete die Kasse 698,00 €.

8 Eine Friseurmeisterin verhandelt mit einem Vertreter über die Anschaffung einer neuen Kassentheke. Sie soll 2.762,84 € kosten.
Im Verlauf des Gesprächs betont der Vertreter, dass bei diesem Preis schon ein Sonderrabatt von 15 % gewährt worden sei. Berechnen Sie den ursprünglichen Preis.

```
  ursprünglicher Preis    100 %
− Sonderrabatt              15 %
─────────────────────────────────
= Angebotspreis             85 %
```

85 % = 2.762,84 €
100 % =   x   €

$x = \dfrac{2.762,84 \cdot 100}{85} = \underline{\underline{3.250,40\ €}}$

9 Beschreiben Sie anhand der vorigen Aufgabe (**8**) den Rechenweg bei der <u>Prozentrechnung mit vermindertem Grundwert</u>.

Prozentrechnung mit vermindertem Grundwert		
Grundwert	⟵ alter Preis ⟶	= 100 %
−		
Prozentwert	⟵ − Sonderrabatt ⟶	= 15 %
=		
verminderter Grundwert	⟵ = neuer Preis ⟶	= 85 %

Prozentrechnen

10 Bei einem Einstellungsgespräch verlangt eine Friseurin ein Nettogehalt von 800,00 €. Welches Bruttogehalt muss der Friseurmeister zahlen, wenn ca. 36 % Abzüge zu berücksichtigen sind?

Bruttogehalt	100 %
− Abzüge	36 %
= Nettogehalt	64 %

$64\% = 800,00$ €
$100\% = x$ €

$$x = \frac{800 \cdot 100}{64} = \underline{\underline{1.250,00 \text{ €}}}$$

11 Ein Friseurmeister bietet ein Sortiment zur Haarpflege mit einem Sonderrabatt von 15 % für 28,90 € an. Berechnen Sie den ursprünglichen Preis.

ursprünglicher Preis	100 %
− Rabatt	15 %
= Angebotspreis	85 %

Die Ermittlung des ursprünglichen Preises erfolgt mit Hilfe eines Dreisatzes.

$85\% = 28,90$ €
$100\% = x$ €

$$x = \frac{28,90 \cdot 100}{85} = \underline{\underline{34,00 \text{ €}}}$$

12 Ein Computer kostet einschließlich Mehrwertsteuer 1.026,00 €.
a) Berechnen Sie, wie viel Mehrwertsteuer in dem Preis enthalten sind.
b) Geben Sie an, ob es sich um eine Prozentrechnung mit vermehrtem oder vermindertem Grundwert handelt.

a) Verkaufspreis ohne Mehrwertsteuer 100 %
   + Mehrwertsteuer 16 %
   = Verkaufspreis mit Mehrwertsteuer 116 %

$116\% = 1.026,00$ €
$16\% = x$ €

$$x = \frac{1.026 \cdot 16}{116} = \underline{\underline{141,52 \text{ €}}}$$

b) Es liegt eine Prozentrechnung mit vermehrtem Grundwert vor.

Rabatt und Skonto abziehen

13 Ein Salon beschafft 5 neue Trockenhauben zu je 690,00 €. Der Verkäufer räumt folgende Nachlässe ein: 10 % Mengenrabatt und 2 % Skonto bei Barzahlung. Die gesetzliche Mehrwertsteuer beträgt 16 %.
Berechnen Sie den Barzahlungspreis für 5 Trockenhauben.

Listenpreis für 5 Trockenhauben (690,00 € · 5)	3.450,00 €
− Mengenrabatt 10 %	345,00 €
= Nettopreis	3.105,00 €
+ Mehrwertsteuer 16 %	496,80 €
= Bruttopreis	3.601,80 €
− Skonto 2 %	72,04 €
= Barzahlungspreis	3.529,76 €

14 Ein Lieferant gewährt bei Abnahme von mehr als 30 Stück Toilettenseife einen Preisnachlass von 5 %. Der Listenpreis für 1 Stück Toilettenseife beträgt 0,75 €.
a) Wie hoch ist der Rechnungsbetrag, wenn 70 Stück Toilettenseife abgenommen werden? (Mehrwertsteuer 16 %)
b) Welche Summe wäre zu bezahlen, wenn bei Barzahlung 3 % Skonto eingeräumt werden?

a) Berechnung des Rechnungsbetrags:	
70 Stück Toilettenseife zu je 0,75 €	52,50 €
− Rabatt 5 %	2,63 €
= Nettopreis	49,87 €
+ Mehrwertsteuer 16 %	7,98 €
= Bruttopreis (Rechnungsbetrag)	57,85 €

b) Berechnung des Barzahlungspreises:	
Rechnungsbetrag	57,85 €
− 3 % Skonto	1,74 €
= Barzahlungspreis	56,11 €

Prozentrechnen

Ratenzahlung – Barzahlung

15 Ein tragbares Farbfernsehgerät kostet 548,00 €.
Beim Kauf haben Sie zwei Möglichkeiten der Bezahlung:
a) Barzahlung unter Abzug von 3 % Skonto.
b) Ratenzahlung mit einer Anzahlung von 240,00 € und 8 Monatsraten zu je 50,00 €.
c) Wie hoch ist der Unterschied (in €) zwischen Barzahlung und Ratenzahlung?

---

a) Berechnung der Gesamtkosten bei Barzahlung:

Ladenpreis	548,00 €
– Skonto 3 %	16,44 €
= Barzahlungspreis	531,56 €

b) Berechnung der Gesamtkosten bei Ratenzahlung:

Höhe der 1. Rate	240,00 €
+ 8 Monatsraten à 50,00 €	400,00 €
= Ratenzahlungspreis	640,00 €

c) Berechnung des Mehrpreises:

Ratenzahlungspreis	640,00 €
– Barzahlungspreis	531,56 €
= Mehrpreis	108,44 €

Zinsrechnen

1 Eine Friseurin erhält auf ihrem Sparbuch 3 % Zinsen. Dies macht 36,00 € bei einem Kapital von 1.200,00 €.
Ordnen Sie den einzelnen Angaben die vier Grundbegriffe der Zinsrechnung zu.

Grundbegriffe der Zinsrechnung			
Zinsfuß (p)	**Kapital (k)**	**Zeit (t)**	**Zinsen (z)**
Er gibt in Prozent an, wie viel € Zinsen für 100,00 € Kapital bezahlt werden.	Der Betrag, der verzinst wird.	Zeitraum (Jahre, Monate, Tage), für den das Kapital verzinst wird.	Der Betrag, der für ein bestimmtes Kapital bezahlt wird.
z. B.	z. B.	z. B.	z. B.
3 %	von 1.200,00 €	in einem Jahr	= 36,00 €

2 Wie lautet die Formel für die Berechnung?
a) der Jahreszinsen,
b) der Monatszinsen,
c) der Tageszinsen?

$$\text{Jahreszinsen} = \frac{k \cdot p \cdot t \,(\text{Jahre})}{100 \cdot 1}$$

$$\text{Monatszinsen} = \frac{k \cdot p \cdot t \,(\text{Monate})}{100 \cdot 12}$$

$$\text{Tageszinsen} = \frac{k \cdot p \cdot t \,(\text{Tage})}{100 \cdot 360}$$

3 Ein Friseur legt einen Lottogewinn von 4.378,00 € für $2\frac{1}{2}$ Jahre fest auf seinem Sparbuch an. Der Zinssatz beträgt 6 %.
Wie viele Zinsen bekommt er nach Ablauf der $2\frac{1}{2}$ Jahre?

$$z = \frac{k \cdot p \cdot t \,(\text{Monate})}{100 \cdot 12}$$

$$z = \frac{4.378 \cdot 6 \cdot 30}{100 \cdot 12} = \underline{656,70 \text{ €}}$$

Merke: Centbeträge bleiben bei der Zinsrechnung unberücksichtigt.

© Holland + Josenhans

Zinsrechnen

4 Ein Friseurmeister nimmt für die Renovierung seines Betriebs einen Kredit in Höhe von 25.000,00 € auf. Die Rückzahlung soll in 48 Monatsraten erfolgen. Der Zinssatz beträgt 12,5 %. Berechnen Sie die Höhe der monatlichen Raten.

Berechnung der Gesamtzinsen für 48 Monate:

$$z = \frac{k \cdot p \cdot t}{100 \cdot 12} = \frac{25.000 \cdot 12,5 \cdot 48}{100 \cdot 12} = 12.500,00 \text{ €}$$

Berechnung der Ratenhöhe:

Kreditbetrag	25.000,00 €
+ Zinsen für 48 Monate	12.500,00 €
= Kosten für 48 Monate	37.500,00 €

Kosten für 1 Monat = 37.500,00 € : 48 = <u>781,25 €</u>

Die Höhe der Monatsraten beträgt 781,25 €.

---

5 Wie werden die Zinstage berechnet?

a) Ein *Jahr* entspricht *360 Tagen*.
b) Ein *Monat* entspricht *30 Tagen*.
 → Der 31. eines Monats wird nicht berücksichtigt.*
c) Bei einem Abrechnungsdaturm 28.2. (bzw. 29.2. in Schaltjahren) wird mit 28 (bzw. 29) Tagen gerechnet.
d) Bei der Berechnung der Tage wird der erste nicht mitgezählt, der letzte Tag dagegen zählt.

---

* In manchen Fällen (z. B. bei Termingeldeinlagen) ermitteln die Banken die Zeit nach der **Euro-Zinsmethode.** Dabei werden die Monate genau nach dem Kalender berechnet. Dadurch wird z. B. der Januar oder der März mit 31 Tagen gezählt, der Februar rnit 28 bzw. mit 29 Tagen.

6 Berechnen Sie die Zinstage für die folgenden Zeiträume.
a) 18.1.–22.3.
b) 22.2.–24.7.
c) 31.8.–31.12.
d) 28.2.–17.4.
e) 31.1.99–28.2.00.

→

Zinsrechnen

▷ **Antwort** ▷

a)	18.1. – 18.3.	= 2 Monate	= 60 Tage
	18.3. – 22.3.		= 4 Tage
	18.1. – 22.3.		= 64 Tage
b)	22.2. – 22.7.	= 5 Monate	= 150 Tage
	22.7. – 24.7.		= 2 Tage
	22.2. – 24.7.		= 152 Tage
c)	31.8. – 31.12.	= 4 Monate	= 120 Tage
d)	28.2. – 28.3.	= 1 Monat	= 30 Tage
	28.3. – 30.3.		= 2 Tage
	30.3. – 17.4.		= 17 Tage
	28.2. – 17.4.		= 49 Tage
e)	31.1.99 – 31.1.00	= 1 Jahr	= 360 Tage
	31.1.00 – 28.2.00		= 28 Tage
	31.1.99 – 28.2.00		= 388 Tage

7 Ein Friseur nimmt am 02. Februar einen Kredit in Höhe von 3.500,00 € und am 05. Juli einen weiteren Kredit in Höhe von 7.200,00 € auf. Der Zinssatz für beide Kredite beträgt 11 %. Wie hoch ist der Rückzahlungsbetrag für beide Kredite am 15. Dezember?

Ermittlung von Laufzeit und Zinsen des 1. Kredits (3.500,00 €):
vom 02.02. bis 15.12. = 313 Tage

$$z_1 = \frac{k \cdot p \cdot t}{100 \cdot 360} = \frac{3.500 \cdot 11 \cdot 313}{100 \cdot 360} = 334{,}74 \text{ €}$$

Ermittlung von Laufzeit und Zinsen des 2. Kredits (7.200,00 €):
vom 05.07. bis 15.12. = 160 Tage

$$z_2 = \frac{k \cdot p \cdot t}{100 \cdot 360} = \frac{7.200 \cdot 11 \cdot 160}{100 \cdot 360} = 352{,}00 \text{ €}$$

▷ *Fortsetzung der Antwort* ▷

Berechung des gesamten Rückzahlungsbetrags:

1. Kredit	3.500,00 €
+ Zinsen für 313 Tage	334,74 €
+ 2. Kredit	7.200,00 €
+ Zinsen für 160 Tage	352,00 €
= gesamter Rückzahlungsbetrag am 15.12.	11.386,74 €

---

8 Nennen Sie die entsprechenden Formeln zur Berechnung von
a) dem Kapital (k)
b) der Zeit (t)
c) dem Zinssatz (p).

a) **Kapital (k)** $= \dfrac{z \cdot 100 \cdot 360}{p \cdot t}$

b) **Zeit (t)** $= \dfrac{z \cdot 100 \cdot 360}{k \cdot p}$

c) **Zinssatz (p)** $= \dfrac{z \cdot 100 \cdot 360}{k \cdot t}$

---

9 Welches Kapital muss angelegt werden, damit bei 5%iger Verzinsung monatlich 400,00 € zur Verfügung stehen?

$$k = \frac{z \cdot 100 \cdot 360}{p \cdot t}$$

$$k = \frac{400 \cdot 100 \cdot 360}{5 \cdot 30} = \underline{\underline{96.000,00 \text{ €}}}$$

---

10 Eine Friseurin nimmt bei ihrem Chef ein Darlehen auf. Sie erhält 7.500,00 € auf 14 Monate. Als Zinsen wurden 850,00 € vereinbart. Berechnen Sie den Zinssatz.

$$p = \frac{z \cdot 100 \cdot 12}{k \cdot t}$$

$$p = \frac{850 \cdot 100 \cdot 12}{7.500 \cdot 14} = \underline{\underline{9,71\,\%}}$$

---

11 Martina musste kurzfristig ihr Konto überziehen. Die Bank berechnet 14,95 € für 30 Tage bei einem Zinssatz von 11,5 %. Berechnen Sie die Höhe des Überziehungskredits.

$$k = \frac{z \cdot 100 \cdot 360}{p \cdot t}$$

$$k = \frac{14,95 \cdot 100 \cdot 360}{11,5 \cdot 30} = \underline{\underline{1.560,00 \text{ €}}}$$

Zinsrechnen

12 Ein Friseur legt 25.000,00 € zu 6 % als Festgeld an. Bei Fälligkeit erhält er 25.375,00 € zurück. Wie lange hat er das Geld angelegt?

$$t = \frac{z \cdot 100 \cdot 360}{k \cdot p}$$

$$t = \frac{375 \cdot 100 \cdot 360}{25.000 \cdot 6} = \underline{\underline{90 \text{ Tage}}}$$

13 Ein Schuldner vergaß trotz Mahnung die Bezahlung einer Rechnung in Höhe von 520,00 €. Der Gläubiger mahnt erneut und berechnet vom 05. Mai bis zum 23. Juni 8 % Verzugszinsen. Außerdem werden 6,00 € für Mahngebühren berechnet. Wie hoch ist der neue Rechnungsbetrag?

Berechnung der Zinstage:
05.05. bis 23.06. = 48 Tage

Berechnung der Zinsen:

$$z = \frac{k \cdot p \cdot t}{100 \cdot 360} = \frac{520 \cdot 8 \cdot 48}{100 \cdot 360} = 5{,}55 \text{ €}$$

Ermittlung des neuen Rechnungsbetrages:

Rechnungsbetrag alt	520,00 €
+ Verzugszinsen	5,55 €
+ Mahngebühr	6,00 €
= Rechnungsbetrag neu	531,55 €

14 Am 12. 5. erhält ein Friseur eine Zinsgutschrift über 151,20 € für 11.200,00 €, die er zu 4,5 % angelegt hatte.
a) Wie lange war das Kapital angelegt?
b) An welchem Tag wurde der Betrag bei der Bank eingezahlt?

a) $t = \dfrac{z \cdot 100 \cdot 360}{k \cdot p}$

$t = \dfrac{151{,}20 \cdot 100 \cdot 360}{11.200 \cdot 4{,}5} = \underline{\underline{108 \text{ Tage}}}$

b) Vom 12. 5. rückwärts 108 Tage ⇒ <u>24. 1. Einzahlungstermin</u>

Zinsrechnen

15 Ein Friseurmeister erhält von seiner Bank einen Kredit in Höhe von 15.000,00 €. Die Bearbeitungsgebühr von 2 % des Kreditbetrages und die Zinsen für das 1. Halbjahr werden von der Bank einbehalten. Zur Auszahlung gelangen 13.725,00 €.
Wie hoch ist der Zinssatz?

Berechnung der Zinsen für ein halbes Jahr (6 Monate):

Kredithöhe	15.000,00 €
− Bearbeitungsgebühr 2 %	300,00 €
=	14.700,00 €
− Auszahlungsbetrag	13.725,00 €
= Halbjahreszinsen	975,00 €

Berechnung des Zinssatzes:

$$p = \frac{z \cdot 100 \cdot 12}{k \cdot t} = \frac{975 \cdot 100 \cdot 12}{15.000 \cdot 6} = \underline{\underline{13\,\%}}$$

Der Zinssatz beträgt 13 %.

16 Ein Möbelgeschäft unterbreitet ein Angebot für Kristallspiegel. Die Rechnung beträgt bei Barzahlung 1.280,00 €. Es wird auch die Möglichkeit eingeräumt, in 18 Monatsraten zu je 85,00 € zu bezahlen.
Berechnen Sie:
a) die Ersparnis in € bei Barzahlung,
b) den Zinssatz.

a) Berechnung des Mehrpreises bei Ratenzahlung (Zinsen):

Kosten bei Ratenzahlung	
85,00 € · 18 Monate	= 1.530,00 €
− Kosten bei Barzahlung	= 1.280,00 €
= Mehrpreis	250,00 €

Die Ersparnis bei Barzahlung beträgt 250,00 €.

b) Berechnung des Zinssatzes:

$$p = \frac{z \cdot 100 \cdot 12}{k \cdot t} = \frac{250 \cdot 100 \cdot 12}{1.280 \cdot 18} = \underline{\underline{13{,}02\,\%}}$$

Mischungsrechnen

1 Zur Herstellung eines Farbbreis werden 45 cm³ Farbcreme, 25 cm³ 9%iges H_2O_2 und 20 cm³ H_2O angerührt.
Ermitteln Sie die H_2O_2-Konzentration des fertigen Farbbreis.

> Die Lösung derartiger Mischungsaufgaben erfolgt nach der Gleichung
>
> $KM \cdot KS = LM \cdot LS$
>
> **Erklärung der Buchstaben:**
> KM = Konzentratsmenge
> KS = Konzentratsstärke
> LM = Lösungsmenge, gesamt
> LS = Lösungsstärke

Berechnung der gesamten Lösungsmenge (LM):

Farbcreme	45 cm³
+ 9%iges H_2O_2	25 cm³
+ H_2O	20 cm³
= LM	90 cm³

Berechnung der H_2O_2-Konzentration (LS):
$KM \cdot KS = LM \cdot LS$

$$LS = \frac{KM \cdot KS}{LM} = \frac{25 \cdot 9}{90} = \underline{\underline{2,5\,\%}}$$

Der fertige Farbbrei hat eine H_2O_2-Konzentration von 2,5%.

2 Wir benötigen für eine Färbung 30 ml 8%iges H_2O_2, 30 ml Farbcreme und 30 ml Wasser.
Errechnen Sie die H_2O_2-Konzentration des fertigen Farbbreis.

→

▷ **Antwort** ▷

> **Berechnung der Gesamtmenge (LM):**
> 8 % H_2O_2 30 ml
> + Farbcreme   30 ml
> + Wasser   30 ml
> ─────────────────────
> = Gesamtmenge LM 90 ml
>
> $$LS = \frac{KM \cdot KS}{LM} = \frac{30 \cdot 8}{90} = \underline{\underline{2\,^2/_3\,\%}}.$$
>
> Der fertige Farbbrei hat eine H_2O_2-Konzentration von $2\,^2/_3\,\%$.

3 Im Salon ist 6 %iges H_2O_2 ausgegangen. Es soll aus 18 %igem H_2O_2 durch Verdünnen mit destilliertem Wasser gewonnen werden.
a) Ermitteln Sie das Mischungsverhältnis.
b) Welche Mengen werden für 1,2 l Lösung benötigt?

> **l Lösung benötigt?**
> **a) Berechnung des Mischungsverhältnisses:**
>
> | | | Teile | | Teile gekürzt |
> |---|---|---|---|---|
> | Konzentrat | 18 | 6 | = | 1 |
> | gewünschte Konzentration | | 6 | | |
> | Wasser | 0 | 12 | = | 2 |
>
> Das Mischungsverhältnis beträgt 1 : 2, d. h. es werden 1 Teil Konzentrat und 2 Teile Wasser benötigt.
>
> **b) Ermittlung der benötigten Mengen:**
> 3 Teile Lösung   = 1.200 cm³ (ml)
> 1 Teil Lösung   =   400 cm³ (ml)
>
> 1 Teil 18 %iges H_2O_2 =   400 ml
> 2 Teile H_2O (400 · 2) =   800 ml
> ──────────────────────────────────
> 3 Teile Lösung   = $\underline{\underline{1.200\ ml}}$
>
> Für 1,2 l Lösung werden 800 ml H_2O und 400 ml 18 %iges H_2O_2

4 Wasser soll mit 18%igem H_2O_2 so vermischt werden, dass eine 12%ige H_2O_2-Lösung entsteht.
a) In welchem Verhältnis muss die Mischung erfolgen?
b) Welche Menge 12%ige H_2O_2-Lösung erhält man, wenn der Anteil des 18%igen H_2O_2 1 l beträgt?

---

a) Berechnung des Mischungsverhältnisses:

		Teile	Teile gekürzt
Konzentrat	18	12	2
gewünschte Konzentration		12	
Wasser	0	6	1

Das Mischungsverhältnis beträgt 2:1, d.h. es werden 2 Teile 18%iges H_2O_2 und 1 Teil H_2O benötigt.

b) Berechnung der benötigten Menge:

$\quad$ 1 l 18%iges H_2O_2 = 2 Teile
$+$ 0,5 l Wasser H_2O = 1 Teil
$=$ 1,5 l 12%iges H_2O_2 = 3 Teile

Man erhält 1,5 l 12%iges H_2O_2.

---

5 Aus 3%igem H_2O_2 und 18%igem H_2O_2 sollen 150 ml 7%iges H_2O_2 hergestellt werden.
a) Berechnen Sie das Mischungsverhältnis.
b) Welche Teilmengen sind erforderlich?

---

a) Berechnung des Mischungsverhältnisses:

		Teile
Konzentration der stärkeren Lösung	18	4
gewünschte Konzentration		7
Konzentration der schwächeren Lösung	3	11

Das Mischungsverhältnis beträgt 4:11, d.h. es werden 4 Teile 18%iges H_2O_2 und 11 Teile 3%iges H_2O_2 benötigt.

▷ *Fortsetzung der Antwort* ▷

b) Berechnung der erforderlichen Teilmengen:

15 Teile Lösung	= 150 ml
1 Teil Lösung	= 10 ml
4 Teile 18%iges H_2O_2	= 40 ml
11 Teile 3%iges H_2O_2	= 110 ml
15 Teile 7%iges H_2O_2	= 150 ml

Für 150 ml 7%iges H_2O_2 sind 40 ml 18%iges und 110 ml 3%iges H_2O_2 erforderlich.

---

6 **18%iges H_2O_2 kostet je Liter 4,40 €.**
6%iges H_2O_2 kostet je Liter 3,80 €.
Welchen Preis haben 300 ml einer 8%igen H_2O_2-Lösung?

Berechnung des Mischungsverhältnisses:

		Teile	Teile gekürzt
Konzentration der stärkeren Lösung	18	2	1
gewünschte Konzentration		8	
Konzentration der schwächeren Lösung	6	10	5

Das Mischungsverhältnis beträgt 1 : 5, d. h. es werden 1 Teil 18%iges und 5 Teile 6%iges H_2O_2 benötigt.

Berechnung der erforderlichen Teilmengen:

1 Teil 18%iges H_2O_2	= 50 ml
+ 5 Teile 6%iges H_2O_2	= 250 ml
= 6 Teile 8%iges H_2O_2	= 300 ml

Berechnung des Preises:
Die Lösung erfolgt mit Hilfe des Dreisatzes.

1.000 ml 18%iges H_2O_2	kosten	4,40 €
50 ml 18%iges H_2O_2	kosten	x €

$$x = \frac{4{,}40\ €\cdot 50}{1.000} = 0{,}22\ €$$

→

Mischungsrechnen

▷ *Fortsetzung der Antwort* ▷

1.000 ml 6 %iges H_2O_2 kosten   3,80 €
250 ml 6 %iges H_2O_2 kosten   x €

$$x = \frac{3{,}80\ €\cdot 250}{1.000} = 0{,}95\ €$$

$0{,}22\ € + 0{,}95\ € = \underline{\underline{1{,}17\ €}}$

300 ml 8 %ige H_2O_2-Lösung kosten 1,17 €.

---

7 Für die Blondierung eine Kopfes werden 105 ml 8 %iges H_2O_2 benötigt. Diese Konzentration wird durch Mischen von 3 %igem und 18 %igem H_2O_2 hergestellt.
a) Ermitteln Sie das Mischungsverhältnis.
b) Welche Mengen werden von beiden Ausgangslösungen benötigt?

a) Berechnung des Mischungsverhältnisses:

		Teile	Teile gekürzt
Konzentration der stärkeren Lösung	18	5	1
gewünschte Konzentration		8	
Konzentration der schwächeren Lösung	3	10	2

Das Mischungsverhältnis beträgt 1 : 2, d. h. es werden 1 Teil 18 %iges und 2 Teile 3 %iges H_2O_2 benötigt.

b) Berechnung der erforderlichen Teilmengen:

3 Teile Lösung   = 105 ml
1 Teil Lösung   = 35 ml

1 Teil 18 %iges H_2O_2 = $\underline{\underline{35\ ml}}$
2 Teile 3 %iges H_2O_2 = $\underline{\underline{70\ ml}}$

3 Teile 8 %iges H_2O_2 = 105 ml

Es werden 35 ml 18 %iges und 70 ml 3 %iges H_2O_2 benötigt.

Grundlagen der Kalkulation
Kalkulation des Bedienungspreises mit dem Gemeinkostenzuschlagssatz

1 Die Arbeitszeit für Schneiden, Waschen und Fönen wird mit 50 Minuten veranschlagt. Die Friseurin erhält 7,20 € Stundenlohn. An Gemeinkosten fallen 195 % der Lohnkosten an, der Gewinn beträgt 28,5 %, die Umsatzsteuer (Mehrwertsteuer) 16 %.
a) Errechnen Sie den Bedienungspreis.
b) Runden Sie das Ergebnis praxisgerecht.

---

a) **Berechnung der Lohnkosten:**

60 Minuten = 7,20 €
50 Minuten =   x €

$$x = \frac{7{,}20 \cdot 50}{60} = 6{,}00 \text{ €}$$

Berechnung des Bedienungspreises:

Lohnkosten	6,00 €	100 %		
+ 195 % Gemeinkosten	11,70 €	+ 195 %		
= Selbstkosten	17,70 €	295 %	100,0 %	
+ 28,5 % Gewinn	5,04 €		+ 28,5 %	
= Nettobedienungspreis	22,74 €		128,5 %	100 %
+ 16 % Mehrwertsteuer	3,64 €			+ 16 %
= Bruttobedienungspreis	26,38 €			116 %

b) In der Praxis wird der Friseur das Ergebnis sinnvoll runden, d. h. der Bedienungspreis wird 26,40 € betragen.

---

2 Ein Friseur benötigt für einen Haarschnitt 28 Minuten Arbeitszeit. Als Stundenlohn erhält er 8,30 €. Die Gemeinkosten betragen 160 % der Lohnkosten, der Gewinn 30 %, die Umsatzsteuer (Mehrwertsteuer) 16 %.
a) Berechnen Sie den Bedienungspreis.
b) Runden Sie das Ergebnis praxisgerecht.

▷ *Antwort* ▷

a) Berechnung der Lohnkosten:

60 Minuten = 8,30 €
28 Minuten = x €

$$x = \frac{8{,}30 \cdot 28}{60} = 3{,}87 \text{ €}$$

Berechnung des Bedienungspreises:

Lohnkosten	3,87 €	100%		
+ 160% Gemeinkosten	6,19 €	+ 160%		
= Selbstkosten	10,06 €	260%	100%	
+ 30% Gewinn	3,02 €		+ 30%	
= Nettobedienungspreis	13,08 €		130%	100%
+ 16% Mehrwertsteuer	2,09 €			+ 16%
= Bruttobedienungspreis	15,17 €			116%

b) In der Praxis wird der Friseur das Ergebnis sinnvoll runden, d. h. der Bedienungspreis wird 15,20 € betragen.

---

3 **Für die Kalkulation einer Dauerwelle in der Damenabteilung liegen folgende Daten vor:**
- **Arbeitszeit Friseurin 55 Minuten, Stundenlohn 9,00 €**
- **Arbeitszeit Auszubildende 45 Minuten, Stundenlohn 4,50 €**
- **Gemeinkostenzuschlagssatz 155%**
- **Mehrwertsteuer 16%**

Berechnen Sie den Bruttobedienungspreis.

Berechnung der Lohnkosten für die Friseurin:
60 Minuten = 9,00 €
55 Minuten = x €

$$x = \frac{9{,}00 \cdot 55}{60} = 8{,}25 \text{ €}$$

Berechnung der Lohnkosten für die Auszubildende:
60 Minuten = 4,50 €
45 Minuten = x €

$$x = \frac{4{,}50 \cdot 45}{60} = 3{,}38 \text{ €}$$

→

▷ *Fortsetzung der Antwort* ▷

Berechnung des Bedienungspreises:

Lohnkosten Friseurin	8,25 €			
Lohnkosten Auszubildende	3,38 €			
= Lohnkosten insgesamt	11,63 €	100 %		
+ 155 % Gemeinkosten	18,03 €	+ 155 %		
= Selbstkosten	29,66 €	↓ 255 %	100 %	
+ 20 % Gewinn	5,93 €		+ 20 %	
= Nettobedienungspreis	35,59 €		↓ 120 %	100 %
+ 16 % Mehrwertsteuer	5,69 €			+ 16 %
= Bruttobedienungspreis	41,28 €			↓ 116 %

---

4 Für eine Blondierung wird die Arbeitszeit mit 1 Stunde und 50 Minuten angesetzt. Der Stundenlohn beträgt 8,65 €. Die Gemeinkosten betragen 140 %. Als Gewinn werden 23 % angesetzt. Die Mehrwertsteuer beträgt 16 %.
Ermitteln Sie den Bruttobedienungspreis.

Berechnung der Lohnkosten für die Friseurin:

60 Minuten = 8,65 €
110 Minuten = x €

$$x = \frac{8{,}65 \cdot 110}{60} = 15{,}86 \text{ €}$$

Berechnung des Bedienungspreises:

Lohnkosten	15,86 €	100 %		
+ 140 % Gemeinkosten	22,20 €	+ 140 %		
= Selbstkosten	38,06 €	↓ 240 %	100 %	
+ 23 % Gewinn	8,75 €		+ 23 %	
= Nettobedienungspreis	46,81 €		↓ 123 %	100 %
+ 16 % Mehrwertsteuer	7,49 €			+ 16 %
= Bruttobedienungspreis	54,30 €			↓ 116 %

Grundlagen der Kalkulation

Kalkulation mit dem Minutenkostensatz

5 Für eine Tönung fallen 20 Minuten Arbeitszeit an. Der Minutenkostensatz beträgt 0,35 €, der Zuschlag für Gewinn 25 % und die Mehrwertsteuer 16 %.
Wie viel € beträgt der Bruttobedienungspreis?

Selbstkosten (0,35 €/Min · 20 Min)	7,00 €	100 %	
+ 25 % Gewinn	1,75 €	+ 25 %	
= Nettobedienungspreis	8,75 €	↓ 125 %	100 %
+ 16 % Mehrwertsteuer	1,40 €		+ 16 %
= Bruttobedienungspreis	10,15 €		↓ 116 %

6 Im Salon Gruber wird mit einem Minutenkostensatz von 0,36 € gerechnet. Der Zuschlag für Gewinn und Risiko beträgt 22 %, die Mehrwertsteuer 16 %.

a) Zu welchem Bruttopreis kann ein Damenhaarschnitt einschließlich Waschen, Legen und Fönen angeboten werden, wenn dafür 65 Minuten Arbeitszeit aufgewendet werden müssen?
b) Runden Sie das Ergebnis praxisgerecht auf volle 5-Cent-Beträge auf.

a) **Berechnung des Bruttobedienungspreises**

Selbstkosten (0,36 €/Min · 65 Min)	23,40 €	100 %	
+ 22 % Gewinn	5,15 €	+ 22 %	
= Nettobedienungspreis	28,55 €	↓ 122 %	100 %
+ 16 % Mehrwertsteuer	4,57 €		+ 16 %
= Bruttobedienungspreis	33,12 €		↓ 116 %

b) Ergebnis praxisgerecht gerundet: 33,15 €.

Grundlagen der Kalkulation

Kalkulation von Haararbeiten

7 Im Salon Dutt wünscht eine Kundin die Anfertigung eines modischen Zopfes. Meister Dutt kalkuliert mit folgenden Zahlen:
- Materialkosten 14,40 €
- Arbeitszeit 4,25 Stunden
- Stundenlohn 8,20 €
- Gemeinkostenzuschlagssatz 120 % der Lohnkosten
- Gewinn 10 %
- Mehrwertsteuer 16 %

Ermitteln Sie den Bruttoverkaufspreis.

Materialkosten	14,40 €			
Lohnkosten (8,20 €/Std. · 4,25 Std.)	34,85 €	100 %		
+ 120 % Gemeinkosten (von 34,85 €)	41,82 €	+120 %		
= Selbstkosten	91,07 €	220 %	100 %	
+ 10 % Gewinn	9,11 €		+ 10 %	
= Nettoverkaufspreis	100,18 €		110 %	100 %
+ 16 % Mehrwertsteuer	16,03 €			+ 16 %
= Bruttoverkaufspreis	116,21 €			116 %

8 Ein Kunde bestellt im Salon Löckle ein Toupet. Meister Löckle benötigt für 15,45 € Kleinmaterial sowie Haare für 74,00 €. Die Arbeitszeit beträgt 34 Stunden, der Stundenlohn beläuft sich auf 9,15 €. Die Gemeinkosten betragen 110 %, Gewinnzuschlag 18 % und die Mehrwertsteuer 16 %.
Berechnen Sie den Bruttoverkaufspreis.

→

Grundlagen der Kalkulation

▷ **Antwort** ▷

Haare	74,00 €			
+ Kleinmaterial	15,45 €			
= Materialkosten	89,45 €			
+ Lohnkosten (34 Std. · 9,15 €/Std.)	311,10 €	100 %		
+ 110 % Gemeinkosten (110 % von 311,10 €)	342,21 €	+110 %		
= Selbstkosten	742,76 €	210 %	100 %	
+ 18 % Gewinn	133,70 €		+ 18 %	
= Nettoverkaufspreis	876,46 €		118 %	100 %
+ 16 % Mehrwertsteuer	140,23 €			+ 16 %
= Bruttoverkaufspreis	1.016,69 €			116 %

Kalkulation von Handelswaren

9 Eine Dose Haarlack wird zum Bezugspreis von 2,93 € eingekauft. In dem Friseurgeschäft wird mit 26 % Handlungskosten, mit 18 % Gewinn und mit 16 % Mehrwertsteuer kalkuliert. Mit welchem Bruttoverkaufspreis wird die Dose im Verkauf angeboten?

Bezugspreis	2,93 €	100 %		
+ 26 % Handlungskosten	0,76 €	+ 26 %		
= Selbstkostenpreis	3,69 €	126 %	100 %	
+ 18 % Gewinn	0,66 €		+ 18 %	
= Nettoverkaufspreis	4,35 €		118 %	100 %
+ 16 % Mehrwertsteuer	0,70 €			+ 16 %
= Bruttoverkaufspreis	5,05 €			116 %

10 Eine Haarbürste wird zum Bezugspreis von 1,95 € bezogen. Die Handlungskosten betragen 22 % und der Gewinn beläuft sich auf 25 %.
Berechnen Sie den Bruttoverkaufspreis für eine Haarbürste.

© Holland + Josenhans

▷ **Antwort** ▷

Bezugspreis	1,95 €	100%			
+ 22% Handlungskosten	0,43 €	+ 22%			
= Selbstkostenpreis	2,38 €	↓ 122%	100%		
+ 25% Gewinn	0,60 €		+ 25%		
= Nettoverkaufspreis	2,98 €		↓ 125%	100%	
+ 16% Mehrwertsteuer	0,48 €			+ 16%	
= Bruttoverkaufspreis	3,46 €			↓ 116%	

Kosten für elektrische Energie und Wasser

Strom

1 An das Stromnetz Ihres Salons sind folgende Geräte angeschlossen:

a) 4 Trockenhauben mit je 1.500 W
b) 1 Durchlauferhitzer zur Warmwasserbereitung 2.500 W
c) Beleuchtung: insgesamt 1.200 W
d) 2 Föne à 1.000 W
e) Sonstige Stromverbraucher: insgesamt 400 W

Mit wie viel Ampere (A) muss der Stromkreislauf mindestens abgesichert werden, wenn das Leitungsnetz des Salons eine Spannung von 220 Volt hat? Zur Auswahl stehen folgende Sicherungen: 10 A, 30 A, 50 A, 60 A und 80 A.

Berechnung der Stromaufnahme:		
a) 4 Trockenhauben	· 1.500 W	= 6.000 W
+ b) 1 Durchlauferhitzer		2.500 W
+ c) Beleuchtung		1.200 W
+ d) 2 Föne	· 1.000 W	= 2.000 W
+ e) sonstige Stromverbraucher		400 W
= Stromaufnahme insgesamt		12.100 W

▷ **Fortsetzung der Antwort** ▷

Berechnung der Stromstärke (Ampere):

Stromaufnahme : Stromspannung = Stromstärke

12.100 W : 220 V = 55 A

Die benötigte Stromstärke beträgt 55 Ampere. Von den zur Auswahl stehenden Sicherungen kann entweder die zu 60 oder die zu 80 A verwendet werden.

---

2 Ein Beratungsblatt der Friseurinnung enthält folgende Werte für die Bedienung einer Kundin: Warmwasserbedarf 1,2 kWh, Wäschepflege 0,9 kWh, Trockenhaube 0,8 kWh.
Berechnen Sie die Stromkosten für die Bedienung einer Kundin im Damensalon mit Haarwäsche, wenn das Energieversorgungsunternehmen je kWh rund 0,14 € berechnet.

Berechnung des Stromverbrauchs:

Warmwasserbedarf	1,2 kWh
+ Wäschepflege	0,9 kWh
+ Trockenhaube	0,8 kWh
= gesamter Stromverbrauch	2,9 kWh

Stromkosten = verbrauchte Strommenge · Strompreis in €/kWh

2,9 kWh · 0,14 € = 0,41 €

Die Stromkosten für die Bedienung einer Kundin betragen 0,41 €.

---

3 In einem Salon werden an jedem Arbeitstag im Durchschnitt folgende Geräte eingesetzt: 5 Trockenhauben mit je 1,4 kW und 6 Föns mit je 900 W.
Der Preis für 1 kWh beträgt 16 Cent.
Berechnen Sie die Stromkosten für 1 Monat (22 Arbeitstage), wenn die Geräte täglich 3 Stunden eingesetzt werden.

→

▷ **Antwort** ▷

Berechnung des Energieverbrauchs:

5 Trockenhauben	· 1,4 kWh	=	7 kWh
+ 6 Föne	· 0,9 kWh	=	5,4 kWh
= Stromverbrauch je Stunde			12,4 kWh

Stromverbrauch in 3 Stunden = 12,4 kWh · 3 = 37,2 kWh
(= 1 durchschnittlicher Arbeitstag)

Stromkosten = verbrauchte Strommenge · Strompreis in €/kWh

37,2 kWh	· 0,16 €	=	5,952 €
Stromkosten/Tag	· 22 Tage	=	gesamte Stromkosten
5,952 €	· 22	=	130,94 €

Für einen Monat (22 Arbeitstage) betragen die Stromkosten 130,94 €.

---

4 Ein Salon will während der Weihnachtszeit (28.11 bis 07.01. – je einschließlich) zusätzlich zur Schaufensterbeleuchtung eine Weihnachtsbeleuchtung in Betrieb nehmen. Die normale Schaufensterbeleuchtung verbraucht 600 Watt Strom in der Stunde. Die Weihnachtsbeleuchtung verbraucht 800 Watt Strom in der Stunde. Die Gesamtbeleuchtung ist täglich 4 Stunden in Betrieb. Eine Kilowattstunde Strom kostet rund 0,19 €.
Berechnen Sie die gesamten Stromkosten.

Berechnung der Einsatzzeit:

November	3 Tage
+ Dezember	31 Tage
+ Januar	7 Tage
=	41 Tage

Tägliche
Einsatzzeit · Einsatztage = gesamte Betriebsstunden
4 Stunden · 41 Tage = 164 Betriebsstunden

→

▷ **Fortsetzung der Antwort** ▷

Berechnung des Energieverbrauchs:

normale Schaufensterbeleuchtung	600 W
+ Weihnachtsbeleuchtung	800 W
= Energieverbrauch pro Stunde	1.400 W

Energieverbrauch pro
Stunde · Betriebsstunden = gesamter Energieverbrauch
1.400 W · 164 Stunden = 229.600 W
                       = 229,6 kWh

Stromkosten = verbrauchte Strommenge · Strompreis in €/kWh

$$229{,}6 \text{ kWh} \cdot 0{,}19 \text{ €} = \underline{\underline{43{,}62 \text{ €}}}$$

Die gesamten Stromkosten betragen 43,62 €.

Wasser

5 In einem Salon wurden 190,25 m³ Wasser verbraucht. Der m³ kostet 2,20 €. Für 1 m³ Abwasser sind 1,84 € zu bezahlen. Die Mehrwertsteuer beträgt 16 %.
Ermitteln Sie die Wasserrechnung.

Wasser	(190,25 m³ · 2,20 €)	=	418,55 €
+ Abwasser	(190,25 m³ · 1,84 €)	=	350,06 €
= Nettopreis			768,61 €
+ 16 % Mehrwertsteuer			122,98 €
= Bruttopreis			891,59 €

6 Im Salon Klotz fallen jedes Jahr rund 220 Waschmaschinenfüllungen an. Bei 3/5 der Füllungen kann auf die Vorwäsche verzichtet werden. Pro Waschgang können so 16 l Wasser eingespart werden. Die Gebühren für 1 m³ Wasser betragen 2,60 €, die Abwassergebühren belaufen sich auf 1,90 € je m³. Die Mehrwertsteuer beträgt 16 %.
Wie viel € können jährlich eingespart werden, wenn durch umweltbewusstes Handeln auf die Vorwäsche verzichtet wird?

▷ **Antwort** ▷

Maschinen ohne Vorwäsche $= \dfrac{220 \text{ Füllungen} \cdot 3}{5} = 132$ Füllungen

Jährliche Einsparung $= 132$ Füllungen $\cdot$ 16 Liter/Füllung $= 2.112$ Liter $= 2,112$ m³

Wasser	($2,112$ m³ $\cdot 2,60$ €)	=	$5,49$ €
+ Abwasser	($2,112$ m³ $\cdot 1,90$ €)	=	$4,01$ €
= Nettobetrag der Einsparung			$9,50$ €
+ 16 % Mehrwertsteuer			$1,52$ €
= Bruttobetrag der Einsparung			$11,02$ €

Abschreibung

1 Ein Bedienungssessel kostet 960,00 €. Die Nutzungsdauer beträgt 10 Jahre. Der Prozentsatz der degressiven Abschreibung beträgt 20 % pro Jahr.
Berechnen Sie den Buchwert nach 3 Jahren.

Anschaffungswert	960,00 €
− 20 % Abschreibung 1. Jahr	192,00 €
= Buchwert nach 1 Jahr	768,00 €
− 20 % Abschreibung 2. Jahr	153,60 €
= Buchwert nach 2 Jahren	614,40 €
− 20 % Abschreibung 3. Jahr	122,88 €
= Buchwert nach 3 Jahren	491,52 €

2 Der Neupreis einer Saloneinrichtung beträgt 72.000,00 €. Die Nutzungsdauer wird auf 12 Jahre veranschlagt.
Berechnen Sie
a) den Prozentsatz bei linearer Abschreibung,
b) den jährlichen Abschreibungsbetrag,
c) den Buchwert nach 8 Jahren,
d) den Gewinn oder Verlust beim Verkauf nach 8 Jahren, wenn 25.000,00 € erzielt werden.

→

Abschreibung

▷ **Antwort** ▷

a) Berechnung des Abschreibungsprozentsatzes:

Jährlicher Abschreibungsprozentsatz $= \dfrac{100\,\%}{\text{Nutzungsdauer in Jahren}}$

$= \dfrac{100}{12} = \underline{\underline{8\,^{1}/_{3}\,\%}}$.

b) Berechnung der jährlichen Abschreibung in €:

Jährlicher Abschreibungsbetrag in € $= \dfrac{\text{Anschaffungswert}}{\text{Nutzungsdauer in Jahren}}$

$= \dfrac{72.000}{12} = \underline{\underline{6.000,00\,€}}$.

c) Berechnung des Buchwertes nach 8 Jahren:

Anschaffungswert − (jährliche Abschreibung · Nutzungsdauer)
= **Buch- oder Restwert**

72.000,00 € − (6.000,00 € · 8 Jahre) = Buchwert nach 8 Jahren
72.000,00 € − 48.000,00 €   = $\underline{\underline{24.000,00\,€}}$

d) Berechnung des Gewinns oder Verlusts:

Erlös nach 8 Jahren	25.000,00 €
− Buchwert nach 8 Jahren	24.000,00 €
= außerordentlicher Ertrag (Gewinn)	1.000,00 €

---

3 Eine elektronische Wandarmtrockenhaube mit einem Anschaffungspreis von 920,00 € hat eine Nutzungsdauer von 5 Jahren.

a) Berechnen Sie die Höhe der jährlichen Abschreibungsbeträge bei linearer Abschreibung.
b) Wie hoch ist der Abschreibungsprozentsatz?
c) Welcher Gewinn bzw. Verlust würde sich ergeben, wenn die Haube nach 3 Jahren für 300,00 € verkauft würde?

→

▷ *Antwort* ▷

a) Berechnung der jährlichen Abschreibung in €:

$$\text{Jährlicher Abschreibungsbetrag in €} = \frac{\text{Anschaffungswert}}{\text{Nutzungsdauer in Jahren}}$$

$$= \frac{920}{5} = \underline{\underline{184{,}00\ €}}.$$

b) Berechnung des Abschreibungsprozentsatzes:

$$\text{Jährlicher Abschreibungsprozentsatz} = \frac{100\,\%}{\text{Nutzungsdauer in Jahren}}$$

$$= \frac{100}{5} = \underline{\underline{20\,\%}}.$$

c) Berechnung des Gewinns oder Verlusts:

Anschaffungswert − (jährliche Abschreibung · Nutzungsdauer)
= **Buch- oder Restwert**

920,00 € − (184,00 € · 3 Jahre) = Buchwert nach 3 Jahren
920,00 € − 552,00 €   = $\underline{\underline{368{,}00\ €}}$

− Buchwert nach 3 Jahren	368,00 €
− Erlös aus dem Verkauf	300,00 €
= außerordentlicher Aufwand (Verlust)	68,00 €

Lohnabrechnung

1 Der monatliche Bruttolohn eines Friseurs beträgt 1.350,00 €. Folgende Abzüge sind zu berücksichtigen: Lohnsteuer 280,16 €, Kirchensteuer 22,41 €, Solidaritätszuschlag 15,40 €, Arbeitnehmeranteil zur Sozialversicherung 20,6 %
a) Wie hoch ist der Nettolohn?
b) Wie hoch ist der ausgezahlte Lohn, wenn noch 39,00 € für vermögenswirksame Leistungen und 95,00 € für eine gerichtlich angeordnete Lohnpfändung zu berücksichtigen sind?

Lohnabrechnung

▷ **Antwort** ▷

a)	Bruttolohn	1.350,00 €
	− Lohnsteuer	280,16 €
	− Kirchensteuer	22,41 €
	− Solidaritätszuschlag	15,40 €
	− Sozialversicherung (20,6 % vom Bruttolohn)	278,10 €
	= Nettolohn	753,93 €
b)	Nettolohn	753,93 €
	− vermögenswirksame Leistungen	39,00 €
	− Lohnpfändung	95,00 €
	= ausbezahlter Lohn	619,93 €

2 Toni erhält einen Bruttolohn von **1.230,00 €**.
a) Wie hoch ist sein neuer Bruttolohn, wenn eine 3 %ige Lohnerhöhung vorgenommen wird?
b) Ermitteln Sie, welchen neuen Nettolohn Toni bezieht, wenn folgende Abzüge anfallen: Lohnsteuer 229,41 €, Kirchensteuer 8 % der Lohnsteuer, Solidaritätszuschlag 5,5 % der Lohnsteuer, Arbeitnehmeranteil zur Rentenversicherung 9,75 %, Arbeitnehmeranteil zur Krankenversicherung 6,8 %, Arbeitnehmeranteil zur Pflegeversicherung 0,85 %, Arbeitnehmeranteil zur Arbeitslosenversicherung 3,25 %.

a)	alter Bruttolohn	1.230,00 €	
	+ 3 % Lohnerhöhung	36,90 €	
	= neuer Bruttolohn	1.266,90 €	
b)	Bruttolohn		1.266,90 €
	− Lohnsteuer		229,41 €
	− Kirchensteuer (8 % von 229,41 €)		18,35 €
	− Solidaritätszuschlag (5,5 % von 229,41 €)		12,62 €
	− Rentenversicherung (9,75 % von 1.266,90 €)		123,52 €
	− Krankenversicherung (6,8 % von 1.266,90 €)		86,15 €
	− Pflegeversicherung (0,85 % von 1.266,90 €)		10,77 €
	− Arbeitslosenversicherung (3,25 % von 1.266,90 €)		41,17 €
	= Nettolohn		744,91 €

Lohnabrechnung

3 **Damit sie durch einen niedrigen Nettolohn nicht unangenehm überrascht wird, verlangt eine Friseurin bei einem Einstellungsgespräch „netto 875,00 €".**
Berechnen Sie, welchen Bruttolohn der Friseurmeister zahlen muss, wenn die Abzüge ca. 36 % betragen.

Bruttolohn 100 %
− Abzüge 36 %

= Nettolohn 64 %

64 % (Nettolohn) = 875,00 €
100 % (Bruttolohn) = x €

$$x = \frac{875 \cdot 100}{64} = \underline{\underline{1.367{,}19 \text{ € Bruttolohn}}}$$

Fachwörterverzeichnis

A

Aceton, löst gut Fett- und Lackstoffe, als Lösungsmittel in Nagellacken und Nagellackentfernern (bei häufigem Gebrauch stark entfettend)
Acidität, Säurestärke
Adaption, Anpassungsvorgang (z. B. der Haut an Wärme oder Kälte)
additive Farbmischung, liegt vor, wenn Farben (Grund- oder Komplementärfarben) durch Überlagerung auf weißem Grund sich in ihrer Farbigkeit aufheben und Weiß ergeben → Helligkeit der Einzelfarben wird hier addiert
Adstringenzien, saure Behandlungsmittel, die gequollene Haut oder Haare zusammenziehen
adstringieren, zusammenziehen
Aerosole, in Luft verteilte feinste Feststoff- oder Flüssigkeitsteilchen
ätherisch, flüchtig
After-shave-Wasser, nach der Rasur zum Neutralisieren und Adstringieren der Haut
Akne, (Acne) entzündete Talgdrüsen (Pickel, Pusteln)
Acne juvenilis – Jugendakne
Acne vulgaris – gewöhnliche Akne
Albinismus, angeborener (vererbbarer) Pigmentmangel
Albino, Mensch mit angeborenem Pigmentmangel
Alkali, (Mehrzahl: Alkalien), Lauge, Base
alkalisch, laugenhaft, basisch
Allantoin, pflanzlicher Kosmetikwirkstoff, wirkt reizlindernd und wundheilend
Allergene, Stoffe, die eine Allergie auslösen können
Allergie, Überempfindlichkeit
Alopecia areata, kreisrunder Haarausfall
Alopecia diffusa, diffuser Haarausfall
Alopecia totalis, völlige und bleibende Kahlheit
Alopezie, verminderter Haarbestand oder Kahlheit durch vermehrten Haarausfall
Ampere (A), Stromstärke, abhängig von der Stromspannung (Volt) und dem Widerstand (Ohm) eines Stromleiters
Ampholyte, (amphotere WAS), können unter bestimmten Bedingungen sowohl positive als auch negative Ionen bilden – gelten als besonders milde und hautschonende Reinigungs- und Pflegemittel – z. B. in Babyshampoos
Anagenphase, Wachstumsphase des Haares
Analyse, Zerlegung z. B. einer chemischen Verbindung in ihre Bestandteile
Anamnese, hier: Erkundung der kosmetischen Vorgeschichte durch Kundenbefragung
Anatomie, Lehre vom Körperbau
Androgene, männliche Geschlechtshormone
androgenetischer Haarausfall, Haarausfall vom männlichen Typ
Anode, „positiver" Pol einer Stromquelle
Anomalie, Unregelmäßigkeit, z. B. der Haut durch Störungen der Hautfunktionen
anorganische Chemie, befasst sich mit chemischen Verbindungen, die keinen Kohlenstoff enthalten
antiseptisch, keimtötend
Aorta, Hauptschlagader, führt das Blut aus der linken Herzkammer in die Arterien
apokrine Schweißdrüsen, Duftdrüsen
Arterien, Schlagadern, führen das Blut vom Herzen weg
Atherom, Grützbeutel
Atom, (Mehrzahl: Atome), unteilbares kleinstes Teilchen eines chemischen Grundstoffes

B

Bakterien, (Einzahl: Bakterie oder Bakterium) = Sammelbegriff für einzellige, nur unter dem Mikroskop sichtbare Lebewesen, die sowohl krankheitserregend als auch nützlich sein können
Base, Lauge oder alkalisch reagierende Flüssigkeit
Benzol, Grundform aller ringförmigen Kohlenwasserstoffverbindungen
Benzolderivat, Verbindungen, die sich von Benzol ableiten lassen, Verwendung als Farbbildner zur Erreichung der Farbtiefe
Biokatalysatoren, biologische Regelungsstoffe im lebenden Organismus, z. B. Fermente, Vitamine, Hormone – sie ermöglichen einen Ab- und Umbau von Nährstoffen
Butanol, (Butylalkohol), Verwendung als Lösungsmittel in Nagellacken und Nagellackentfernern

C

Camouflage, Make-up-Technik, um Hautanomalien unsichtbar zu machen
Cetylalkohol, (Wachsalkohol), wasserunlösliche, ölige Flüssigkeit oder wachsartiger Stoff mit fettähnlichen Eigenschaften, eignet sich als Emulgator oder Cremegrundstoff
Chloasma, Schwangerschaftsflecken
Chromosomen, Träger der Erbanlagen einer Zelle
Clavus, Hühnerauge
Coloration, anderer Begriff für Färbung
Corium, Lederhaut (zähes und elastisches Bindegewebe)
Cortex, Faserstamm des Haares
Cuticula, Schuppenschicht des Haares
Cutis, medizinisch-kosmetische Bezeichnung für Haut

D

Deodorantien, (auch Desodorantien genannt), wirken schweißhemmend sowie verzögernd auf die bakterielle Zersetzung des Körperschweißes
Depilation, Haarentfernung mit Hilfe von chemischen Mitteln oder Auszupfen (Haarentfernung auf Zeit)
Derivat, Abkömmling einer chemischen Verbindung
Dermatitis, Hautentzündung
Dermatologie, Lehre von der Haut und ihren Erkrankungen
Dermographismus, „Hautschreibung", Streifen- o. Striemenbildung auf gereizten Hautstellen
Desinfektion, Unschädlichmachen von Krankheitserregern an Menschen und Gegenständen
Destillation, Reinigung und Trennung meist flüssiger Stoffe durch Verdampfung und anschließende Wiederverflüssigung durch Abkühlung
Diaskopie, Durchscheinprobe
diffundieren, hier z. B. durch eine Membran „hindurchtreten"
Disulfidbrücken, Doppelschwefelbrücken im chemischen Aufbau des Haares

E

effilieren, Ausdünnen der Haarfülle
ekkrine Schweißdrüsen, (= exokrine S.), eigentliche Schweißdrüsen, sondern Schweiß direkt an Hautoberfläche ab
Ekzem, juckende, gerötete, häufig nässende flächenhafte Entzündung der Oberhaut
Elektronen, negativ geladene Elementarteilchen eines Atoms
Elektrotherapie, Kurzwellenbehandlung mit Strom (fließender Strom entwickelt Wärme)
Elemente, Stoffe, deren kleinste Teilchen aus gleichen Atomen bestehen und die nicht weiter zerlegt werden können
Emulgatoren, ermöglichen die Herstellung von Emulsionen und verhindern deren Entmischung
Emulsion, feine, ineinander verteilte Flüssigkeiten, die sich gegenseitig nicht lösen (z. B. Wasser in Öl = W/Ö-(Emulsions-)Typ)
Enfleurage, herausziehen von Duftstoffen, z. B. aus zerkleinerten Pflanzenteilen mit Hilfe von Fett
Enzyme, (Einzahl: Enzym), körpereigene Wirkstoffe, die den Abbau von Nahrungsmitteln und den Aufbau körpereigener Substanzen durchführen
Epheliden, Sommersprossen
Epidermis, Oberhaut
Epilation, Zerstörung der Haarpapille durch deren Zerkochen mittels Schwachstrom
Erepsin, Enzym aus dem Darmsaft
Erythrozyten, rote Blutkörperchen
Ester, chemische Verbindungen aus Säure und Alkohol
Ethanol, Ethylalkohol oder Weingeist, wirkt desinfizierend, Fett lösend und reinigend
Eumelanine, dunkle, matte Haarfarbpigmente
Extraktion, Duftöle werden direkt mittels leicht flüchtiger Lösungsmittel (z. B. Äther, Benzin) aus den Duftträgern herausgelöst. Nach Verdunstung des Lösungsmittels bleiben die Duftöle zurück

F

Facialis, (Fazialis) Schläfenwangenast der Gesichtsnerven, vorwiegend motorische Funktion zur Steuerung der Gesichtsmuskeln
Favus, Erbgrind; Hautkrankheiten mit anfangs kleinen, schwefelgelben Schuppen, allmählich zu einer den ganzen Kopf bedeckenden Kruste zusammenwachsend
Ferment, Biokatalysator zur Regelung des Stoffwechsels
Fettalkoholsulfat, Grundstoff (Rohstoff) zur Herstellung von WAS
Fibrillen, faserartige Gebilde, z. B. beim Haar, werden durch Molekülketten gebildet
Fibrinogen, gerinnbares Bluteiweiß, bildet den Wundverschluss
Fixateure, tierische Duftstoffe, dienen zur Festigung des Eigengeruchs von ätherischen Ölen (pflanzliche Duftstoffe)
fixieren, festigen
Follikel, Säckchen, Vertiefung (siehe Haarfollikel)
Formaldehyd, (Methanol) stechend riechendes Gas, wirkt stark desinfizierend mit desodorierenden, Schweiß hemmenden und konservierenden Eigenschaften
Formalin, Desinfektionsmittel, lässt Eiweißstoffe gerinnen
Friktion, kreisende Massage, Reibung oder Einreibung
Funktion, Aufgabe, Tätigkeit, Wirksamkeit z. B. eines Organs oder Medikaments

G

Gaze, feingewebter Stoff (Stoffunterlage für Knüpfarbeiten)
Gel, gallertartige Masse, Kurzwort für Gelee/Gelatine
Gemenge, Mischung zweier Stoffe; die Stoffe bleiben unverändert und lassen sich wieder trennen
Gene, (Einzahl: Gen) Träger von Erbanlagen
Glycerin, (Glyzerin), dreiwertiger Alkohol, hält Haut feucht und geschmeidig
Glykol, zweiwertiger Alkohol, dient als Glyzerinersatz
Graduierung, Abstufung beim Haarschnitt, kann in verschiedenen Stärken erfolgen
Grannenhaar, andere Bezeichnung für Borstenhaar

Fachwörterverzeichnis

H

Haarfollikel, Vertiefung in der Haut (Einstülpung), aus der ein Haar wächst
Haarpapille, zapfenartige, von Blutgefäßen und Nerven durchzogene Erhebung, auf der die Haarwurzel sitzt
Hämoglobin, roter Blutfarbstoff
Hechel, Nagelbrett zum Gleichordnen von Haaren (bei Haarpräparation)
historisch, geschichtlich
homogen, gleichartig, gleichwertig, einheitlich
Hormone, Biokatalysatoren, durch körpereigene Drüsen erzeugt; dienen der Regulierung der Lebensvorgänge und der Steuerung des Körperhaushalts
Humanhaar, Echthaar, Menschenhaar
hydrophil, wasserfreundlich
hydrophob, wasserfeindlich
Hygiene, vorbeugende Krankheitsbekämpfung durch Ausschaltung gesundheitsschädlicher Umwelteinflüsse
Hygroskopizität, Fähigkeit (des Haares) aus der Luft Feuchtigkeit aufzunehmen
hyper, übermäßig
Hyperhidrosis, übermäßige Schweißabsonderung
Hyperkeratosis, übermäßige Verhornung
Hypophyse, Hirnanhangdrüse, steuert die Tätigkeit der anderen Drüsen

I

Indikator, Anzeiger für den Zustand einer chemischen Lösung mittels farblicher Veränderung
Indiosynkrasie, eine Allergieform – angeborene Überempfindlichkeit gegenüber bestimmten Stoffen der Umwelt
Ingredienzien, Bestandteile (Zutaten) z. B. von Kosmetika
Inkubation, Entwicklung und Vermehrung von Krankheitserregern im Körper
Inkubationszeit, Zeitspanne zwischen Infektion und Auftreten der ersten Krankheitserscheinungen
intensiv, eindringlich
inter, zwischen
Interferenzstrom, Überlagerung zweier Wechselströme mit unterschiedlicher Frequenz → größere Tiefenwirkung bei der Massage mit Reizstromgeräten im Rahmen der Kosmetik und Medizin
Ionen, elektrisch geladene Teilchen
Iontophorese, bei der Iontophorese können mit Hilfe von Strom kosmetisch wirksame Substanzen in tiefere Schichten der Haut eingebracht werden
Isopropanol, (Isopropylalkohol), ähnliche Wirkung wie Ethanol, jedoch giftiger, weniger angenehm riechend, billiger

K

Kapillaren, feinste Blutgefäße (Haargefäße)
Kapillarität, Saugfähigkeit des Haares durch Haarröhrcheneffekt
Kardätsche, Gerät zum Stumpfziehen (auf Länge ziehen) von Haaren
Karotin, Pflanzenfarbstoff (aus Karotten/Möhren), Vorstufe des Vitamin A
kaschieren, verdecken, verbergen z. B. beim Schminken
Katagenphase, Übergangsphase beim Haarwuchs
Katalysatoren, Stoffe, die durch ihre Anwesenheit chemische Reaktionen auslösen bzw. beschleunigen, ohne sich dabei selbst zu verbrauchen. Vorgang = Katalyse
Kathode, mit „minus" gekennzeichneter Pol einer elektrischen Ladung
Keratin, verhorntes Eiweiß (Hauptbestandteil der Oberhaut, Haare und Nägel)
Keratinozyten, Zellen, aus denen die zu Keratin verhornenden Zellen entstehen
Kilojoule, (KJ), Maßeinheit für den Nährwert von Nahrungsmitteln (1 KJ = 1000 Joule)
Klarfarben, im Farbkreis vorkommende bunte Farben
Klimakterium, Wechseljahre der Frau, Zeitraum zwischen Erschöpfungsbeginn der Eierstöcke und der Einstellung ihrer Tätigkeit
Kohlenhydrate, Nährstoffe (Zucker oder Zuckerabkömmlinge) aus der Nahrung, dienen vorwiegend als Energiespender
Kollagen, (Collagen), von Bindegewebszellen produzierte fasrige Eiweißsubstanzen, die Wasser im Gewebe binden
Komedonen, Mitesser
Komplementärfarben, Farben, die sich im Farbkreis gegenüberliegen
kondensieren, Wasserdampf ergibt nach Abkühlung reines Wasser
Kontur, Abgrenzung, Ansatz z. B. beim Haar

L

Lackmus, (-papier, -lösung), organischer Farbstoff zur Anzeige von saurer oder alkalischer Reaktion mittels Farbveränderung
Lanolin, (gereinigtes) Wollfett, Verwendung z. B. in Emulsionen zur Haut- und Haarpflege
Lanugohaar, unentwickeltes Flaumhaar
Leukozyten, weiße Blutkörperchen
Lipide, Überbegriff für Fette und fettähnliche Stoffe
Lipoide, fettähnliche Stoffe – Überbegriff
lipophil, fettfreundlich
liquid, flüssig
Lotion, Flüssigkeit aus Alkohol und Wirkstoffen
Lymphe, aus dem Blut stammende Gewebeflüssigkeit, übernimmt den Austausch von Stoffen zwischen Blut und Zellen
Lymphknoten, filtern und entgiften Lymphe

M

Make-up, Aufmachung, Gesichtsverschönerung mittels farbiger, kosmetischer Präparate
Maniküre, Handpflege
Mastix, Klebstoff zum Ankleben von künstlichen Bärten etc.
Matrix, Wachstumszone (z. B. Haare, Nägel), in der durch Zellteilung ständig neue Zellen gebildet werden
Medulla, Mark (schwammige Masse), z.B. im Inneren des Haares
Melanin, Farbstoff des Haares
Melanozyten, Zellen, die das Melanin erzeugen
melieren, mischen von Haaren verschiedener Farbe
Membran, dünnes, durchsichtiges Häutchen, z. B. Zellmembran - Grenzschicht bei Zellen
Mikroben, (Mikroorganismen), mikroskopisch kleine Lebewesen, mögliche Verursacher von Krankheiten
Mikrofibrille, → mehrere Mikrofibrillen = Makrofibrille
Mikrosperie, Pilzerkrankung der behaarten Kopfhaut; führt zu Haarverlust durch Abbrechen
Milien, Hautgrieß
Mimik, Gesichtsausdruck durch Veränderung der mimischen Gesichtsmuskulatur
Mitose, Vorgang der Zellteilung
Molekül, kleinstes Teil einer chemischen Verbindung, Verbindung mindestens zweier gleicher oder verschiedener Atome
Monilethrix, Spindelhaare
Mykose, andere Bezeichnung für Pilzerkrankung (an Haut, Haaren und Nägeln)

N

Naevipigmentosi, Muttermal
Naevispili, Leberfleck
Nanking, feiner, meist fleischfarbener Baumwollstoff, Verwendung z. B. als Glatzenperücke
Netzfähigkeit, Fähigkeit einer Flüssigkeit (= Netzmittel), abweisende Stoffe zu benetzen, die Oberflächenspannung herabzusetzen und dadurch eine bessere Durchfeuchtung zu ermöglichen
Neutralisation, Aufhebung der Wirkung eines Mittels durch den Einsatz eines anderen Mittels (z. B. Lauge – Säure)
Neutronen, ungeladene Elementarteilchen eines Atoms
Nisse, (Mehrzahl: Nissen), Ei der Kopflaus
normalisieren, angleichen
Nuance, Farbabstufung der Farbrichtung, abhängig vom Anteil der Gelbrotpigmente

O

Östrogene, weibliche Geschlechtshormone
Ohm, (Ω), Widerstand eines Stromleiters, abhängig vom Leitungsmaterial, dem Leitungsquerschnitt und der Leitungslänge
Ondulation, Umformung des angefeuchteten Haares durch Wärmezuführung mit Hilfe eines Onduliereisens
Organismus, Lebewesen als Ganzheit betrachtet
Oxidation, Verbindung eines Stoffes mit Sauerstoff oder Abspaltung von Wasserstoff
Oxide, Oxidationsprodukte von Elementen
Oxygenium, (O), Sauerstoff, als gasförmiges chemisches Element in der Luft enthalten
Ozon, gasförmige Verbindung (Sauerstoffmolekül aus 3 O-Atomen), Hauptbestandteil der Luft; wirkt anregend auf die Hautfunktionen

P

papillotieren, aufdrehen von Haarsträhnen zu Sechserlocken = Papilloten; versch. Formen wie Steh-, Flach-, Wellen-, Spitzenpapilloten
Paraffin, Mineralfett (fester Bestandteil des Erdöls), z. B. bei kosmetischer Paraffinmaske
Passée, Haarpartie, abgeteilt vor Bearbeitung (z. B. beim Eindrehen von Wicklern)
Pastellfarben, durch Weiß aufgehellte Klarfarben
Pediküre, Fußpflege
Peeling, abtragen der Hornschicht der Epidermis durch chemische, mechanische oder enzymatische Einwirkung
Pepsin, Eiweiß spaltendes Enzym
peripher, am Rande liegend
perkutan, (percutan), durch die unverletzte Haut hindurch
Phäomelanine, gelbrote Haarfarbpigmente
Pharmazie, Arzneimittelkunde
Phytohormone, pflanzliche Wirkstoffe mit hormonähnlichen Wirkungen
Pigment, natürlicher Farbstoff in organischen Geweben (z. B. Melanin), (kleinstes Farbkörperchen, Körperfarbe)
Pili torti, gedrehtes Haar
Pili anulati, Ringelhaar
Plasma, Flüssigkeit der Zelle oder des Blutes
pre-shave-Wasser, vor der Rasur, hoher Alkoholgehalt bewirkt durch Verdunstungskälte ein Aufrichten der Barthaare
Propanol, (Propylalkohol), einwertiger Alkohol, Desinfektionsmittel
Proteasen, in kosmetischen Mitteln eingesetzte Enzyme, z. B. in Gesichtspackungen als „hautschälende" Mittel
Proteine, Eiweißstoffe aus der Nahrung, dienen dem Körper als Aufbaustoffe
Protonen, positiv geladene Elementarteilchen eines Atoms
Psoriasis, Schuppenflechte
Pufferstoffe, können chemische Vorgänge verzögern

Fachwörterverzeichnis

R

Reaktion, chemisch eine Gegenwirkung, auf Stoffveränderungen beruhend
Reduktion, Gegenteil von Oxidation, nämlich Entzug von Sauerstoff oder Aufnahme von Wasserstoff
reflektieren, zurückwerfen
regenerieren, erneuern, wiederherstellen
Relief, Oberflächenprägung z. B. bei der Haut → Hautrelief
Resorption, Aufnahme gelöster Stoffe in Blut- oder Lymphbahnen
Reversibilität, elastische und gleich bleibende Dehnbarkeit (des Haares)
Reyon, Kunstseide
Rizinusöl, aus dem Samen der Rizinuspflanze gewonnenes Öl; Heilmittel, löst sich in Alkohol
Rosacea, Kupferrose, Hauterkrankung des Gesichts
Rouge, rötlicher bis roter Puder zur farblichen Gestaltung der Wangen bzw. Jochbeinpartien; Tätigkeit = rougieren

S

Salicylsäure, antiseptische (keimtötende), entzündungshemmende und Keratin lösende Wirkung; Verwendung in Haarwässern, Aknepräparaten und Hühneraugenmitteln
Seborrhö, Überfunktion der Talgdrüsen
seborrhöischer Bezirk, Bereiche des Gesichts, Halses und Nackens, die besonders zur Komedonen- und Aknebildung neigen
Seborrhö sicca, beschleunigte Hautverhornung, verbunden mit Überfunktion der Talgdrüsen → Bildung großer Talgschuppen
Seborrhö oleosa, Talgdrüsen erzeugen zu viel öligen Talg
Sebostase, Unterfunktion der Talgdrüsen
Sebum, Talg
Sekretion, Absonderung, Ausscheidung von Sekreten, z. B. scheiden Talgdrüsen Talg ab
sensibel, empfindlich
Sorbit, sechswertiger Alkohol; Wirkung ähnlich wie Glyzerin, jedoch besser wasserhaltend
Spektralfarben, das „weiße" Licht lässt sich durch ein Prisma in seine Bestandteile, die Spektralfarben, zerlegen
Stabilisatoren, Stoffe zur Verbesserung der Haltbarkeit chemischer Mittel
stabilisieren, dauerhaft haltbar machen
Stearylalkohol, (siehe Cetylalkohol)
Sterilisation, hier: Entkeimung durch Vernichtung von Krankheitserregern
Stratum basale, Basalzellenschicht
Stratum corneum, Hornschicht
Stratum granulosum, Körnerzellenschicht
Stratum spinosum, Stachelzellenschicht
Struktur, Aufbau, Gefüge
Subcutis, Unterhautfettgewebe

subtraktive Farbmischung, die Mischung von Körperfarben ergibt stets eine dunklere Farbe, weil hinzukommende Farbpigmente weitere Wellenlängen absorbieren – dadurch wird weniger Licht reflektiert.
Suspension, Flüssigkeit mit ungelösten Feststoffteilchen, Aufschwemmung von festen Teilchen in einer Flüssigkeit (z. B. Zahnpasta)
Symbiose, Lebensgemeinschaft verschiedener Lebewesen zum gegenseitigen Nutzen
Symptom, Anzeichen, Hinweis
Syndets, Kurzform für synthetische Detergentien, Waschmittel aus synthetischen waschaktiven Substanzen (WAS)
Synthese, Zusammensetzen z. B. chemischer Stoffe zu neuen Verbindungen
Synthetikhaare, Kunsthaar (halb- oder vollsynthetisch)

T

Talkum, Magnesiumsilikat, Puderrohstoff aus gemahlenem Speckstein
tamburieren, verknüpfen von Haaren durch eine feine Deckgaze hindurch
Tampel, Haaransatz (vorspringende Stelle beim Haaransatz)
Teilpostich, Transformation (Halbperücke)
Teint, Beschaffenheit oder Tönung der Gesichtshaut
Teleangiektasien, Äderchenzeichnung
Telogenphase, Ruhephase beim Haarwuchs
Tenside, Stoffe, die in wässrigen Lösungen die Grenzflächenspannung (Oberflächenspannung) herabsetzen
Thio-, Vorsilbe für organische Schwefelverbindungen
Thioglykolsäure, Verwendung als Reduktionsmittel in Dauerwellpräparaten, da Haar erweichend; auch in Haarentfernungsmitteln enthalten
Thrombozyten, Blutplättchen, leiten die Blutgerinnung ein
Thymusdrüse, spielt beim Körperwachstum eine wichtige Rolle, bildet sich nach der Geschlechtsreife zurück
Tonus, Spannungszustand der Haut
Toupet, Haarersatzteil für Herren
toupieren, das Haar gegen die Schuppenschicht kämmen (von Haarspitze zum Ansatz hin) → Volumen
Transformation, Teilperücke (Halbperücke), Haarersatzteil für fehlende Konturenhaare
transparent, durchsichtig, durchscheinend
Transpiration, Schweißabsonderung
Tresse, zwischen Fäden verknotetes Haar
Trichophytie, Scherpilzflechte
Trichoptilosis, Haarspliss
Trichorrhexis nodosa, Knötchenkrankheit des Haares (Knötchenbildung mit Haarspliss)

© Holland + Josenhans

Trigeminus, dreigeteilter sensibler Nerv des Gesichts
Trypsin, Enzym aus der Bauchspeicheldrüse
Turgor, Flüssigkeitsdruck in einem Gewebe, z. B. Wassergehalt der Haut

U

ultraviolett, Lichtwellen, die sich jenseits der sichtbaren Lichtstrahlen befinden
Urease, Ferment, das Harnstoff in Ammoniak und Kohlensäure spaltet
UV-Licht, ultraviolettes Licht (z. B. der Sonne, in Desinfektionsgeräten)

V

Vaseline, zähklebrige bis pastöse Mischung aus gesättigten Kohlenwasserstoffen
Venen, führen das Blut zum Herzen zurück
Verrucae, Warzen
Viren, (Einzahl: Virus), kleinste Eiweißkörper, können sich rasch vermehren, Erreger vieler Krankheiten
Viskosität, Zähigkeitsgrad von Flüssigkeiten
Vitamine, lebensnotwendige Ergänzungsstoffe der Nahrung, die der Körper nicht oder nur unzureichend selber bilden kann
Vitiligo, Weißfleckenkrankheit
Volt, (V), Maßeinheit für die Stromspannung
Volumen, hier: Fülle einer Frisur (Rauminhalt eines Körpers)

W

WAS, waschaktive Substanzen, seifenfreie Waschrohstoffe
Wasserhärte, Messzahl für im Wasser gelöste Mineralstoffe
Wasserstoffperoxid, H_2O_2, wichtigstes Oxidationsmittel des Friseurs

Z

Zyste, geschlossene, mit Flüssigkeit oder Talgdrüsensekret gefüllte Hohlräume
Zytoplasma, (Protoplasma), Grundsubstanz einer Zelle

Sachwortverzeichnis

A

Abschreibung 328 ff.
(Automatik-)Pinzette 221
Abend-Make-up 223
Ablehnung einer Kommunikation 21
Abschlussbehandlung nach Gesichtsmassage 211
Abschlussbehandlungen bei einer Blondierung 161
Abschminke 222
Abteilen der Haare 122
Achtzigerjahre 251
Acidität 76
Additive Farbmischung 150
Afrolook 258–259
After-shave-Rasierwasser 125 f., 255
After-sun-Präparate 238
Ägypter 247
AIDA-Formel 32
AIDS-Infektion 47
Airstyler 128
Akne 183
Aknecremes 215
Aknehaut 197
Alkalien 78, 168
Alkalifreie Seife, Reinigungsschäume oder Waschlotionen 200
Alkalische Behandlungen 90
Alkalische Dauerwelle 136
Alkalisierungsmittel 138, 156, 167
Alkalität 76
Alkohole 79, 101
Allergien 49
Allongeperücke 244, 264
Alopecia (areata) 96
Altershaut 199
Alu-Folien-Technik 160
Ambra 239
Ammoniak 76
Anamnese 197
Anatomie 53
Androgenetischer Haarausfall 96
Anforderungen an das äußere Erscheinungsbild 12
Angeruch 240
Angorahaar 102
Anhanggebilde des Haarfollikels 86
Anordnung der Formen 105
Anordnung von Ausstellungsgegenständen 42
Anschlussverkauf 37
Ansetzen der Blondiermasse 159
Ansetzen des Haarfärbemittels 171
Antischuppen-Spezialshampoo 98
Antitranspirantien 242
Aorten 62
Apokrine Schweißdrüsen 180
Appell 22
Arbeitsgericht 11
Arbeitsmethoden 39
Arbeitsschritte bei Augen-Make-up 230
Arbeitsschritte bei einer Dauerwelle 140
Arbeitsstättenverordnung 45
Arbeitszeugnis 11
Archaische Zeit 249
Argumentation 33
Arnika 215
Arrogante Kunden 18
Arterien 62
Astronautenlook 254
Atemstörungen 64
Atmung 64
Aufgaben von Tönungen 164
Aufhellungsfestiger 133
Aufhellungsgrad 159
Augen-Make-up 227
Augenbrauen- und Wimpernbürstchen 221
Augenringmuskel 60
Ausbildungsberufsbild 9
Äußere Atmung 64
Äußere Optik eines Friseursalons 38
Äußere Wurzelscheide 85
Äußerer Umriss einer Frisur 107 f.
Ausgangshaarfarbe 161, 169
Ausgeprägter Körperkult 252

B

Bader 245, 263
Bakterien 46
Bakteriostatische Mittel 242
Balsamkegel 247
Bandhaar 94, 140
Barbier 265
Barock 244
Bart 126
Bartbinde 263
Bartflechte 186 f.
Barzahlung 306
Basalzellenschicht 177
Basen 74, 78
Basisnote 240
Bauchspeicheldrüse 67
Baufett 178
Baulinien einer Frisur 106
Bedienungspreis 318 ff.
Beethaar 88
Beratung 33
Beratungsgespräch 29
Beratungshilfen 121
Berufshygiene 44

Sachwortverzeichnis

Berufskrankheiten 49
Beruhigungsmassage 101
Beschriftung im Schaufenster 43
Besondere Make-ups 234
Bestandteile des Blutes 61
Bestandteile in Blondiermitteln 156
Bestandteile von Wellmitteln 138
Bestimmung der vorhandenen Haarfarbe 169
Bestrahlungszeiten 236
Beurteilung der Kopfhaut 97
Beutelperücke 248, 263
Bewegungsnerven 57
Bibergeil 239
Biedermeier 243
Bienenwachs 82
Blaulicht 218
Bleiweißschminke 249, 263
Blicke von Kunden 28
Blondieremulsionen 155
Blondiergele 156
Blondiergranulate 155
Blondierpräparat 161
Blondierung 155, 264
Blondierverstärker 156
Blumige Noten 240
Blut 61
Blutgefäße 89, 179
Blutgefäßfehler 186
Blutkreislauf 62
Blutplasma 61
Blutplättchen (Thrombozyten) 61
Blutserum 61
Borstenhaare 84
Bouquet 240
Bräunungsmittel 238
Breite Puderfrisur à la Lamballe 248
Breite Stirn, – Kinn 109, 113
Brennnessel 215
Brüche 278 ff.
Bruchrechnen 278 ff.
Bruttogewicht 292 f.
Bruttolohn 330 f.
Bubikopf 253, 259
Büffelhaar 102
Bunte Grundfarben 147
Bürsten 117
Bürstenfrisur 252
Bürstenhaarschnitt 257
Bürstentoupage 131
Butanol 80

C

Calcium 91
Camouflage 234
Charlestonkleid 275
Chemie 68
Chemische Desinfektionsmaßnahmen 48
Chemische Vorgänge 157
Chemische Vorgänge bei Dauerwellen 137

Chignon 263
Chinahaar 102
Choleriker 20
Coloration 166
Computerberatung 105
Cortex 90

D

Dauerwellen 144, 172
Dauerwellpräparate, -verfahren 135, 137
Decoloration 173
Dehnbarkeit 92
Dehnungsrückstand 93
Dekolletee 216
Dekorative Kosmetik 195, 220
Depilation, -sverfahren 219 f.
Depotfett 178
Desinfektion 47 f.
Desodorierende Seife 201
Destillation 239
Dezimalzahl 285
Diagnosegespräch 196
Dicke Wickler 130
Dickes Haar 124
Diffuser Haarausfall 96
Direkte Infektion 46
Doppelschwefelbrücken (Disulfidbrücken) 91
Dread Locks 132
Dreieckiges Gesicht 111
Dreiecksmuskel 60
Dreiecksscheitel 265
Dreisatz 293 ff.
Dreißigerjahre 255
Dreitagebart 251, 259
Druckmassage im Bindegewebe 101
Duftstoffe 101, 138 f., 239
Dünne Wickler 130
Dünnes Haar 124
Durchblutung 63
Durchgestufte Frisuren 124

E

Echte Fette 81
Echthaarperücke 104
Effilierschere 119
Eigenschaften der Farben 151
Einflussgrößen auf das Blondierergebnis 161
Einfühlsame Argumentation 33
Einlängenschnitt 124
Einlegetechnik 128
Einwirkzeit 144, 162
Eitle Kunden 19
Ekkrine Schweißdrüsen 180
Ekzeme 186
Elastine 83
Elastizität 92, 197
Elastizität der Haut 198
Element 68
Elemente jeder Frisurengestaltung 105

Empfindungsnerven 57
Emulgatoren 70
Emulsion 69
Emulsionstyp 70
Endoplasmatisches Retikulum 54
Energiekosten 324 ff.
Energiesparmöglichkeiten 52
Enfleurage 239
Englischer Bürstenbart 253
Entfärbungsgrad 173
Enthaarungscremes, -wachse 220
Entscheidungsfragen 25
Entwarnungsfrisur 257
Entwicklung eines Haares 85
Entzündliche Hautveränderungen 186
Entzündliche Nebenerscheinungen 183
Epidermis 85
Epilation 219 f.
Erfindung der Haarschneidemaschine 246
Ergonomie 50
Erhitzte Tonwickel 247
Eröffnungsmassage 101
Erstblondierung 159
Erster Waschgang (Vorwäsche) 98
Erstfärbungen (Naturnuancen) 171 f.
Essigsäure 74
Ethanol 79
Ethnomode 132
Euro 297 ff.
Eurohaar 102
Exporthaar 102
Extraktion 239

F

Fachmathematik 277 ff.
Falscher Wilhelm 265
Faltenbildung 176, 236
Farbauffrischung 104
Farbberatung 153
Farbbildner 167 f.
Farbcreme 167
Färbeerfolg 170
Färbefehler 173
Färbemittel 163
Farben 41
Färben der Haare mit Metallfarben 265
Färben strukturgeschädigter Haare 169
Farbfestiger 164
Farbharmonie 105
Farbkombinationen 152
Farbkreis 148
Farbrichtung 153
Farbstoffe, -zusätze 138, 156 f., 166
Farbtiefe 153
Farbtyp 105
Färbung 172
Farbverändernde Haarbehandlungen 153
Farbziel 169
Faser 89

Faserbündel, -schicht 89 f.
Faserstamm (Cortex) 90 f.
Federputz 250
Fehler bei der Dauerwelle 145
Fehler beim Blondieren 162
Fernwirkungsbereich 42
Fertigfarbstoffe 163
Fett- oder Wachsalkohole 81
Fettähnliche Stoffe 100
Fette 100
Fibrillen 90
Fibrinogen 61
Filmbildner 100
Finger 56
Finish mittels Wetgel und Wachs 251
Finishprodukte 134
Five-point-Geometrie 254
Fixiermittel 139
Fixierung 144
Flächen 110
Flächeneinheiten 287
Flächenstrukturen 110
Flacher Hinterkopf 114
Flachmuskeln 59
Flachwicklung 135
Flechten 132
Fliehende Stirn, – Kinn 109, 114
Flohfalle 249, 263
Flohpelz, -falle 248 f., 263
Folien- oder Gipsabdruck des Kopfes 103
Folienhaube 160
Formelemente 105
Formgestaltung 110
Fönbürste 118
Fönen 127
Frageart, -technik 25
Friktionsmassage 204
Friseurhände 178
Friseurinnung 9
Friseurwerbung 38
Frisiercremes 133
Frisierkamm, -bürste 117 f.
Frisierstab 127
Frisur à la Fontange 244, 264
Frisurengestaltung 105
Frühbarock 244
Frühbiedermeier 243
Frührenaissance 248
Frührokoko 248
Führungslinie beim Haarschnitt 124
Füllebereich, -linie 124
Fünfzigerjahre 252
Funktionen der Haut 180
Fußskelett 56
Fußwurzel 56

G

Gänsehaut 87
Garcettefrisur 244

Sachwortverzeichnis

Gebende 245
Gebogene Linien 106
Gedrehte Haare 94
Gefühlsbetonte Motive 14
Gehirnschädelknochen 55
Geknickte Linien 106
Gele 69
Gelungene Frisurengestaltung 105
Gemenge (Mischung) 68
Gerade Linien 106
Geräte zur Nagelpflege 190
Germanen 245
Geruchsüberdeckende Mittel 242
Geschäftsatmosphäre 38
Geschlechtshormone 67
Gesichtsausdruck 26, 28
Gesichtsdampfbäder 202
Gesichtsform 105, 229
Gesichtslotion 222
Gesichtsmassage 60, 205
Gesichtspuder 224
Gesichtsreinigung 201
Gesichtsschädelknochen 55
Gesichtswässer 200
Gestaltung eines Make-ups 220
Gesten 29f.
Getrübte Farben 151
Gewebeschichten der Haut 176
Glatze 256
Glyzerin 79
Golgi-Apparat 54
Gotik 246
Graduierung 123
Grattoir 249
Griechen 249
Griffe zur Hand- und Fingermassage 192
Großer Körperkreislauf 62
Gründerzeit 246
Grundierung 221
Grundstoff 68
Grungelock 256
Grützbeutel 186
Gurkensaft 215

H

H_2O 71
H_2O_2 168
H_2O_2-Konzentrationen im Färbebereich 171
Haarabteilen 170
Haaransatzwäsche 99
Haararbeiten 322
Haararten 84
Haarausfall 95
Haarbalg, -muskel 85f.
Haarbeurteilung 158
Haare mit dicker, harter Haarstruktur 140
Haare mit feiner, weicher Haarstruktur 140
Haare mit ovalem Querschnitt 140
Haare mit poröser Haarstruktur 140

Haarersatzteile 102
Haarfarbe 154, 163
Haarfollikel 85
Haargel 133
Haarimplantation 97
Haarkeratin 91
Haarkur 100
Haarlacke 134
Haarmatrix 86
Haarpapille 85f., 89
Haarqualität 105, 158
Haarquerschnitt 97
Haarschaft 85f.
Haarschichten 91
Haarschmuck 134
Haarschneideberatung 120
Haarschneidekamm 117
Haarschneidemaschine 120, 265
Haarschneideschere 117, 119
Haarschneidetechniken 122
Haarschnittgestaltung 122
Haarspitze 86
Haarspliss 94
Haarstärke, -struktur 97
Haarteilarten 102
Haartransplantation 97
Haarwachse 133
Haarwäsche 97, 99
Haarwäsche vor einer Dauerwellbehandlung 140
Haarwechsel 95
Haarwuchsrichtung 124
Haarwurzel 86
Haarzwiebel 85f., 89
Hamamelis 215
Handelswaren 323
Handgelegte Wasserwellen 130
Handskelett 56
Handwerksgeräte 117
Handwerkskammer (HwK) 10
Handwerksordnung (HWO) 9
Handwurzel 56
Härtegrade 72
Hauptbestandteile der Puder 223
Hauptnenner 281
Hautanomalien 182, 197
Hautatmung 64
Hautcremes 214
Hautdiagnose 197
Hautdrüsenarten 179
Hautempfindlichkeit 197
Hautfarbe 176, 197f.
Hautgrieß 184
Hautkrankheiten 182
Hautkrebs 236
Hautmerkmale 197
Hautpflegemittel 211
Hautreinigungsmittel 199
Hautrelief 176
Hautschutzmaßnahme vor Blondierung 159

Sachwortverzeichnis

Hauttalg (Sebum) 179
Hauttyp 198
Heißes Fönen 127
Heißwelle 135
Hellenistische Zeit 249
Henna 167
Hennin 246
Herbsttyp 154
Herznote 240
Heterogene Mischung 69
Himmelfahrtsnase 109, 114
Hippiebewegung 254, 258
Hirnanhangsdrüse (Hypophyse) 67
Hoch gekämmte Nackenhaare 264
Hoch gekämmte Bombagefrisur 252
Hochrenaissance 248
Hochrokoko 248
Hohe gewölbte Stirn als Schönheitsideal 264
Hohe Puderfrisuren 248
Hohe Stirn 113
Hohlmuskeln 59
Holz-Leder-Noten 240
Holznagel 190
homogene Mischung 69
Hormonarten, -drüsen 67
Hormone 66
Hormonhaltige Präparate 67
Hornschicht 177
Hörnerhaube 246, 263
Hühneraugen 184
Humanhaar 102
Hut mit Schleier 275
Hydrophile Öle 70
Hygiene, -verordnung 44 f.
Hygienemaßnahmen 126
Hygroskopizität 93

I

Impulsstromverfahren 216
Indigo (Reng) 167
Indirekte Infektion 46
Indohaar 102
Infektion 45
Inhaltsstoffe von Nagelpflegemitteln 192
Inkubationszeit 46
Innere Wurzelscheide 85
Innere Atmung 64
Innerer Umriss 107 f.
Intensivtönung 165
Interferenzstromverfahren 217
Iontophorese 216

J

Jahreszeitentypen 154
Jochbeinmuskel 60
Jojobaöl 82
Jugendstil 246

K

Kabinettwaren 37
Kahlstellen 89
Kaiser-Wilhelm-Bart 246
Kalkseife 72
Kalkulation 318 ff.
Kalte (passive) Farben 151
Kalte Kompressen 213
Kamille 215
Kämme 117
Kammführungslinien 106 f.
Kammmaterialien 117
Kammpflege 117
Kammsträhnen 160
Kaolin 223
Kapillaren 62
Kapillarität (Haarröhrcheneffekt) 92 f.
Kapotthut 263
Kapuzenmuskel 60
Karnaubawachs 82
Katalase 66
Kaufmotiv 14
Kaumuskel 60
Keimdrüsen 67
Keimzone der Oberhaut 85
Keratin 86
Keratinbrücken 92
Keratinfasern 90
Keratinozyten 86, 177
Keratinstrukturen 87
Kieselgur 223
Kinder 19
Kinnast 58
Kinnbart 247
Klarfarben 151
Klassische Zeit 249
Klassizismus 250
Kleiner Lungenkreislauf 62
Klingengeräte 117
Klopfmassage 204
Knet- und Walkmassage 204
Knochen (-haut, -mark, -rinde) 54 f.
Knötchenkrankheit 95
Knüpfrichtung 103
Kohlenstoff 91
Kohlenwasserstoffe 79
Kolbe 263
Kolbenhaar 88
Kollagene 83, 177
Kommunikation 21, 31
Kommunikationsmodell 22
Kommunikationsstörungen 21
Komplementärfarbe 148, 150
Konfliktsituationen, -lösung 34 f.
Kontaktinfektion 46
Kontraste 110
Kontrolle des Farbergebnisses 161
Kopfform 105, 111
Kopfmaße 103
Kopfmassage 101

Sachwortverzeichnis

Kopfnickermuskel 60
Kopfnote 240
Kopfwässer 101
Korrekturmöglichkeiten für Färbefehler 174
Kosmetik 194
Kosmetikapparate 215
Kosmetische Reinigungsmittel 199
Kosmetische Gesichtsmassage 203
Kosten 324 ff.
Koteletten 249
Königshaube 247
Körnerzellenschicht 177
Körperfarben 147
Körperform und Frisur 116
Körpergeruch 180
Körperhaltungen 27
Körpersprache 25, 31
Krampfadern 49, 62
Krankhafte Fußverbildungen 56
Kräuterextrakte 100
Kräuterpackung 213
Kreisrunder Haarausfall 96
Krümmung des Haarfollikels 87
Kundenarten 18
Kundenbefragung 17
Kundenbegrüßung 16
Kundenbetreuung 15 f.
Kundengespräch 20
Kundenmotiv 13
Kundentypen 18
Kundenwunschermittlung 25
Kunsthaar 103
Kunststoffborsten 118
Kurfestiger 133
Kurze Knochen 54
Kurzer Hals 114
Kurzer Nachwuchs 172
Kurzhaarschnitt 246

L

Lachmuskel 60
Lackmuspapier 74
Landesinnungsverband der Friseure 10
Lange Knochen 54
Längeneinheiten 286
Langer Hals 114
Langer Nachwuchs 172
Langhaare 84
Länglich-breites Gesicht 112
Längsfurchen 176
Längsrillen 190
Längsschnitt 123
Lanolin 82
Lanugohaar 84
Laserstrahlen 219
Laugen 74
lebhafter (aufgeschlossener) Kunde 19
Lecithin 82
Lederhaut 85, 177 f.

Leuchtschicht 177
Lichtarten 217
Lichtschutzfaktoren 237
Lichtschutzmittel 237
Lidschatten- und Lidstrichpinsel 221
Linienverlauf der Augenbrauen 229
Lipgloss 233
Lipide 91
Lipoide 82
Lippen-Make-ups 230
Lippenformen 230
Lippenlack 233
Lippenpinsel 221
Lippenstift 232
Lockenholz 264
Lockentechniken 128
Lockerungsmassage 101
Lohnabrechnung 330 ff.
Lohnkosten 319
Lohntarifvertrag 10 f.
Lösungen 69
Luftverunreinigung 52
Lymphe 63
Lymphgefäße 63
Lymphknoten 63

M

Magenleiden und Stoffwechselstörungen 49
Magnesiumcarbonat 223
Make-up-Kontrolle 222
Make-up-Unterlage 221
Malignes Melanom 186, 190
Mandelförmige Augen 253
Mängel des Halses 114
Maniküre 191
Manteltarifvertrag 10–11
Mark (Medulla) 89, 91
Markkanal 89
Marquise de Pompadour 264
Maßeinheiten 286
Maske 212
Massagearten 204
Massagegriffe 205
Masseneinheiten (Gewichte) 292
Matrix (Keimschicht) 89
Maxi-Mode 275
Medizinische Kosmetik 195
Medizinische Seife 201
Melancholiker 20
Melanozyten 177
Menjoubärtchen 246
Menningrot 249
Menschenhaar 102
Menschenkenntnis 18
Menthol 102
Messerhaarschnitt 259
Metalle 68
Metallsalzfarben 166
Methanol 79

Mild alkalische Dauerwelle 136
Militärschnitt 257
Mineralische Fette 81-82
Minimode 275
Minirock 259
Minutenkostensatz 321
Mischfarben I. Ordnung 148
Mischfarben II. Ordnung 148
Mischungsrechnen 313 ff.
Misstrauischer Kunde 19
Mitochondrien 54
Mittelfuß 56
Mittelhand 56
Modefarben 154
Modejünglinge 249
Modellierschere 119
Modische Haarteile 102, 134
Moschus 239
Müllproblem 51
Mundringmuskel 60
Muskeln, Muskelarten 59
Muttermale 185

N

Nachbehandlung 126
Nachgeruch 240
Nachtcreme 214
Nachwuchsblondierung 160
Nackenchignon 249
Nagelcreme 193
Nageldesign 194
Nageldiagnose 191
Nagelhärter 193
Nagellackentferner 193
Nagelmodellage 193
Nagelmykose 190
Nagelplatte 189 f.
Nagelverfärbungen 189
Nagelverlängerung 193
Narben 178
Nassrasur 126
Naturborsten 118
Naturhaarfarbe 158
Nenner 278
Nerven 57, 179
Nervenpunktmassage 204
Nettogewicht 292 f.
Nettolohn 330 ff.
Netzmittel (Tenside) 138, 156 f., 168
Neunzigerjahre 256
Neutralisation 78
Neutralisationsmittel 78
Neutralpunkt 76
New Look 252, 257, 259
Nichtmetalle 68
Niedrige Stirn 114
Nonverbale Kommunikation 25
Nuancierungsfarbstoffe 167 f.

O

Oberflächenbeschaffenheit 197
Oberflächenspannung 71
Oberlippenmuskel 60
Offene Fragen 25
Olympiarolle 255, 259
Ondulation 131
Onduliereisen 263
Ordnungssysteme 154
Organellen 53
Orientalische Noten 241
Ovales Gesicht 111
Oxidation 73
Oxidationshaarfärbemittel 167
Oxidationsmittel 73, 139, 156
Oxidationsprozesse 73
Ö/W-Emulsionen 70

P

Packungen 212
Papillarhaar 88
Papilloten 129
Partnerlook 259, 275
Pastellfarben 151
Peeling 203
Peptidspiralen 91
Peripheres Nervensystem 57
Permanente Make-ups 235
Persönliche Hygiene 44
Petticoat 252
Pferdeschwanz 252, 275
Pflanzenfarben 166
Pflanzliche Fette 82
Pflanzliche Duftstoffe 239
Pflege und Reinigung von Scheren 119
Pflegende Kosmetik 195
Pflegestoffe 139
PH-Wert (Skala) 76
Phasen bei einem Verkaufsgespräch 32
Phlegmatiker 20
Physikalische Desinfektionsmaßnahmen 48
Physikalische Vorgänge 68
Physiologie 53
Piercing 235
Pigmentanhäufung, -mangel 185
Pigmentmenge 153
Pilzköpfe 254
Pinzettenelektrode 216
Planung einer Frisur 121
Platte Knochen 54
Plattfuß 49, 57
Platzierung 37
Pointen 123
Pomadisiertes Haar 246, 252, 265
Popper 258
Poröse und dünne Haare 158
Positives Erscheinungsbild 12
Postichhaar 135

Sachwortverzeichnis

Pre-shave-Rasierwasser 125
Primärbehaarung 84
Propantriol 79
Proteasen 66
Proteine 100
Prozentrechnen 300 ff.
Puderkörper 223
Puderpinsel 221
Pufferstoffe 78 f., 168
Pufferung 78
Punkerszene 258
Push-up-BH 256

Q

Quadratischer Kopf 109
Quadratisches Gesicht 111
Querfurchen 176, 203
Querrillen 189
Querscheitel 265
Querschnitt 122

R

Rabatt 305
Rasiergeräte mit auswechselbaren Klingen 125
Rasiermesser 117, 120, 125
Rasiermesserhaltung 125
Rasta-Zöpfe 132
Ratenzahlung 306
Raver 256
Rechteckiges Gesicht 111
Redoxreaktion 74
Reduktion 73 f.
Reduktionsmittel 74, 138
Reduktionsvorgänge 74
Reformfrisur 246
Regulierung der Körpertemperatur durch die Haut 182
Reinigung der Haut 221
Reinigung von Kämmen und Bürsten 118
Reinigungscremes 200
Reinigungsmilch 200
Reißfestigkeit 92
Reizstrommassage 216
Renaissance 248
Reversibilität 92
Reversible Umformung 127
Rhetorische Fragen 25
Riechäpfel 244
Ring- oder Schließmuskeln 59
Ringelhaar 95
Rokoko 248
Rollenelektrode 216
Romantik 245
Rosenkranzfrisur 264
Rote Blutkörperchen (Erythrozyten) 61
Rotlicht 218
Rougefarben 224
Römer 247

Rückenschmerzen 50
Rückhandgriff 125
Rückwandgestaltung 43
Ruhephase (Telogenphase) 88
Runden 277
Rundes Gesicht 111 f.

S

Sachinhalt 22
Sachliche Argumentation 33
Sacklinie 275
Safran 264
Salongestaltung 38
Salzsäure 74
Salzbrücken 91
Sanguiniker 20
Sauerstoff 91
Saug- und Quellfähigkeit 92
Saure Abschlussbehandlung 169
Saure Dauerwelle 136
Säuren 74
Schädelknochen 55
Schäden beim Blondieren 162
Schapel 245
Schaufensterdekoration 42
Schaufenstergestaltung 40
Schaumtönungen 165
Scheitelnagel 263
Schilddrüse 67
Schläfenwangenast 58 f.
Schlammpackung 213
Schlechte Salonluft 52
Schmale Stirn 113
Schmales, körperbetontes Kleid 275
Schnauzer Hindenburgs 253
Schönheitschirurgie 252
Schönheitspflästerchen 244, 249
Schräge Schnittlinie 124
Schrägscheitel 265
Schüchterne und schweigsame Kunden 19
Schuppenflechte 186
Schuppenschicht (Cuticula) 89 ff.
Schutenhut 243, 263
Schutz- und Pflegestoffe 138
Schutzhandschuhe 50
Schutzmaßnahmen der Haut 181
Schutzmaßnahmen vor Dauerwellbehandlung 141
Schutzmaßnahmen vor Farbbehandlung 170
Schutzstoffe 156 f.
Schwache Basen 75
Schwache Säuren 74
Schwammige Knochensubstanz 55
Schwefel 91, 101
Schwefelsäure 74
Schwefelverbindungen 100
Schweiß 179 f.
Schweißdrüsen 179
Schwerpunkte einer Frisur 122

Schwielen 184
Seborrhö 182
Seborrhö oleosa 198
Seborrhö sicca 198
Seborrhöische Bereiche 184
Sebostase 182
Sechzigerjahre 254
Seidenstrümpfe 257
Seife 200
Sekundärbehaarung 84
Selbstoffenbarung 22
Senkfuß 49, 56
Service 39
Sicherheitsvorschriften im Umgang mit Scheren 119
Siebzigerjahre 258
Simultankontrast 152
Skinheads 259
Skonto 301, 305
Sommertyp 154
Sonnenbrand 236
Sonnengebräunte Haut 235
Sonnenschutzpräparate 237
Spaltlinien 176, 203
Spannungszustand der Haut 178
Spätbarock 244
Spätbiedermeier 243
Spatel aus Plexiglas 221
Spätrenaissance 248
Spätrokoko 248
Spektralfarben 147
Spezialhaarreinigungsmittel 98
Spezialshampoos 98
Spindelhaare 95
Spiralwicklung 135
Spitzenemulsion 144
Spitzenpapier 143
Spitzenpapillote 129
Spitzes Kinn 109, 113
Sprache eines erfolgreichen Verkäufers 24
Sprachfaktoren 24
Spreizfuß 56
Stabilisatoren 156
Stachelzellenschicht 177
Stammesfrisuren 245
Stammkunden 18
Stark gelichtetes Haar 124
Starke Laugen 75
Starke Säuren 74
Stickstoff 91
Stielkamm 117
Stirnast 58
Stirnfransenfrisur 244, 263
Stirnmuskel 60
Stoffe 68
Stoffwechsel- und Speicherungsfunktionen 181
Strähnenkamm 117
Streichmassage 204
Stumpfschneiden über den Fingern (Kamm) 123

Stylingpräparate 133
Subtraktive Farbmischung 150
Suggestivfragen 25
Sulfitwelle 136
Suspension 69
Swebenknoten 245, 263
Synthetikhaar 103
Synthetische Duftstoffe 240

T

Tages-Make-up 223
Tagescreme 214
Talg- und Schweißdrüsensekretion 197
Talgdrüse 85 f., 179
Talkum 223
Tara 292 f.
Technische Regel für Gefahrstoffe (TRGS 530) 50
Technoszene 256
Teenager 252
Teildauerwelle 142
Telefongespräch 16
Temperament 20
Temperatur 161
Temperatur bei Blondierung 161
Terminalbehaarung 84
Thermogesteuerte Dauerwelle 136
Thymusdrüse 67
Tiefenreinigung 202
Tierhaar 102
Tierische Duftstoffe 239
Tierische Fette 82
Tituskopf 247, 250
Tonspülungen 164
Tonus 176
Toupieren 131 f.
Toupierkamm mit Lockenheber 117
Tönen 163
Tönungsbalsame 165
Tönungsfestiger 133
Tönungsmittel 163 f.
Transparentlook 255
Trapezförmiges Gesicht 111
Trenchcoat 275
Triebmäßiges Motiv 14
Trigeminus 58
Trompetermuskel 60
Tröpfcheninfektion 46
Turgor 176
Twiggy 254
Typberatung 121
Typgerechte Frisur 121

U

Überbehaarung 84
Übereinstimmung von Figur, Kleidung und Frisur 116
Übergangsphase (Katagenphase) 88

Sachwortverzeichnis

Überkraustes und schwammiges Haar 158
Umgang mit elektrischen Geräten 49
Umkehremulsionen 70
Umrisslinien 110
Umweltprobleme 51
Umweltschutzmaßnahmen 99
Unbunte Farben 150
Unfallgefahren 48
Unreine Haut 202
Unteraugenast 58
Unterhautfettgewebe (Subcutis) 178
Unterlippenmuskel 60
UV-Strahlen 217

V

V-Linie 275
Vakuum-Sauggeräte 211
Vampartiges Aussehen 254
Vapozonen 217
Vegetatives Nervensystem 57
Venen 62
Verabschiedung eines Kunden 17
Verbindung 69
Verdickungsmittel 139, 156f., 168
Verhornungsprozess beim Haar 86
Verhornungsstörungen 184
Verhornungszone 177
Verkaufsgespräch 23
Verkaufswaren 37
Vernunftbetonte Motive 14
Vidal Sassoon 254
Vier-Ohren-Modell 23
Vierzigerjahre 257
Viren 46
Vitamine 65, 102
Vitaminpackung 213
Volumen 291
Volumeneinheiten (Raummaße) 290
Volumenwickler 128
Vorbehandlung 97
Vorhandgriff 125
Vorpigmentierung 170
Vorsichtsmaßnahmen beim Färben der Augenbrauen und Wimpern 174

W

W/Ö-Emulsionen 70
Wachse 100
Wachstumsgruppe 89
Wachstumsphase (Anagenphase) 88
Wahrnehmungs- und Ausdrucksfunktionen 181
Walnuss 167
Waren 37
Warenanordnungsmöglichkeiten 42
Warengerechte Präsentation 36
Warenkenntnisse 36
Warenvorlage 32

Warme (aktive) Farben 151
Warme Kompressen 202, 213
Wärmeausgleich 181
Wärmezufuhr 161
Warmlufttrockenbürste 127
Wasser 71
Wasserhärte 72
Wasserstoff 91
Wasserstoffbrücken 92
Wasserwelle 130
Wasserwellkamm 117
Wechselkompressen 213
Weiße Blutkörperchen (Leukozyten) 61
Weiße Flecke 189
Weiße Puderfrisuren à la Pompadour 248
Weiterbildung im Friseurberuf 13
Wellenkanten 106
Wellentechniken 128
Wellmittelkonzentration 141
Werbemaßnahmen 39
Werkzeuge zur Make-up-Gestaltung 221
Wertigkeit von Alkoholen 79
Wickelmethode, -techniken 142
Wicklerstärke 143
Wimpern 229
Wimpernformer 221
Window-Shopping 40
Windstoßfrisur 250, 263
Wintertyp 154
Wirkungsprinzip einer Blondierung 155
Woll- und Flaumhaare 84
Wollperücke 247
Wurzelscheide 85

Y

Young-Fashion-Frisur 251

Z

Zähler 278
Zehen 56
Zelle 53
Zellkern 53
Zellmembran (Zellhaut) 53
Zellplasma (Zelleib) 53
Zellteilung 54, 87
Zentralkörperchen 53
Zentralverband des Deutschen Friseurhandwerks (ZDF) 10
Zibet 239
Zielfarbe 158
Zinkoxid 223
Zinsrechnen 307 ff.
Zitronensäure 74
Zopfperücke 248
Zusatzverkauf 37, 134
Zwanzigerjahre 253
Zweiter Waschgang (Nachwäsche) 99
Zweites Empire (2. Rokoko) 249